JN105912

エアライン入門

逆風で飛翔する両翼

宮平 望
Miyahira Nozomu

大学教育出版

まえがき

　本書はエアライン入門書である。「ライン（line）」という語にすでに「航路、航空路、飛行機、航空会社」という意味が含まれているように（竹林, 2002, p.1435）、いっそう限定された「エアライン（airline）」という語も「定期航空、定期航空路、航空路、航空会社、一直線」等の意味を持ち（竹林, 2002, p.54）、また実際の語法において「エアライン」と言えばCA（客室乗務員）やグランドスタッフが、場合によっては航空会社や航空界全体がイメージされるように、実に広義で活用されている。

　「エアライン」が「一直線」をも意味しうるのは、蜜蜂が蜜を巣に持ち帰る際に「一直線（beeline）」に飛ぶと思われているように（竹林, 2002, p.222）、航空機が可及的速やかに目的地に到着するために原則として最短コースを飛ぶからである。1927年5月に大西洋横断無着陸単独飛行を完遂したリンドバーグは（本書序章第1節、第2章第6節）、濃霧や暗黒の後には大西洋上を「蜂のように自らの航路に忠実に（true as a bee to his line）」（Van Every, 1927, p.169）、つまり「一直線（beeline）」に飛んでいたと形容されている。

　同様にして、本書も欧米で展開されていった飛翔、飛行という事象と技術に関して、欧米文化の背景をなすヘブライズムとヘレニズム、つまりユダヤ・キリスト教の伝統と古代ギリシャの思想を起点として20世紀のアメリカを基軸とする航空界という終点まで、言わば一直線に鳥瞰してみたいという一心に基づいている。

　今や現代日本では、CAと呼ばれる客室乗務員は人気の職業の1つであり、最近も山口誠『客室乗務員の誕生 ──「おもてなし」化する日本社会』（2020年）という研究書が「岩波新書」として出版されており、客室乗務員が日本のおもてなし文化の特徴的な具体例として研究対象にまでなっている。近年の「ぺりかん社」による150巻を超える職業紹介シリーズ「なるにはBOOKS」において、阿施光南『パイロットになるには』（2017年）と鑓田浩章『客室乗

務員になるには』（2014年）が、各々シリーズ第1巻、第2巻という冒頭を飾っていることも実に象徴的な出来事である。

　宮平ゼミ出身のCAたちの話を聞いていると、毎度のことながら居腐る平生が引き締められる。趣味と実益が1つである世界を知った彼女らは愛嬌と度胸を器用に使い分け、日本のエアラインに進めば、気の利いたおもてなしで旅行客に興を添えると共に、自らも世界各地のステイ先で言わば旅行客となって興じる魅力を味到している。充実した福利厚生は、様々な形で親孝行の機会にもなっている。

　外資系エアラインに飛び込めば、プールやジム完備の5つ星ホテルかと紛うばかりの高層社宅を根城にして、文字どおり世界中で充実した余暇を過ごすために職責を楽しむCAもいれば、休日には中東から日帰りでヨーロッパに飛んでお茶や買い物をして社宅に帰って来るCAもいる。所得税のない国に拠点を置いている外資系エアラインもあれば、勤務日が月の半分もなく、主に東京と現地を月に3、4回往復するだけで、休日には例えばエアロビクスのインストラクター等を兼業できる自由な外資系エアラインもあり、そのような話を小耳に挟むと、働き方だけでなく生き方そのものをも常に三思させられる。

　一般に近年頓に顕著なのが男性CAの漸増で、不安定な世界を橋渡しする航空界においては、保安要員としてのCAの役割も大いに期待されている（cf.川本, 2020, p.149）。いずれにせよ、彼ら彼女らはCAのみを最終目標にしているというよりは、むしろその次の自分を見据えていることもある（cf.山口, 2019, pp.112ff., 119ff.）。モンゴルフィエが製糸業者から気球製作者に、ライト兄弟が自転車屋から飛行機屋、飛行家になったように（本書第2章第1節、第5節）、現在従事していることを次の次元へと応用してみることも重要だろう。

　本書ではエアラインが登場するその前の歴史から見通し、飛ぶことの意義を見定め、エアラインの世界を見渡してみたが、同時に読者が次の自分へと羽ばたくことを見守りたいとも思う。まずは、エアラインへの就職を考えている方々に本書が何らかの一助になれば幸甚である。

　特に就活中の方々には、就活の種々の過程においてオンラインから得られる

画一化された一辺倒の検索上位情報だけでなく、オフラインの際に本書や本書の文献表に掲載されている書籍や映画等から実際に学び取った内容で、ライバルと質的な差異を付けることをお勧めしたいと思う。筆者自身、オンラインのネット情報を参照することはあっても、ほとんどの場合そこからは引用をせず、何らかの印刷媒体に基づいて執筆することを旨としている。

　確かに、エアライン関連会社の就活面接で航空知識を縷々尋ねられることは稀かもしれない。しかし、空へと思いを馳せる憧憬には、地に足のついた自らの確かな経験も必要だろう。このことを考慮する際にイメージとして参考になるのは、ギリシャ語の「境界として区別する（G.horizô）」という表現に由来する「地平線（horizon）」という英語の同義語として、「陸地線、ランドライン（landline）」「水平線、シーライン（sealine）」「地平線、スカイライン（skyline）」があるという点である（Liddell & Scott, 1996, pp.1250f.; 竹林, 2002, pp.1184, 1383, 2217, 2310）。まずは物事をイメージすることが、マネージすることへの第 1 歩である。

　「陸地線（landline）」とは陸と水面または空との境界線であり、「水平線（sealine）」とは海と空との境界線であり、「地平線（skyline）」とは「山岳地帯の観光道路（mountain highway）」ではなく、大地と空との境界線のことである。「地平線（horizon）」は「水平線（horizon）」とも言うとおり、「線（line）」を含むこれらすべての表現の共通点は、空と陸地または海水との境界線を指すという点である。この境界線は大地を基準に表現すると「地平線」であり、大海を基準に表現すると「水平線」であるから、大空を基準に表現すると「空平線（skyline）」という日本語を造語することもできるだろう。

　＊空と陸または海との境界線の 3 表現
　（1）地平線（horizon, landline）＝大地を基準にした空との境界線
　（2）水平線（horizon, sealine）＝大海を基準にした空との境界線
　（3）空平線（horizon, skyline）＝大空を基準にした大地または大海との境界線

　大地と大海は、必ずどこかで海岸線という接線を画していることを考慮すると、要するにこの３つの表現は１つの遠大な現実を指し示していることになる。ここで多くの人々の場合のように、空中や海中にではなく地上に住んでいるのなら、地に足の付いた営為も重要な役割を果たしていると言えるだろう。専らネット情報のみに依存することはあたかも空のみに住むようなものかもしれず、「アップ（up）」されているものを「ダウンロード（download）」して、自ら実地に検証する必要もあるだろう。ただし、空が大地や大海と連続しているように、ネット世界もこの現実世界と連続している限り、極めて参考になる世界であることは言うまでもない。必要なことは、その世界とは別の独自の方法で再確認することである。したがって、地に足の付いた経験、つまり足で稼ぐことも推奨される。

　旅行する余裕のある時には、国内なら京都府八幡市の「飛行神社」や香川県仲多度郡の「二宮忠八飛行館」、東京都渋谷区の代々木公園内「日本航空發始之地記念碑」や埼玉県の所沢飛行場跡地である所沢航空記念公園内「所沢航空発祥記念館」、日本航空輸送研究所を記念する大阪府堺市の船待神社御旅所内「航空輸送発祥記念碑」（本書第３章第１節）、鹿児島県南九州市の「知覧特攻平和会館」、また、国内外の歴史的航空機の実機や複製を展示している「青森県立三沢航空科学館」「石川県立航空プラザ」、成田国際空港近隣の「航空科学博物館」、名古屋空港内「あいち航空ミュージアム」「岐阜かかみがはら航空宇宙博物館」への訪問を勧めたい（cf.中脇, 2016, pp.10f., 126f.）。

　さらに国外なら、イカロス伝説の迷宮ラビュリントスとされるギリシャのクレタ島イラクリオン近郊「クノッソス宮殿」（本書第１章第２節）、ダ・ヴィンチが飛行機械で山頂からの飛行を夢見たとされるイタリアのフィレンツェ近郊「チェチェロ山（＝チェチェリ山）」（本書第１章第３節）、ケイリーの飛ばしたグライダーの複製が展示されているイギリスの「ヨーク航空博物館（York Air Museum）」（本書第２章第３節）、リリエンタール兄弟がグライダーの飛行実験を行ったドイツのベルリン近郊「リヒテルフェルデ（＝リヒターフェルデ）」（本書第２章第４節, cf.アンダーソン, 1997, p.204）、ライト兄弟ゆかりの地であるアメリカのオハイオ州「デイトン（＝デートン）」（本書第２章第

5節）、このライト兄弟の「フライヤー号」やリンドバーグの「スピリット・オブ・セントルイス号」等を展示しているアメリカのワシントンD.C.を拠点とするスミソニアン博物館群の1つ「国立航空宇宙博物館（National Air and Space Museum）」（本書第2章第6節, cf.Kelly, 1953, p.54）を訪問することも生涯印象に残る経験となり、いつでも熱く語れる人生の一齣となるだろう。

　最後に本書が上梓されるにあたり、特に次のお二方に、深甚の感謝の言葉を述べておきたい。

　今般は、草稿の段階において元日本航空機長の小笹豊氏に多々貴重な助言を賜わる機会が与えられた。ただし、本書における不正確あるいは不適確な内容や表現があれば、それらはすべて著者である筆者自身の責に帰せられるべきものであることは言うまでもない。

　また、本書の出版については、大学教育出版代表取締役の佐藤守氏が企画の段階から格別なご配慮を示してくださった。両氏のご協力なしに本書は決して日の目を見ることはなかったであろう。

　筆者に飛び方を示してくれた文鳥の「かのん」（2020年4月10日頃 − 2021年4月28日）に本書を捧ぐ。

　2021年6月20日

宮平　望

エアライン入門
── 逆風で飛翔する両翼 ──

目　次

凡　例

1.　cf.は「参照せよ」、p.は「ページ」、alsoは「また」、c.は「およそ」、&は「と」、……や......は「省略」を表す。

2.　f.およびff.は「以下」を表し、引用ページまたは参照ページが前者は2ページ、後者は3ページ以上に渡ることを表す。

3.　ed.は「編集」、comp.は「編纂」、tr.は「翻訳」、intro.は「紹介」、byは「による」、et al.は「他」、n.d.は「日付不明」を表す。

4.　英語原語は直後に（……）で示す。G.は「ギリシャ語」を、L.は「ラテン語」を、D.は「ドイツ語」を表す。ただし、ギリシャ語はローマ字で表記する。

5.　文献を文中で引用する場合、著作名は明示する必要がなければ、巻末の文献表に記載の副題、シリーズ名、出版社名等と共に省略し、原則として著者名と巻番号と出版年と参照ページのみをこの順に記す。同一著者に同一出版年の文献がある場合には、文献表の各文献直後にアルファベットで識別を付け、出版年の直後にその識別文字を挿入する。文献表の＝は外国語原本または英語訳本を、≒は部分的に重なる外国語原本または英語訳本を指す。邦訳書に外国語原本がある場合には、外国語原本の出版年を記すが、参照ページは邦訳書のページを記す。また、本文に単に例えば（本書第1章第1節）とある場合は、本書『エアライン入門　逆風で飛翔する両翼』内の参照章節を示す。便宜上、文献表には本書において直接引用しなかったものも掲載しており、和書のリストには参照した映画も含めている。

6.　文中で歴史的人物の姓のみを記す場合、そのフルネームと生没年を巻末の年表に別記するものもある。現存の人物や研究者に対しても歴史的記述方法を採り、敬称は省略する。年に関しては、西暦のA.D.は省略して紀元前のB.C.のみを記す。C.は「世紀」を表す。

7.　聖書箇所は、下記の括弧内の引用表記を使用し、章と節は：で区切る。なお、旧約聖書からの引用は共同訳聖書実行委員会『聖書　新共同訳』（日本

聖書協会 , 1987) に基づき、新約聖書からの引用は拙著「私訳と解説」シリーズに基づく。

旧約聖書：創世記（創世）出エジプト記（出エ）レビ記（レビ）民数記（民数）申命記（申命）ヨシュア記（ヨシ）士師記（士師）ルツ記（ルツ）サムエル記上（サム上）サムエル記下（サム下）列王記上（列王上）列王記下（列王下）歴代誌上（歴代上）歴代誌下（歴代下）エズラ記（エズ）ネヘミヤ記（ネヘ）エステル記（エス）ヨブ記（ヨブ）詩編（詩編）箴言（箴言）コヘレトの言葉（コヘ）雅歌（雅歌）イザヤ書（イザ）エレミヤ書（エレ）哀歌（哀歌）エゼキエル書（エゼ）ダニエル書（ダニ）ホセア書（ホセ）ヨエル書（ヨエ）アモス書（アモ）オバデヤ書（オバ）ヨナ書（ヨナ）ミカ書（ミカ）ナホム書（ナホ）ハバクク書（ハバ）ゼファニヤ書（ゼフ）ハガイ書（ハガ）ゼカリヤ書（ゼカ）マラキ書（マラ）

新約聖書：マタイによる福音書（マタ）マルコによる福音書（マル）ルカによる福音書（ルカ）ヨハネによる福音書（ヨハ）使徒言行録（使徒）ローマ人への手紙（ロマ）コリント人への手紙一（コリ一）コリント人への手紙二（コリ二）ガラテヤ人への手紙（ガラ）エフェソ人への手紙（エフ）フィリピ人への手紙（フィリ）コロサイ人への手紙（コロ）テサロニケ人への手紙一（テサ一）テサロニケ人への手紙二（テサ二）テモテへの手紙一（テモ一）テモテへの手紙二（テモ二）テトスへの手紙（テト）フィレモンへの手紙（フィレ）ヘブライ人への手紙（ヘブ）ヤコブの手紙（ヤコ）ペトロの手紙一（ペト一）ペトロの手紙二（ペト二）ヨハネの手紙一（ヨハ一）ヨハネの手紙二（ヨハ二）ヨハネの手紙三（ヨハ三）ユダの手紙（ユダ）ヨハネの黙示録（黙示）

序　章　　　　　　　　　　**エアライン研究入門**

　序章では、広義のエアライン研究の歴史と方法を取り扱うことによって本書の構成と概略を紹介するが、まずは飛ぶという基本的な現象の根源的な意義に迫ってみよう。今から100年以上も前に精神分析の創始者フロイトは、このことに関する核心的な問いと答えを提示している。

> これほど多くの人間が飛べることを夢みるのはなぜだろうか。この問いに対する精神分析の答えは、いわく、飛んだり鳥になったりするのはある別の欲望が変装したものにすぎないからだ、言語の上でも事柄の上でも、その欲望の認識に通じる橋はひとつならずある、というものである（フロイト, 1910, p.82）。

　ここで「夢みる」とは比喩的な意味ではなく、実際の睡眠中に夢を見ることであるが、フロイトは続けて、人の幼児期における大きくなりたい、大人と同じことができるようになりたいという欲望、つまり、「性的な営みをなしうるようになりたいという……幼児期初期の欲望」が、夢の中で「空を飛ぶ」という形で発現するという（フロイト, 1910, p.83）。現代イタリアの航空史専門家ニッコリは人間の限界の克服といういっそう広い視野から飛行を、「人間の肉体的な限界、地上に生きる者としての制約を克服し、より高い精神的次元、神聖な次元であえて舞おうとすること」と把握している（ニッコリ, 2013, p.7）。

　しかし、ユダヤ・キリスト教に遡及して「飛ぶ」ことが、この地から天への飛翔であることを考慮すると、概して飛ぶことに対する人間の憧憬は、死に至るこの地から天の父なる神のもとに導かれて救われたいという願望の世俗的表現の1つであると言えるだろう（cf.本書第1章第1節）。「掬う」と「救う」が同語源であるように（cf.前田, 2005, p.648）、ある意味で人々が苦難に満ちたこの世から掬い上げられるようにして救われることを願い、逆に時としてこ

の世において幸運なことに対して天にも昇る気持ちになることは、この地から離れて天に向かって飛ぶという夢と呼応しているとも考えられる。確かに、飛行中の飛行機は地上から見ると、救い主イエスが2000年前に掛けられた十字架の形にも見える（本書第2章第6節, cf.バーグ, 上, 1998, p.14）。特に、後退翼ではない主翼を持つ初期の飛行機ならいっそうそうだろう。

　コーン（Corn）の『翼という福音　1900年から1950年までのアメリカと航空機とのロマンス（The Winged Gospel America's Romance with Aviation, 1900-1950)』（1983年）は、飛行機が人々の話題としても飛び交う1908年以降のアメリカ社会を適確に描写していると思われる。

> 人々は決して、飛行機械（flying machine）が単に人や物を地上の一地点から別地点へ移動させる方法（way）であるとは考えなかった。むしろ、それは改革、再生、救済の道具（instrument）、政治や革命、さらには宗教の代替となるもの（substitute）のようであった（Corn, 1983, p.30, cf.Corn, 1983, p.27）。

　このような「救世主的航空観（Messianic view of aviation)」にあるように（Corn, 1983, p.30）、「飛びたい」という願望は、「救われたい」という願望の世俗的表現ではないだろうかという想定を念頭に置きつつ、飛翔、飛行に関する研究を進めるが、文献紹介を含むこれまでの研究史と本書の方法論をまずは整理しておこう。

第1節　エアライン研究の歴史

　本節では便宜上、概して時系列に構成されている章順に文献を紹介するにあたり、まずはエアライン全体に関する総記から始めるが、日進月歩のこの膨大な世界に飛び込む前に、最新の情報に基づいて全容を紹介している小林監修『旅客機・エアライン検定　公式テキスト　航空機の構造や航空管制の知識が身につく』（2019年）か、中脇編『航空知識のABC』（2020年）を手に取ることを勧めたいと思う。

　エアライン全体の百科事典としてアイアンズ-ジョージ（Irons-Georges）編

『飛行百科事典（Encyclopedia of Flight）』（2002 年）3 巻本は網羅的な基本書であり、航空機と関連のある用語、戦争、人物、会社等の「定義（Definition）」や「意義（Significance）」を簡潔にまとめてから解説を展開し、「文献表（Bibliography）」で参照すべき図書を紹介する非常に便利な書である。この事典の巻末に収録されている用語集、全体の文献表、ウェブサイト、北米の航空学校と訓練所、博物館、国際空港、航空会社、主要機種、年表、航空機事故の参考資料も利便性が高い。本書の特に第 3 章においてこの事典は、その骨格を形成してくれたが、日進月歩の航空界の現状からすれば、20 年近く前の主としてアメリカの情報は、やや往昔に属する内容も見られるが、現在に至る重要な里程として参考になるだろう。

　戦後の航空界の進展も記録している日本語の事典として、小川他の著した『航空の事典』（1957 年）は内容項目順の構成であり、木村の監修による『航空学辞典』（1959 年）と『航空用語事典　増補改訂版』（1981 年）は、あいうえお順であるが、前者には内容項目別の目次も付されている。最近の飛行機の百科事典編集委員会編『飛行機の百科事典』（2009 年）は、搭乗、エンジンスタート、タキシング、離陸、上昇、巡航、降下、進入、着陸、駐機の順に専門的に解説し、最後に飛行技術について補足説明をする搭乗体験的構成をしていて興味深い。最近の青木の総監修になる『航空用語厳選 1000　わかりやすい！面白い！　航空知識を楽しく覚えよう。』（2014 年）は、まさに副題のとおりの航空知識自己検定 100 問付き用語辞典であり、古庄の『ちょっと自慢できるヒコーキの雑学 100』（2019 年）と同様に、読者を存分に楽しませてくれる。

　飛行機に関する初期の概説書であるスチーバーとハガチーによる『Flight 飛行の話』（1965 年）は、揚力や上半角の明解な説明を施す等、専門領域の多い航空界を一般化する努力に満ちている。飛行の理論と技術の歴史に関する網羅的な学術書は、アメリカの航空宇宙工学の専門家アンダーソンによる『空気力学の歴史』（1997 年）であり、古代ギリシャの流体力学から 20 世紀の極超音速飛行に至るすべてを解説している点で、同じ著者による『飛行機技術の歴史』（2002 年）と共に比類なき本格的教科書である。

　「飛ぶ」ことに関する歴史的研究の代表例としては、レオナルド・ダ・ヴィンチ『鳥の飛翔に関する手稿』（1505年）が有名であり、原書複製、鏡文字を反転させた原典、詳しい序文と解説付きの日本語版が岩波書店から出版されており、直接ダ・ヴィンチの考えに触れることができる。近年の特に詳細、浩瀚なダ・ヴィンチ伝であるニコル『レオナルド・ダ・ヴィンチの生涯　飛翔する精神の軌跡』（2004年）は、欧米で教鞭を執った後にイタリアで暮らすイギリスのノンフィクション作家の手になるものであり、アイザックソン『レオナルド・ダ・ヴィンチ』（2017年）は、世界的ベストセラーとなった『スティーブ・ジョブズ』（2011年）等の伝記作家として知られる歴史学者による最近の研究であり、ニコルによる伝記と共にダ・ヴィンチの生活背景を最新の研究成果に基づいて十二分に提供してくれる。

　ドイツの航空技術者リリエンタールによる『鳥の飛翔』（1889年）は、飛翔機械の実験報告書かつ研究書であり、第2版の弟によるグスタフの「展開」（1910年）は、リリエンタール兄弟の伝記的記録もなされている点において貴重な資料である。リリエンタール兄弟に触発されたライト兄弟については、アメリカの文民として最高の名誉である「大統領自由勲章（The Presidential Medal of Freedom）」を2006年に授けられた作家マカルーによる『ライト兄弟　イノベーション・マインドの力』（2015年）があり、これは飛行機械黎明期の時代状況やライト兄弟の多くの手紙やその他の膨大な関連資料に基づいた詳細な伝記として、日刊新聞紙『ニューヨーク・タイムズ（The New York Times）』のノンフィクション部門ベストセラーリストにおいて、原著の出版後七週間に渡り首位を飾った名著である（秋山, 2017, pp.476, 483）。

　ライト兄弟の初期の代表的伝記は、彼らの旧友であり新聞記者出身の作家であったケリー（Kelly）による『ライト兄弟　18枚の写真付き伝記（The Wright Brothers　A Biography with 18 Illustrations）』（1943年）であり、これは弟オーヴィル・ライトが原稿を閲読、承認した唯一のライト兄弟伝記である（Tobin, 2003, p.412）。このケリーは、『キティー・ホークでの奇跡　ウィルバー・ライトとオーヴィル・ライトの書簡（Miracle at Kitty Hawk　The Letters of Wilbur and Orville Wright）』（1951年）という貴重な書簡集も編集

している。

　また、アメリカの国立航空宇宙博物館（National Air and Space Museum）の航空学部門学芸員クラウチ（Crouch）による『監督の子どもたち　ウィルバー・ライトとオーヴィル・ライトの生涯（The Bishop's Boys　A Life of Wilbur and Orville Wright）』（1989 年）は歴史家による詳細な伝記であり、クラウチの同僚であるジェイカブ（Jakab）がまとめた『空飛ぶ機械という夢　ライト兄弟と発明の過程（Visions of a Flying Machine　The Wright Brothers and the Process of Invention）』（1990 年）は、要所に科学技術史の視点からの解説を織り交ぜている。トービン（Tobin）による『空を制するために　ライト兄弟と飛行への偉大なレース（To Conquer the Air　The Wright Brothers and the Great Race for Flight）』（2003 年）は、巻末のライト兄弟に関する丁寧な文献紹介が示すとおり、参考書的伝記である。

　ライト兄弟の人生におけるバランスの取れた知性と感性に魅せられていたリンドバーグの生涯については、バーグによる詳細な伝記『リンドバーグ　空から来た男』（1998 年）が基本書であり、これは遺族の承諾の下に 2,000 箱ほどのリンドバーグ関連資料に基づいて著され（cf.バーグ, 下, 1998, pp.554f.）、1999 年のピューリッツァー賞を伝記部門で受賞している。

　こうした大作の後にも、リンドバーグを戦間期以降の航空機産業の進展の中に位置づけたケスナー（Kessner）による『世紀の飛行　チャールズ・リンドバーグとアメリカの航空機産業の興隆（The Flight of the Century　Charles Lindbergh and the Rise of American Aviation）』（2010 年）、リンドバーグのスピリット・オブ・セントルイス号のコックピットの視点から彼の飛行を描写したハンプトン（Hampton）による『飛行　1927 年、チャールズ・リンドバーグの勇敢、不死身の大西洋横断（The Flight　Charles Lindbergh's Daring and Immortal 1927 Transatlantic Crossing）』（2017 年）と続くが、1927 年 5 月に彼の大西洋横断無着陸単独飛行が成功したその年内に、ヴァン・エヴリ（Van Every）の『チャールズ・リンドバーグ　その生涯（Charles Lindbergh His Life）』（1927 年）という伝記や、リンドバーグ自身による自伝『「私たち」（"WE"）』（1927 年）が出版されていたことと同様に、これらの著作は彼の 25

歳の時の偉業を反映している。

　リンドバーグが民間機と軍用機双方の操縦桿を握ったことは、その後の航空界の趨勢を予兆しており、様々な機種が目的に応じて製造され続けた。ナハム『航空機　レオナルド・ダ・ビンチのはばたき飛行機から —— 超音速ジェット旅客機までの空飛ぶ機械物語』（1990 年）は、気球、飛行船、ヘリコプター、グライダー、ハンググライダー等、広義での航空機を多角的に解説した入門図解書であり、DK 他の編集になる『航空機　Flight』（1992 年）は、種々の航空機の各部位・部品の名称も網羅的に明示する入門図解辞典である。

　また、絵本作家の山本による『飛行機の歴史』（1999 年）は、網羅的で正確な挿絵だけでなく簡潔な解説や挿話も読者の理解に資する形で、飛行機の全体像を見事に描いている。飛行機の全容を紹介している最近の図解入門書としては、中村監修の『飛行機　旅客機の作り方、メカニズムから空港のしくみまでわかる飛行機本の決定版！』（2010 年）や鈴木監修の『飛行機のしくみパーフェクト事典　知っておきたい基本構造から最新技術まで』（2015 年）が挙げられる。特に鈴木による『飛行機物語　航空技術の歴史』（2012 年）は、『ライト・フライヤー号の謎　飛行機をつくりあげた技と知恵』（2002 年）と共に、専門的見地に基づく丁寧で明解な解説書である。

　ホワイトマンの総監修による『世界の航空機大図鑑』（2013 年）は、最も詳細な飛行機写真図鑑の１つとして、重要項目の細部に渡る解説も徹底しており、ニッコリの『世界の飛行機』（2013 年）も、同様にして豊富な写真資料と共に、特に詳細な解説に多くの紙幅を割いている。ウィンチェスター他（Winchester et al.）による『軍用機、戦車、軍艦の図解百科事典　850 以上の挿絵付き（Military Aircraft, Tanks & Warships' Visual Encyclopedia　More than 850 Illustrations）』（2018 年）は、内容を代表的軍用機の戦後冷戦期と冷戦後現代に区分し、各々の軍用機の製造国、種類、動力装置、性能、重量、寸法、搭載兵器を挿絵と解説付きで列記している。スワンストン父子の著した『アトラス　世界航空戦史』（2009 年）は、戦争において種々の機種の果たした役割を詳細に辿っている。

　20 世紀末から歴史学の特徴として、グローバルな歴史とかトランスナ

ショナルな歴史という視点が脚光を浴びており（入江, 2005, pp.96, 151ff., 198; Iriye, 2013, pp.9ff.）、例えば、1988 年にアメリカ歴史学会（American Historical Association）会長を務めた入江は 2 つの特徴を上げている（Iriye, 2013, p.11）。

＊グローバル、トランスナショナルな歴史観の 2 つの特徴
(1) 国境を越えた視野を持ち、国境を横断するものの相互関係を探究する。
(2) 世界の一地域や一部の国々だけではなく、人類全体に関与する諸問題や現象に特に関心を向ける。

　地理や言語に深く根差した一国の歴史を越えた地球規模の歴史観は、特に陸路や海路を超えた 20 世紀以降の空路によって、知的情報や金融価値を伴う人や物が大規模に移動する世界の潮流に棹差されている。こうした潮流の中には戦争という否定的現実も内包されることは、生井の『空の帝国アメリカの 20 世紀』（2018 年）、竜口による『海と空の軍略 100 年史　ライト兄弟から最新極東情勢まで』（2018 年）、高田編著『航空の二〇世紀　航空熱・世界大戦・冷戦』（2020 年）、元ルフトハンザドイツ航空のパイロットであるメルツァー（Melzer）の『日出ずる国に捧げられた翼　日本の航空の広域史（Wings for the Rising Sun A Transnational History of Japanese Aviation）』（2020 年）等の秀逸な 20 世紀航空史にも見られるとおりである。

　現代日本の航空輸送の全容を体系的に編集した代表的なものとして、日本航空広報部編『最新航空実用ハンドブック　航空技術／営業用語辞典兼用』（2014 年）があり、飛行機のメカニズム、飛行機の運航・整備、営業・航空協定・航空諸機関、航空従事者・航空機事故を、更に細分化された項目に基づいて詳説している。同種の内容の全日空輸版としては、詳細な解説が施されている全日空広報室編『エアラインハンドブック Q&A 100 ― 航空界の基礎知識 ―』（1995 年）や、この改訂簡略版の ANA 総合研究所編『エアラインオペレーション入門　改訂版 ― 航空を支えるプロの仕事 ―』（2015 年）が参考になる。

　最新の航空産業を論じたものとしては、東京大学航空イノベーション研究会他編『現代航空論　技術から産業・政策まで』（2012 年）が代表的な研究書で

あり、エアライン実務経験を有する研究者たちの執筆による稲本編『エアライン・ビジネス入門』（2017 年）や、各分野に渡りいっそう詳細な ANA 総合研究所『航空産業入門』（2017 年）も極めて有益である。井上著『最新航空事業論　エアライン・ビジネスの未来像』（2019 年）は、エアラインの歴史に基づいて現状を各分野に渡って専門的に分析し、未来への具体的展望を示した書であり、最終章「就活成功のヒント」では、著者の豊かな経験が読者にも共有されている。最新の航空業界を職種別に巡覧したものとしては、川本編『航空業界　就職ガイドブック 2021』（2020 年）が基本的入門書であり、航空会社の総合職の事務部門と技術部門、パイロット、客室乗務員、グランドスタッフ、運行管理、空港館内案内、航空整備士、航空貨物、グランドハンドリング、ケータリング、予約・案内、航空IT、公務員である税関職員、入国審査官、入国警備官、植物検疫官、航空管制官等の業務内容を紹介している。

　エアラインの文学を紹介する際に最も便利で役立つ書は、リンドバーグの『翼よ、あれがパリの灯だ』（1953 年）、ガンの『運命とのたたかい』（1961 年）、バックの『夜と嵐をついて』（1963 年）、ガガーリンの『地球は青かった』（1961 年）を編集収録した筑摩書房「世界ノンフィクション ヴェリタ」版「22 大空に挑む」（1978 年）であり、荒正人や各々の訳者による解説と相俟って、感動的な航空文学の世界を展観している。

　文学と深く関係している映画としては、洋画と邦画の双方を取り上げ、作品ごとにその魅力をごく簡潔に解説するが、洋画からはペーターゼン監督『エアフォース・ワン』（1997 年）、ライトマン監督『マイレージ、マイライフ』（2009 年）、イーストウッド監督『ハドソン川の奇跡』（2016 年）を、邦画からは矢口監督『ハッピーフライト』（2008 年）、宮崎監督『風立ちぬ』（2013 年）を紹介する。

　エアラインの接客の世界を追体験するには、客室で直接乗客に接する客室乗務員による経験談が、極めて重要な資料になるだろう。三枝の紹介する『空の上で本当にあった心温まる物語』（2010 年）とその翌年の続編は、全日本空輸客室乗務員のチーフパーサーやインストラクター等の要職を経た茶道師範として作法に精通した鑑識眼によって選りすぐられた感動体験が満載である。ま

た、同じく三枝による『人間関係は「そとづら」が9割』（2018年）は「自分の感情よりも他者への気遣いを優先させる」ことによって新たな人間関係が創造されることを指摘している（三枝, 2018, p.210）。大宅の紡いだ『選んだ道が一番いい道　いつも小さなすてきは見つかる』（2019年）は、ANA初の「65歳定年まで飛び続けた客室乗務員」が、45年間のCA生活に根差した知恵を披瀝したものであり、同じことを継続して生み出される変化という新境地を開き（大宅, 2019, pp.1, 206）、日々の点のような仕事も継続してこそ見える線に変化するということを、大空に美しく「まっすぐな線を描く『飛行機雲』は、飛行機のエンジンから出る水蒸気が氷の粒になったもの。どんなに長い線も、小さな点の集まりです」と説明する（大宅, 2019, p.28）。

　豊澤の『"伝説のCA"の「あなたに会えてよかった」といわれる最上級のおもてなし』（2013年）は、日本航空の客室乗務員や客室乗務員のインストラクターを務めた後、ホスピタリティ講師として経験を積んだコンサルタントによるものであり、僅かな工夫で大きな効果を与えることのできた数々の経験談に基づいている。真山による『誰にでも愛される人の「気くばり」ルール』（2014年）は、日本航空の客室乗務員として数々のVIP担当後、現在では日本CA協会代表理事等を務め、CAのセカンドキャリア支援を展開する人気講師によるものであり、家庭の事情でアメリカの大学での留学生活を中途で断念せざるをえなくなるという逆境を乗り越えてきた著者の語る内容は説得力に満ちている。江上の説く『〝心づかい〟の極意』（2016年）は、著者が日本航空の客室乗務員を30年間務めた後に、「おもてなしの心」をテーマに、全国の教育機関や種々の企業等で開催された講演内容に基づいてまとめ上げたものであり（cf.山口, 2020, p.223）、客室乗務員の責任者である先任客室乗務員（チーフパーサー）として、幾多の難局に責任を持って対処してきた様子も窺える。

第2節　エアライン研究の方法

　本書の副題「逆風で飛翔する両翼」それ自体が研究方法を示唆しているように、本書はエアラインの歴史において、人間が荒唐無稽と思われていた飛翔を逆境の中で模索する「逆風の時代」を第1章とし、ユダヤ・キリスト教の聖書における鳥の役割を概観し、古代ギリシャの神話や哲学に見られる翼に対する憧憬を注視し、この西洋古典の知恵を援用したルネサンス期の知的風土の中で、ダ・ヴィンチが鳥の飛翔を観察しつつ考案した飛行機械と彼の絵画作品の中の鳥との関係性を考察する。

　第2章はこの逆境を克服した「飛翔の時代」であり、熱気球の発明者モンゴルフィエ兄弟や硬式飛行船の製作者ツェッペリン、飛行技術の理論的・実験的研究の先駆者であるケイリー、ハンググライダーによる滑空実験を重ねたリリエンタール、リリエンタールの『鳥の飛翔』を参考にして動力付き飛行機による有人飛行を1903年に成功させたライト兄弟、そして史上初の大西洋横断無着陸単独飛行を1927年に実現してその後の航空界を饗導したリンドバーグ等を取り上げ、飛行界の急激な進展を巡覧する。ここで特に、ケイリー以後に飛行が実現した契機として、「逆風」が重要な役割を果たしている。

> 飛行のためには「なによりも風が重要で、『追い風を変わらず背に受けて（May the wind be ever at your back）』というアイルランドの古い祈願文とはうらはらに、いい風は真っ正面から吹いてこなくてはならなかった。のちに語られるように、ライト兄弟にとって風は決して敵対するものではなかった」（マカルー, 2015, pp.90f.）。

　真っ正面から吹いてくる自然の逆風であれ、滑走によって正面に人工的に起こされる逆風であれ、飛行機が翼の揚力を生み出すには進行方向とは逆の空気の流れが必須であり、「追い風を変わらず背に受けて（May the wind be ever at your back）」という「古い祈願」よりは、むしろ「向かい風をいつもあなたの正面に受けますように（May the wind be ever at your front）」とも言うべき新

しい祈願こそ、近代の飛行に適切な表現なのである。確かに、地上での歩行や
疾駆には追い風が一助となるが、飛行機械が上昇するには前方からの空気の流
れが不可欠である。これは含蓄に富む現象であり、人は順風満帆な生活の中よ
りも、逆風逆境の日々の中でこそ、真価を発揮していっそう高次元の世界に飛
翔し、新鮮な経験をするとも言えるだろう（宮平, 2019, p.11）。

　一般に航空機は、機体が排除する空気より軽い（lighter-than-air）軽航空機
と、機体が排除する空気より重い（heavier-than-air）重航空機とに分けられ、
軽航空機は、無動力の気球と動力付きの飛行船に、重航空機は、無動力のグラ
イダーと動力付きの飛行機に分類できる。また、概して気球は、気嚢内の水素
ガスやヘリウムガスの揚力と風力によって大気中を移動する自由気球と、建物
や艦船等から索によって一定高度に保たれている繋留気球に分けられ、飛行船
は、船体が軽金属の骨格からなる硬式飛行船と、船体に骨格のない軟式飛行船
に分けられる。また、凧は繋留グライダーとも言うべきものであるので、グラ
イダーと同じ範疇に入れることができ、回転翼を備えたヘリコプターは飛行機
と同じ範疇である（cf.小川他, 1957, pp.2ff.; 日本航空広報部, 2014, pp.20ff.）。

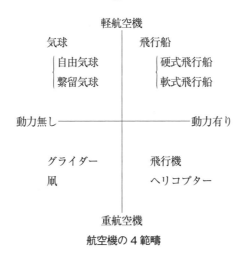

航空機の4範疇

　なお、空気より軽いとされる飛行船は、降下の際に気嚢内のガスを放出しな
くて済むように、実際にはバラストによって空気より僅かに重くされており、

この重りによって不足する浮力は、船体に作用する揚力によって補っている（中脇, 2020, a, p.28）。また、ハンググライダーやパラグライダーは、原理的には動力無しの重飛行機の範疇に入れることができるが、気球と同様に日本において航空法上は空中浮遊物となるため、国家免許や対空検査が不要とされる自由な存在である（池内, 2018, pp.57f., cf.中脇, 2020, a, p.29）。

　本書において、特に中心話頭となる動力付きの重航空機である飛行機には、4つの力、つまり2組の相反する力が作用しており、エンジンによる「推力（thrust）」が、空気による「抗力（drag）」を凌駕し、両翼の生み出す「揚力（lift）」が、地球からの「重力（gravity）」を克服し、均衡を維持することによって飛行が可能となる（宮本, 1978, p.39; Lodhi, 2002, pp.281ff., cf.本書第2章第3節）。この時の揚力と抗力は、飛行速度の自乗に比例して増減する（日本航空広報部, 2014, p.66）。

　これらの4つの力の要因は、厳密に区分できるものではなく、例えばエンジンは推力であると共に、その物自体は空気による抗力や地球からの重力を被っており、下方からの上昇気流や後方からの追い風では、空気が抗力ではなく揚力や推力であるとも説明できる。なお、翼に作用する揚力の値は、翼によって発生する渦の強さと飛行速度と大気密度によって算出されるが、この20世紀初頭のクッタ＝ジュコーフスキーの定理によって、「揚力について具体的なイメージが得られるわけではない」ことを鑑みて（飛行機の百科事典編集委員会, 2009, p.95, cf.アンダーソン, 1997, pp.207f., 321ff.; アンダーソン, 2002, pp.332f.; 鈴木, 2002, pp.142ff.)、明解さのためにも下記のように説明することができる。

　　＊飛行機に作用する4つの力
　（1）機体前方への推力。推力を生むエンジンに必要な条件として6点挙げられる（宮本, 1966, p.130）。(i) エンジン出力が大きく、しかも軽い。(ii) 形状が小さく、空気抵抗が少ない。(iii) 高空でも出力が安定している。(iv) 燃料効率が高い。(v) 離陸や急上昇時に急激に出力を上げられる。(vi) 長時間の使用が可能である。
　（2）機体後方への抗力。機体に対する主な抗力として5点挙げられる（中脇,

2020, a, p.40, cf.宮本, 1966, p.116; アンダーソン, 1997, pp.414ff.; 日本航空
広報部, 2014, pp.59f.）。（i）機体表面を空気が擦ることによる摩擦抵抗。（ii）
機体表面の形態により空気の流れが乱されることによる形状抵抗。（iii）主翼
と胴体の結合部分等、双方の空気の流れが互いに干渉することによる干渉抵
抗。（iv）主翼先端に発生する渦によって揚力が後方に傾くことによる誘導抵
抗。（v）音速付近で発生する衝撃波による造波抵抗。

(3) 機体上方への揚力。部分的に重複する要素もあるが、5つの視点から説明が
　　可能である。（i）ベルヌーイの定理によれば、例えば使用中のホースの一部
　　分を上下からつまんで細くすると、ホース内のその部分の水流が速くなって
　　ホースにかかる水圧が下がるように、この現象の下半分を翼とその上面の空
　　気の流れと考えると、翼の上面の気圧が下がることによって翼には上向きの
　　揚力が働く（スチーバー／ハガチー, 1965, pp.53f.）。（ii）この時、翼の上面
　　の空気の流れが下面よりも速くなるのは、機体の左側から見て翼の後方に発
　　生する反時計回りの渦を打ち消す時計回りの空気の循環が、翼の周囲に発生
　　するからである（中村, 2017, p.33, cf.鈴木, 2002, pp.145f.）。（iii）ニュート
　　ンの作用・反作用に関する運動の第三法則に基づけば、翼後方の下向きの空
　　気の流れに対して、翼には上向きの力が働くと言える（アンダーソン, 1997,
　　p.93, cf.鈴木, 2012, p.10）。（iv）スプーンの掬う部分であるつぼの外側を、
　　水道から真下に流れ出ている水流に触れさせると、コアンダ効果が説明する
　　ように、水はつぼの湾曲面に沿って流れ、同時に水流に引き込まれて揚力が
　　発生し、その反作用により、水流は揚力の方向とは逆の方向に向かう（cf.比
　　良, 1977, p.123; 加藤, 2012, pp.56ff., 139）。（v）クッタ＝ジュコーフスキー
　　の定理が理論的に証明する簡潔な事例としてマグヌス効果があり、例えば野
　　球ボールの水平軸の周囲にトップスピンのカーブをかけて投げ出すと、前方
　　からの空気の流れがこの回転体を過ぎる時、下向きの流れが上向きの流れに
　　変わり、この流れは上向きの運動量を得て、その反作用としてこの回転体に
　　は下向きの言わば揚力が働いて、ボールは重力に加えてさらにこの分、落差
　　のある変化球となる（cf.比良, 1971, p.44; 加藤, 2012, pp.76f.）。この回転を
　　逆にした場合が、飛行機の翼に近似する。

(4) 機体下方への重力。重力の作用領域として5点挙げられる。（i）機体と搭載
　　機器や器具類。（ii）乗務員とその手荷物。（iii）貨物、郵便、乗客とその荷
　　物等の有償重量。（iv）燃料。（v）場合によっては着氷。例えば、エアバス

A380 の機体のみの無積載重量は 277 トンであるが、乗客や貨物、燃料等を搭載できる最大離陸重量は 560 トンである（中脇, 2020, a, p.30）。この無積載重量 277 トンという一見超弩級の重量も、縮尺 200 分の 1、全長 37 センチメートル、35 グラムのプラモデルサイズにすると、本来のエアバス A380 の最も薄い部分の外壁 2 ミリメートルがアルミホイル程の薄さになり、紙飛行機なみの軽量である（中脇, 2020, a, pp.30, 36, cf.青木, 2014, pp.251, 273; 古庄, 2019, pp.118f.）。

　続く第 3 章「両翼の時代」とは比喩的な表現であり、主として動力付き重航空機の飛行機の世界に焦点を当て、飛行機に両翼があるように、現代に至る膨大かつ複雑な様相を呈しているエアラインを各々 2 つの視点から検討し、その特徴を把握する。その際、軍用機と民間機、空港と空路、旅客と貨物、機長と副操縦士、客室乗務員と地上勤務員、フルサービス航空会社とエコサービス航空会社という、言わばエアラインの両翼から全体像を眺望する。これらの 2 分法は便宜上のものであり、すべてを詳細に検討できないことは言うまでもない。

　この第 3 章までが、時代という時間軸による展開であるのに対して、結章は「エアラインの世界」という空間面で、エアライン関連の文学、映画、接客を幅広く取り上げている。エアラインの文学や映画ではぜひとも、まずは原作を熟読または鑑賞してから、本書の該当箇所を熟読していただきたいと思う。

　このように、良い意味で茫漠たる雲行きなので、読者の方々には最後に、「エアライン英語」を通して、英語が必須であるエアラインの世界をミクロに見直し、「年表」ではマクロに見通し、直接引用した文献以外も含まれる「文献表」によってエアラインの世界をさらにいっそう広く見渡していくことを勧めたいと思う。

第1章　逆風の時代

　人類が大空に飛翔するまでの逆境の時代は、言わば「逆風の時代」であり、様々な先人が空を駆ける鳥に思いを馳せ、人が飛ぶという夢を思い描いてきた。この第1章ではユダヤ・キリスト教の聖書、ギリシャの神話、ルネサンスの知恵に焦点を当て、人々のそのような思いを文献から解き放ってみよう。いみじくも、レオナルド・ダ・ヴィンチが「小鳥を売っている場所に通りかかると、自分の手で小鳥を籠から取り出し、店の人に言われた値を払うと空に放ち、失われた自由を彼らに返してやる」のと同様に（ヴァザーリ, 1568, p.18）。

第1節　ユダヤ・キリスト教の聖書

　ユダヤ教の旧約聖書と、これを母体とするキリスト教の新約聖書に基づくユダヤ・キリスト教の伝統においては、旧約聖書の冒頭に記されているように、神によって天地万物が創造された後に地の上で増えるだけでなく、天の大空を飛ぶようにと命じられたのは、翼のある鳥である（創世 1:20-22, 7:14）。しかし、最初の男と女が、神によって禁じられていた木の実を食べると、この世はこの原罪のゆえに堕落し（創世 2:9, 17, 3:1-24）、神は人や鳥を含む生き物を創造したことを後悔し、神と共に歩むノアとその家族や動物の番い各種が入った箱船以外を大洪水によって滅ぼすことにした（創世 6:1-22）。

　大洪水の後に、水の引き具合を確認するためにノアが烏を放つと戻って来たが、後に鳩を放つとオリーブの葉をくわえて戻って来たので、ノアは陸地が現れたことを知った（創世 8:1-12）。こうして人々も生き物も箱船から出て来ると、ノアは家畜と鳥の一部を神への焼き尽くす献げ物とした（創世 8:20, cf. レビ 1:14）。

　ノアの子セムから何代も後に生まれたのは、ユダヤ人すべての父とされる
アブラハムであり（創世 5:32, 10:21-31, 11:10-32, ルカ 3:34-36, ヨハ 8:31-39,
53, 56, ロマ 4:11-17）、神が彼にエジプトの川から大河ユーフラテスまでの土
地の支配と子孫の繁栄とを約束した時、アブラハムによって 2 つに切り裂か
れた牛、山羊、羊の間を炎が通り過ぎたが、神の命令に基づいて同様にして神
のもとに持って来た鳩の雛をアブラハムは切り裂いていなかった（創世 15:10,
cf.創世 15:1-21）。このような劇的な契約は、それを破棄した者がその動物
のように切り裂かれなければならないという峻厳さを示すためであり（エレ
34:18）、また鳩という鳥だけが切り裂かれなかったことは、鳥に対する特別
な取り扱いに人々の関心を向けさせ、大空を駆ける鳥を見る人の目が偉大な神
をも仰ぐ契機となるようにするためである。

　この鳥の飛翔は旧約聖書の箴言に、「天にある鷲の道、岩の上にある蛇の
道、大海の中の船の道、男がおとめに向かう道」と記されているように（箴言
30:19, cf.カルマン, 1954, p.3）、具体的な足跡を残さないため、人間にとって
不可解なものの一つと考えられていた。

　聖書の箴言には、紀元前 10 世紀のイスラエル統一王国の王ソロモンによる
様々な知恵が盛り込まれているが、ソロモンが建てたエルサレム神殿の内陣に
は、高さ 10 アンマ、翼長 5 アンマの金で覆われた 2 体のケルビム像があった
（列王上 6:1-3, 23-28, cf.出エ 25:17-20, 37:6-9, 歴代下 3:1-13）。ひじから中指
までの長さの単位であるアンマは、約 45 センチメートルであり、ケルビムは
翼を持った天的な動物として神の座、神の空の乗り物でもある（サム下 22:11,
詩編 18:11, イザ 37:16）。神殿のその像の下には、十戒が記された石の板が 2
枚入った契約の箱が、その翼に守られるように安置されていたことから（列王
上 8:6-9, cf.出エ 20:1-21, 申命 5:1-22, 歴代下 5:7-10）、翼を持つケルビムは重
要な役割を果たしていたと言える。

　鳥はまた鶉のように食用であり（出エ 16:11-13, 民数 11:31-33, cf.レビ
11:13-23, 申命 14:11-20）、小鳥なら愛玩動物でもあるが（ヨブ 40:29）、新約
聖書における鳥の最も印象的な描写は、今から約 2000 年前にイエスが洗礼者
ヨハネから洗礼を受けた時に、天が開かれて、神の霊が鳩のようにイエスの

上に下ったというものである（マタ 3:16）。この出来事は、鳥が清めの儀式で用いられ（レビ 14:1-7, 49-53）、鳩が神への献げ物であり（レビ 5:7-10, 12:8, 民数 6:10-11, ルカ 2:24）、純真な生き物の代表であることを考慮すると（マタ 10:16）、イエス自身が人々を清める純真な神にほかならないことを示唆している。

さらに、天を支配する神はしばしば鳥にたとえられ、神が神の民を自らの翼の下で守るように（イザ 31:5, cf.ルツ 2:12, 詩編 17:8, 36:8, 57:2, 61:5, 63:8, 91:4）、イエスが「エルサレム、エルサレム、預言者たちを殺し、自分の所に遣わされた人々を石打ちにする人よ、何度私は、めん鳥が自分のひなをその翼の下に集めるように、あなたの子どもたちを集めようと望んだことか」と嘆いたことも（マタ 23:37, cf.マラ 3:20）、イエス自身が神であることを示している。このように、天をも支配する鳥のような神は風の翼に乗り（サム下 22:11, 詩編 18:11）、雲を駆って進むため（詩編 68:5, 34, イザ 19:1）、人は翼を持つ鳥に憧れていた（詩編 55:7）。しかし、イエスは次のように説いている。

> 私はあなたたちに、『自分たちの魂のために何を食べようか、何を飲もうか、また、自分たちの体のために何を着ようかとあなたたちは心配してはならない』と言う。魂は食べ物以上のものであり、体は着る物以上のものではないか。あなたたちは、天の鳥たちをよく見なさい。それらは種もまかず、刈り入れもせず、倉に集めることもなく、あなたたちの天の父がそれらを養っている。あなたたちは、それらよりはるかに優れたものではないか。……あなたたちの天の父は、あなたたちがこれらのものをすべて必要としていることを知っている。あなたたちは初めに、神の王国と彼の義を求めなさい。そうすれば、これらのものはすべて、あなたたちに加えられるだろう（マタ 6:25-26, 32-33）。

このように、イエスは播種や刈り入れをせずに天の父なる神に養われている天の鳥以上に人間は優れた存在であると説き（マタ 6:26, cf.マタ 10:29, 31, ロマ 14:17）、神が王として支配する王国とその正義を求めることで必要なものはすべて与えられると約束し、人々を激励している。このイエスは、父なる神が支配して駆け巡る天に引き上げられたが（ルカ 24:51, 使徒 1:9-11）、それはイエスが生涯に渡って水よりも力強い浮力を引き起こす霊に満たされていたた

めである（マタ 1:18, 3:16, ルカ 23:46, ヨハ 20:22）。水による洗礼を受ける時に、人は水中で浮力を感じるが、洗礼者ヨハネが告白するとおり、いっそう力強い霊による真の洗礼を受ける時に、人は霊に満たされて、水による浮力以上の力を授けられる（マタ 3:11, ルカ 3:16, cf.創世 1:2）。ユダヤ・キリスト教の伝統においては、この力が霊に満たされた人を最終的に復活させ、天にまで引き上げる神の力であるとされている（ヨハ 6:63）。

第 2 節　ギリシャの神話

　イエスの教えは、天の父なる神からの備えが人々の不足を満たすと強調しているのに対して（本書第 1 章第 1 節）、イソップ寓話「三一一　ゼウスと動物と人間」は、ギリシャ神話の神ゼウスが鳥に備わる「翼（G.pteron）」よりも優れた「理性（G.logos）」を人間に贈っていると説いている。

> 　原初、動物が創られた時、ある者は強さ、ある者は速さ、ある者は翼というように、めいめい神の恵みをいただいた。ところが人間は裸のままに置かれたので、『私だけ恩恵に与れぬまま放っておかれた』と訴えた。するとゼウスが、『最も大きなものを授かっていながら、その贈物に気づいていないな。お前は理性を手に入れているのだ。それは神々の世界でも人間の世界でも力を持ち、強きものよりもなお強く、最も速きものよりもなお速いものなのだ』と答えた。ここに至って人間は贈物を知り、跪拝し感謝を述べて立ち去った（イソップ, c.3C.B.C., pp.232f.）。

　「理性（G.logos）」という表現は、新約聖書におけるように「言葉（G.logos）」とも訳せることを考慮すると（ヨハ 1:1, 14）、人間は他の動物と自分自身を比較して理性的に考察し、言葉を通して神とも語り合える存在であることが、ここで示されていると言えるだろう。このように神と渡り合えること自体、動物を凌駕する人間に与えられた名誉である。

　同種の創造譚を記録しているプラトンの『プロタゴラス』によると、神々が種々の生き物を作った時、エピメテウスを通して各々に速さ、強さ、武器、翼、地下の住み処、大きな姿等を与えたが、それは「公平を期しながら、……

いかなる種族も、滅びて消えさることのないようにということであった」(プラトン, 8, c.4C.B.C., p.137)。こうして、あらゆる種族に滅ぼし合うことを回避する手段が与えられると、様々な食べ物も準備されたが、人間の種族だけが履物も敷物も武器もなく放置されていたので、プロメテウスは人間が自己を保全する手段として、アテナから「技術的な知恵」を、ヘパイストスから「火を使う技術」を盗んで人間に贈り、この技術によって人間は言葉や生活の道具を作り、食べ物も発見したという (プラトン, 8, c.4C.B.C., pp.138f.)。

　さらに、人間は国家を作っていっそうの安全を確保するが、本来の贈り物によって作られ、見いだされたものは互いに滅ぼし合うことを回避するためのものであり、他者への攻撃ではなく自己の保全のためであることは、人間に対する根源的な教訓を内包している。また、「人間には神の性格の一部分が分けあたえられたので、まず第一に、神に対するこの近しい関係によって、数ある動物たちのうちでただ人間のみが神を崇敬し、神々のために祭壇や聖像をもうけることを試みた」という点も人間に与えられた特権である (プラトン, 8, c.4C.B.C., p.139)。

　プラトンの『定義集』によると、このような人間はまず羽のない動物として定義される。

> 人間。羽のない、二本足の、平たい爪をもった動物。存在するもののうち、ただこのものだけが、推理に基づいた知識を得ることのできるもの (プラトン, 15, c.4C.B.C., p.24)。

「羽のない (G.apteros)」とは、文字どおり「羽、翼 (G.pteron)」の「ない (G.a)」状態であり、逆に推論すると、いかに人間が翼に対する憧憬を抱いていたかが窺い知れる。「推理 (G.logos)」と訳される表現が、「理性 (reason)」とも「言葉 (word)」とも訳せるように (Liddell & Scott, 1996, pp.1057ff.)、人間は言葉に基づく理性を駆使して推論するという特徴を持つのであり、プラトンにおいては神礼拝も否定されていない。この人間の定義の直後に「犠牲 (G.thusia)。神に捧げる贈物」という定義が示されているが、『定義集』の「神 (G.theos)」と「贈物 (G.dôrea)」の定義に基づいて「犠牲」を解説すると、「仕

合せという点で自足した、不死なる生きもの。永遠なる存在、善なるものの源」である方に対する「善意の交換」となる（プラトン, 15, c.4C.B.C., pp.2, 17）。したがって、神がその善意に基づいて作り出した人間は、神の善意に対して人間の善意によってお返しをする存在であると言える。

　「永遠なるもの（G.aidion）」とは「昔も今も、滅びることなく、全時間にわたって存在しているもの」であり（プラトン, 15, c.4C.B.C., p.2）、プラトンがこの「永遠なるもの」と「神」を『定義集』の冒頭に掲げていることは、その重要性を明示している。人間はこの崇高な永遠なる神との関係に定位されており、ここで「翼」という概念が両者を結び付ける中心的な役割を果たすことになる。ちなみに、「翼（G.pteron）」という表現は「飛ぶ（G.petomai）」という表現に由来する（Liddell & Scott, 1996, p.1546）。

　プラトンの定義にあるように、人間は翼のない動物であるが、夢や比喩の場合には、人間は翼のある鳥にたとえられている。つまり、病気によって「自分を神である」と思う場合や、「自分には翼があって（G.ptênos）、自分は飛行している（G.petomai）のだと夢の中で考えていたりする場合」があり（プラトン, 2, c.4C.B.C., p.227）、夏に出稼ぎに来る外国人は、「ちょうど渡り鳥のよう」であると形容されている（プラトン, 13, c.4C.B.C., p.741）。前者の有名な例は、後の紀元前1世紀のローマの政治家カエサルであり、「殺される日の明ける深夜、カエサルは睡眠中に、自分が雲の上を飛んでいるかと思うとユピテル大神と握手している夢を見た」という（スエトニウス, 上, 2C., p.84）。

　このような夢や比喩の内容は、プラトン哲学における翼の真の役割から捨象できるとしても、詩人の場合は翼が重要な役割を果たしている。

> 詩人というものは、翼もあれば神的でもあるという、軽やかな生きもので、彼は、神気を吹きこまれ、吾を忘れた状態になり、もはや彼の中に知性の存在しなくなったときにはじめて、詩をつくることができるのであって、それ以前は、不可能なのだ（プラトン, 10, c.4C.B.C., p.129）。

　つまり、「詩人（G.poiêtês）」は「翼があり（G.ptênos）」「神的である（G.hieros）」ため、言わば天に「軽やか（G.kouphos）」に飛翔し、「神気を吹

きこまれ（G.entheos）」ることで、人間の「知性（G.nous）」を失って初めて
詩作するのである。これは人間の「技術（G.technê）」による力ではなく（プ
ラトン, 10, c.4C.B.C., pp.128, 130）、人間の病気によって生じるものでもな
く、恋愛や予言と同様に、「神から授かって与えられる狂気（G.mania）である」
（プラトン, 5, c.4C.B.C., p.174, cf. プラトン, 5, c.4C.B.C., pp.176f., 188, 230）。

　プラトンの『パイドロス』において、翼は魂との関連で積極的な役割を果た
している。

> 魂は全体として、魂なきものの全体を配慮し、時によりところによって姿を変え
> ながら、宇宙をくまなくめぐり歩く。その場合、翼のそろった完全な魂は、天空
> たかく翔け上って、あまねく宇宙の秩序を支配するけれども、しかし、翼を失う
> ときは、何らかの固体にぶつかるまで下に落ち、土の要素から成る肉体をつかま
> えて、その固体に住みつく。……そもそも、翼というものが本来もっている機能
> は、重きものを、はるかなる高み、神々の種族の棲まうかたへと、翔け上らせ、
> 連れて行くことにあり、肉体にまつわる数々のものの中でも、翼こそは最も、神
> にゆかりのある性質を分けもっている。神にゆかりある性質 —— それは、美し
> きもの、知なるもの、善なるもの、そしてすべてこれに類するものである。した
> がって、魂の翼は、特にこれらのものによって、はぐくまれ、成長し、逆に、醜
> きもの、悪しきもの、そしていま言ったのと反対の性質をもったもろもろのもの
> は、魂の翼を減衰させ、滅亡させる（プラトン, 5, c.4C.B.C., pp.180f.）。

　「魂（G.psuchê）」とはプラトンの定義によると、「自己自身を動かすもの（＝
自己自身で動くもの）。生あるものの生命活動の原因」であり（プラトン, 15,
c.4C.B.C., p.4）、「翼（G.pteron, pterôma）」によってこの魂は天空に上り、「美
しきもの（G.kalon）、知なるもの（G.sophon）、善なるもの（G.agathon）」で
ある「神にゆかりある性質（G.theion）」に参与するが、翼自体もこれらの性
質によって育成されているため（cf. プラトン, 5, c.4C.B.C., pp.184ff., 202f.）、
ここで翼は天の神々から授けられた善意を天へと引き上げた魂を通して返す点
で、「善意の交換」が成立していると言えるだろう（プラトン, 15, c.4C.B.C.,
p.17）。また、魂が「翼のそろった（G.pteroô）完全な（G.teleos）」状態にな
ることは、雛が成長して翼がそろい、完全に独力で天へと飛び立つイメージに

基づいていることを考慮すると、英語でも「十分発達した、羽がはえそろった（full-fledged）」という表現が定着しているように（竹林, 2002, p.988）、ギリシャ語一語で「翼が充分にそろう（G.pterussomai）」と言い換えることもできる（Liddell & Scott, 1996, p.1547）。

　翼がそろった鳥が古代から占いにも活用されていたことは、鳥がその翼によって神々の天を駆け巡って神意に隣接していることを考慮すると、ある意味で当然である。「ひとが正気のままで（G.emphrôn）、鳥（G.ornis）の様子や、そのほかのしるしを手がかりにして、未来の事柄を探究する技術」は、「それにたずさわる人々が、思考のたすけをかり、人間の憶測（G.oiêsis）をはたらかせて、未来への洞察（G.nous）と識見（G.historia）を得るという事実にもとづき」、「占い術（G.oionoistikê）」と言われていた（プラトン, 5, c.4C.B.C., p.175）。

　歴史上、紀元前27年にオクタウィアヌスは、ローマ帝国初代皇帝として元老院から尊厳者を意味する「アウグストゥス（L.Augustus）」という称号を与えられたが、これも鳥と深く関係している。

> 『神に捧げられた場所』や、『そこである物が卜鳥官（L.augur）の占卜儀式で聖別された所』が「アウグストゥス」と言われ、その語源は『増大・繁栄（L.auctus）』に、あるいは『鳥の飛び方（L.avium gestus）』か『鳥のついばみ方（L.avium gustus）』に由来している。エンニウスも次のように書いて教えているように。『名高きローマが、厳粛な鳥占い儀式（L.augustus augurium）によって、礎をおかれた後に』（スエトニウス, 上, 2C., p.100）。

　アウグストゥスは引き続き、鳥占いの下に各地を征服し（スエトニウス, 上, 2C., p.114）、「健康と安泰の神サルスに捧げられる鳥占いの儀式」を復活させ（スエトニウス, 上, 2C., p.128）、鳥占いによって「どの戦争の結末もみな、始める前に予知した」と記録されている（スエトニウス, 上, 2C., p.195）。こうした意識は兵士たちにも共有されていた。

　後にボローニャと呼ばれる「ボノニアに三頭官の軍隊が終結したときのこと、ア

ウグストゥスの司令部天幕のてっぺんにとまった一羽の鷲が、あちこちからうるさく食ってかかる二羽の鳥に、体あたりをくらわせ地上に落した。全軍の兵士はこれを見て、じっさいに後で起ったような三頭官どうしの内輪もめがいつかは生じ、その結果がどうなるかを予想した」（スエトニウス，上，2C., pp.195f.）。

　イエスが誕生した時のローマ帝国皇帝アウグストゥスの次の皇帝ティベリウスは、イエスが十字架刑を受けた時の皇帝であるが、この皇帝は、「神々や宗教心に関して……かなり無関心であった。というのも彼は占星術に没頭し、『すべてが運命に左右されている』との信念に満ちていた」からである（スエトニウス，上，2C., p.297）。鳥も星も天界に関与する点で人々の占いの手段となっていたが、ギリシャ神話において鳥のようになって天界へ赴こうとしたのはイカロスである。

　クレタ島の王ミノスは、妻パシパエが木造りの雌牛の中に入って荒々しい雄牛と通じて産んだ半人半牛の子ミノタウロスを、絶技を奮う甥を丘から突き落としたためにアテナイから亡命していた名工ダイダロスに築造させた迷宮ラビュリントスに幽閉したが、ミノタウロスは9年目ごとに人身御供となるアテナイの男女の1人テセウスによって退治された（オウィディウス，上，1C., pp.282, 313, 315f., 319, cf.松原，2010, pp.1244f., 1320f.）。

　そうした中で、築造した自分でさえも入口まで戻れないほどの迷宮における長い亡命生活に嫌気が差したダイダロスは、クレタ島が海に囲まれてはいるものの空には開かれていることから、「未知の技術（L.ignotae artes）に心をうちこんで、自然の法則（L.natura）を変えようとはかった」（オウィディウス，上，1C., p.316, cf.オウィディウス，上，1C., pp.315ff.; 松原，2010, pp.244, 719）。「ダイダロス、名工（G.daidalos）」という彼の名前の意味が示すとおり（Liddell & Scott, 1996, p.365）、彼の技術は創意工夫に富んでいる。

　というのは、こういうことだ。いちばん小さいものから始めて、羽根を順次に並べてゆく。つぎつぎに長いものをつけ足してゆくと、集まった羽根は、傾斜をなして大きくなってゆくはずだ。むかしの田舎の葦笛が、大小ふぞろいな葦の茎を並べることで、しだいに長さを増していったのと、それは同じだった。つぎに、中央部を紐で、基底部を蝋でつなぎあわせる。こうして出来あがったものを、少

し湾曲させて、ほんものの鳥の翼（L.avis）に似せる（オウィディウス，上，1C., p.316）。

　こうして、ダイダロスは子イカロスと共に羽ばたいて飛び立ち、低く飛んで翼が海水に湿らされて重くならないように、また高く飛んで太陽の火で焼かれないように、その中間を飛ぶことを指図したが、イカロスは天空への「あこがれ（L.cupido）」から高く飛んでしまったために翼を固定している蝋が溶け、翼を失ったイカロスは海に落ちてしまった（オウィディウス，上，1C., pp.317f.）。後にダイダロスがイカロスを埋葬した島は、イカロスにちなんでイカリア島と呼ばれたという（オウィディウス，上，1C., p.318）。

　人間の誕生に関しては、「よりよき世界の創始者である、あの造物主が、みずからの神的な種（L.semen）から人間を作ったのかもしれないし、あるいは、できたばかりで、上空の霊気（L.aether）から切り離された直後の大地（L.tellus）が、もとは同族であった天空の胚種（L.semen）を、そのまま保持していたのかもしれない。あとのばあい、その大地の土くれを、イアペトスの子プロメテウスが雨水（L.unda）と混ぜあわせ、万物を支配する神々の姿（L.effigies）に似せてこねあげたということになる」（オウィディウス，上，1C., p.14）。そうすると、「自然の法則」に従ってイカロスが海に落ちたと言うのは（オウィディウス，上，1C., p.316）、土と水と空気と火という4元素に対する当時の世界観に基づけば、明解なことである（オウィディウス，上，1C., p.316）。

　　永遠の宇宙は、四つの根源的な物質を内包している。そのなかのふたつは、重くて、みずからのその重さによって、低いところへ降りてゆく。土と水が、それだ。あとのふたつは、重さを持たないで、これを押さえつけるものがなければ、高いところへ昇ってゆく。空気と、空気よりも純粋な火が、それだ。この四つは、場所のうえでは離れているが、しかし、たがいがたがいを生じ、また、たがいがもとの状態へもどるのだ。土は、解体すると、薄まって水になる。水は、気化して、風と空気に変わる。空気はまた、それ自体がたいそう希薄なものであり、重さをも失っているから、最上層の火のもとへ昇ってゆく。それから、今度は、この逆

もどりが行なわれ、同じ順序が逆にたどられる。つまり、火は凝縮して、濃い空気に移行し、空気は水に変わり、水はこり固まって土となるのだ。どんなものも固有の姿を持ちつづけるということはない。万物の更新者である自然が、ひとつの形を別の形につくり変えてゆく（オウィディウス, 下, 1C., p.311）。

　つまり、ここで「土（L.tellus）」、「水（L.unda）」、「空気（L.aer）」、「火（L.ignis）」という4元素のうち、水と土は「重くて、みずからのその重さによって、低いところへ降りてゆく」ものであるため（オウィディウス, 下, 1C., p.311）、土と水から構成されているイカロスは翼がなければ海へと落ちて行く。しかし、空気と火は「重さを持たないで、これを押さえつけるものがなければ、高いところへ昇ってゆく」（オウィディウス, 下, 1C., p.311）。

　このような観察は、天の下の水が集められてから乾いた土地が現れ（創世1:9-10）、土地の上の水は下方へ向かうものの（歴代下32:30, 詩編78:16, ミカ1:4）、香等の煙や（創世19:28, 出エ19:18, 黙示8:4）、火や火花も上方へと向かうとするユダヤ・キリスト教の世界観とも通底しているが（出エ3:2 et al., 士師13:20, ヨブ5:7, cf.列王下2:11）、こうした理解を最大限に活用したのが、遥か後のモンゴルフィエ兄弟である（本書第2章第1節）。その前に、ルネサンスの天才レオナルド・ダ・ヴィンチの貢献に光を当てることにしよう。

第3節　ルネサンスの知恵

　イギリスの哲学者であり自然科学者でもあるベーコンは、先見の明を持ってすでに13世紀に、将来的には機械仕掛けの漕ぎ手不要の航海用大型船舶や、牽引用の動物不要の車両が出現するだけでなく、「飛行する機械ができて、人間がそのまんなかに坐って、ある仕掛けをまわすと、人工の翼が飛ぶ鳥のような仕方で空中をはばたくかもしれない」と予測していた（ウェルズ, 下, 1965, p.18, cf.Bambach, Two, 2019, p.167）。14世紀から16世紀にかけて、人間の理性や感情を重視した人文主義思想であるルネサンスの広がったヨーロッパにおいて、このような仕掛けを具体的に考案したのがレオナルド・ダ・ヴィンチである。確かに、「ベーコンの普遍的な科学の探究は、レオナルドのインスピ

レーションの源でもあった」（ケンプ, 2004, p.116）。

　「レオナルドの関心は多方面の領域に向けられたが、生涯の念願の１つは人工の鳥を作り、チェチェロの山頂から飛行することであった。そのために飛行機械を考案し、自然の鳥の飛行を観察し、空気の運動についても研究した」（谷／小野, 1979, p.85, cf.ダ・ヴィンチ, 1505, pp.73f.）。「チェチェロ」（「白鳥」という意味）とはフィレンツェ近郊の山であり、このフィレンツェで書かれたのが『鳥の飛翔に関する手稿』（1505 年）である。これは、「この主要な主題に関するレオナルドの最も著名な手稿の一つ」に位置付けられており（Bambach, Two, 2019, p.472）、断片的ではあるものの、彼の思索を垣間見ることができる。特に、鳥が飛ぶという観点に絞って彼の論点を辿って行こう。

　まず、レオナルドの探究心の前提として科学に対する深い信念がある。

> 道具ないし機械に関する科学は極めて高貴な学問であり、他の総ての学問より遥かに有益である。というのは、運動する総ての生命体は、この科学に従ってその総ての作用を行使するからである。そしてその運動は生命体の重心から生じるが、その重心は等しくない重さの諸部分の中間にあって、乏しい、ないし豊かな筋肉と、更に梃子の一方の腕と反対側の腕を備えている。[２つの天秤の図……]（ダ・ヴィンチ, 1505, p.32）。

　「レオナルドはuccelloという１つの言葉で、自然の鳥も人工の鳥も表現する」ことを考慮すると（谷／小野, 1979, p.85）、ここで「豊かな筋肉」を備えているのは自然の鳥であり、「乏しい……筋肉」しかないのは人間であり、人間の操作する人工の鳥とは、飛行機械を指している。つまり、レオナルドが自らの実験に対する反論として正当にも言及しているように、「鳥の腱と筋肉は、人間と較べものにならないほど強力である。たとえば翼の運動を生み出し、それを強化するために、胸には大小様々の筋肉からなる分厚い肉が備えられ、更に大きな力を鳥に与えるために、一枚板の胸骨がある。また翼は全体が太い腱やその他の非常に強い軟骨の靭帯、極めて強靭な皮膚や様々な筋肉によって織りなされている」という（ダ・ヴィンチ, 1505, p.67, cf.谷／小野, 1979, p.85）。

　ただし、自然の鳥であれ人工の鳥としての飛行機械であれ共通しているの

は、自然の鳥の両翼や人工の鳥である人間の筋力で稼動する人工の両翼のように、「天秤」と同様に左右対称の形態をなしていることであり、人間の操作する人工の鳥が羽ばたくことのみによって飛べる可能性は否定されず、自然の大きな鳥と同様に、充分な風の流れを利用するなら、翼や舵を少し動かすだけで飛べるはずであるという幾らか楽観的な想定がなされている（ダ・ヴィンチ, 1505, pp.67f., cf.谷／小野, 1979, p.89）。また、すでに初期の素描において、人間の腕力だけでなく、脚力を駆使して翼を動かす方法も考えられており（ツォルナー, 2004, pp.644ff., cf.山本, 1999, p.11）、レオナルドは『鳥の飛翔に関する手稿』において、「人間もまた自分の体重を支える以上の大きな力を両脚に持っている」と述べて（ダ・ヴィンチ, 1505, p.68）、人間の脚力に対する積極的な評価を維持し、足でペダルを踏んで翼を動かす方式も考案している（ダ・ヴィンチ, 1505, p.69）。

　もう1つの基本的な前提として、「重さは、ある元素がそれよりも希薄な他の元素の上に置かれる時に生じる」と説かれるが（ダ・ヴィンチ, 1505, p.26）、逆に言うと、「自由な状態にある限り、軽いものは常に重いものの上になる。物体の重い部分は軽い部分を先導する」（ダ・ヴィンチ, 1505, p.27）。したがって、飛行機械という重い部分が、空気というこの軽い部分よりも上になるためには、ある一定の特別な動作が必要になる。それが翼を駆使して上に飛ぶということである。

　レオナルドは鳥が飛翔する2つの状態を考慮に入れている。1つは、「鳥が翼を羽ばたきながら上昇しようとする時には、肩を上げて、両翼の先端を自分の方に打ち、両翼の先端と鳥の胸の間にある空気を圧縮する。この空気の圧縮が鳥を高く上昇させるのである」というものであり（ダ・ヴィンチ, 1505, p.38）、更にもう1つのいっそう重要な点は、鳥が羽ばたいていない形で飛翔する状態であり、「羽ばたきせずに上昇しようとする鳥は、風に対して体を傾斜させ、その重心を翼の中心より風の方に移行させ、両肘を正面に向けて翼を風に見せる」というものである（ダ・ヴィンチ, 1505, p.65, cf.ダ・ヴィンチ, 1505, p.62）。ここで後者が特に重要である。

風を受けて飛ぶような可能性もあるという認識は、レオナルドによって初めて得られたものである。今日の飛行機の原理は言うまでもなく、固定の翼面をある速度で水平に引っぱり、それによって生ずる揚力で重量を支えることにあるわけであるが、レオナルドがすでにこれを理解していたと言われるのは、この卓越した認識に基づいている（谷／小野, 1979, p.86）。

初期の手稿（1486年－1490年）における人工の鳥の考案は、人間の筋力で羽ばたくことによって飛ぶオーニソプターや、大きなねじ形の羽根を上部で回転させるヘリコプターに限られているため（谷／小野, 1979, p.86, cf.谷／小野, 1979, p.91; 山本, 1999, p.11; ツォルナー, 2004, pp.644ff.）、「揚力」によるこのような飛行については、後にレオナルドは木の葉のように降下するハンググライダー（1510年－15年）に触れているのみであり（谷／小野, 1979, p.86, cf.谷／小野, 1979, p.90）、飛行の原理の正確な理解と具体化は、19世紀におけるジョージ・ケイリー以後の科学的成果を待たなければならない（本書第2章第3節）。したがって、レオナルドの揚力に対する理解も当然のことではあるが、現代の科学的見地からすれば修正を余儀なくされる。

　　今日の知識から言えば、翼の空気を打つ速度が音速に比べて小さくても、翼の下側の圧力は高くなるのであるが、ただこの圧力増加は揚力の小部分を構成するに過ぎず、翼の上側の圧力が低くなることが、遥かに重要な揚力への貢献をするのである。レオナルドは揚力や抵抗を理解したと言っても、理解の程度は充分ではなく、特に物体がまわりの圧力の高い空気に押される作用だけを考え、圧力の低い空気に吸われることに考え及ぶことがなかった（谷／小野, 1979, p.88）。

ただし、フランス学士院所蔵の後の「手稿E」（1513年-1514年）においては、「『鳥の上の空気は、他の部分よりも薄い』とレオナルドは書いている。このようにレオナルドは他の科学者に先駆けて、鳥が飛べるのは単に翼で空気を叩きつけるためだけではなく、翼が鳥を前に押し出すため、そして翼の上を流れる空気の圧力が弱まるためでもあることを発見したのである」と言える（アイザックソン, 上, 2017, p.245, cf.アイザックソン, 上, 2017, pp.368, 388; アンダーソン, 1997, pp.32f.）。

　また、レオナルドは人工の鳥の内部の人間の位置について、その状態の平衡を維持するために、例えば小船の中にいる時と同様に、腰から上部を自由にして重心を移動できる状態を保持しておく必要を強調することによって、不均衡による転倒、つまり墜落を回避する重要性も説いている（ダ・ヴィンチ，1505, p.37）。これは現代的に妥当性のある内容でもある。

　　墜落の危険を避けるために。この機械は2つの原因によって墜落する可能性がある。その第1は機械の破損であり、第2は機械が端を真下に、またほとんど真下にして傾く場合である。なぜならば、機械は常にほとんど水平線に近い[鉛直線に対する]大きな傾斜で下降すべきものだからである（ダ・ヴィンチ，1505, p.57）。

　墜落の第1の原因を回避するには、レオナルド自身が、「いかなる所にも鉄の部品を用いないように。というのは、鉄は捩れるとすぐに折れたり、折れやすくなったりするからである。だから決して鉄を使ってはならない」と説いているように（ダ・ヴィンチ，1505, p.42）、鉄の使用を峻拒することであり、第2の原因を回避するには、要するに極端な急降下に至る状況を回避することである。逆の場合は、失速に至る状況を回避することである。

　しかし、実際に墜落した時の対策として、「人が6ブラッチョの高さから落下しても怪我しないための革袋。たとえ落ちる所が水上でも地上でも同様である。これらの革袋を数珠のように繋ぎ合わせて、人の体にくくりつけよ。墜落の際には、尻の下につけた倍の大きさの革袋を突き出して、これで地面に当たるようにせよ」という具体的な提案もなされている（ダ・ヴィンチ，1505, pp.68f.）。ここで「ブラッチョ」とは、「片腕の長さを基準にした長さの単位。フィレンツェでは1braccio = 0.583m」であるから（ダ・ヴィンチ，1505, p.78）、「6ブラッチョ」は約3.5mである。

　さらに、レオナルドが空中飛翔を日常経験に基づいて水泳から類推している点は極めて興味深い。

　　泳ぐ者が水中で腕と脚でするのと同じことを、鳥は空気中で翼と尾で行なう。泳

ぐ人が両腕を東に向けて均等に掻き、その体もまっすぐ東を指しているならば、この泳者は東に進むだろう。だが北側の腕が南側の腕より緩慢に動くならば、その（体の）縦方向の運動は北東に曲がるだろう。そして右腕が左腕より緩慢に動くならば、その人の運動は南東に曲がるだろう（ダ・ヴィンチ, 1505, p.50）。

例えば、水中で言えば浮かんでいる魚の右鰭と左鰭の動きを想定すれば明白なように、両側の鰭のうち、急激な動きをしている方とは反対側の方向へ魚は進む。このような視点、つまり、「気体の空気も液体の水も、その運動が似ている故に同様に扱うという態度は、気体と液体の運動をまとめて対象とする流体力学の先駆と見ることもできる」（谷／小野, 1979, p.86）。

また、「羽根は、その根元から遠ざかるほど、しなやかである」という観察についても（ダ・ヴィンチ, 1505, p.36）、現在の飛行機の両翼は胴体から遠ざかるほど、空力弾性によってしなる点において（出射, 1985, p.142, cf.古庄, 2019, pp.88f.）、レオナルドの先見性は歴史的に冠絶していると言えるだろう。なお、レオナルドの手稿が初めて公版されたのは1797年のことであるから（ニッコリ, 2013, p.11）、彼の才能は3世紀にも渡り、ほとんど知られていなかったのである。

レオナルドの絵画作品とされているものについては、真筆に関する議論があるものの、多くの素描や手稿を除けば34点であり（ツォルナー, 2004, p.250）、100点を超える絵画作品を残したほぼ同時代のデューラーや、後のルーベンスやレンブラントと比較して少なく、1世代近く後のミケランジェロとは対照的に、レオナルドは自分の内面や身内にほとんど言及していない（裾分, 1983, pp.5f., 21, 72）。

このように寡作、寡黙なレオナルドが、手稿の中で例外的に、「『一五〇四年七月九日 水曜日七時、私の父、ポデスタ宮殿の公証人セル・ピエロ・ダ・ヴィンチ死す。七時。八〇歳であった。一〇人の息子と二人の娘をのこす』（アランデル手稿、二七二表）」と書き留めている（裾分, 1983, p.6）。空を飛ぶ機械の考案は、レオナルドの初期の手稿にも見られるが、父の死の翌年に『鳥の飛翔に関する手稿』が記されたことを考慮すると、庶子であったためにレオナルドは、言わば天へと召された父への複雑な思いを鳥の飛翔に託してい

たのかもしれない（cf.ニコル, 2004, p.46）。

　レオナルドは誕生後に、教会で洗礼を授けられて祝宴が開かれたことから、彼のような誕生は当時、社会的な恥ではなく、一族から歓迎されていたとも考えられる（cf.ニコル, 2004, p.36; アイザックソン, 上, 2017, p.34）。しかし、レオナルドの実父セル・ピエロが、遺書の中で庶子レオナルドを相続人から除外していたことに対して、1507 年に他界することになる叔父のフランチェスコが、1504 年には作成されていた遺書の中でレオナルドのみを遺産相続人としていたため、少なくとも 1506 年以降、子どものいなかったフランチェスコの遺産はセル・ピエロの嫡出子たちに相続されるという一族の合意に基づいて、この嫡出子たちと庶子レオナルドの間で係争が始まった。この係争は、最終的にレオナルドの勝利に至るものの（ニコル, 2004, pp.555ff.; アイザックソン, 上, 2017, pp.144ff.）、この問題の深刻さを複雑に物語っている。

　精神分析家フロイトは、レオナルドが父の死亡時間を「七時」と繰り返し 2 回書き記すという「形式上の些細な間違い」を「隠れた心の過程の表出」であるとし、「自分の情動をうまく抑え込むことができず、長く秘められていたものが歪曲されたかたちであれ遮二無二自らを表現した事例」であり、このような繰り返しは精神分析において「保続［Perseveration］」と呼ばれると指摘する（フロイト, 1910, p.74）。なお、直訳すれば「精神の飛翔（The Flights of the Mind）」という極めて適切な副題を付けているニコルの詳細なレオナルド伝は（cf.ニコル, 2004, pp.539f.）、フロイトによるレオナルド研究が、「現在では支持しがたい誤りを含んでいる」ものの「フロイトの推測は十分傾聴に値すると思われる」と記している（cf.ニコル, 2004, pp.51f.）。

　　レオナルドに情動の抑制がなかったなら、日記への書き込みはさしずめ次のようなものになっていたかもしれない。今日七時にわが父セル・ピエロ・ダ・ヴィンチが亡くなった。哀れな父よ！　しかし、保続が、死亡時刻という死亡通知の中でも最もどうでもよい部分に遷移して、覚え書きからことごとく情というものを奪っており、そのことからわれわれは、ここには何かが隠され抑え込まれねばならなかったということに気づかされる（フロイト, 1910, p.75）。

　レオナルドの父は公証人の家系に連なる者であり、公証人として地位と財産を築いていたが、レオナルドの誕生の年から4度結婚したものの、最初の2人の妻は子どもを残さずに他界し、レオナルドの24歳の時に父は3人目の妻から初めて嫡子が与えられ、父が最後の妻と結婚した時には50歳であったという（フロイト, 1910, pp.28, 75f.; 久保, 1977, p.45）。なお、この父は最初の結婚後に嫡子が与えられず、遅くとも5歳の時までにレオナルドのみを引き取ったが、レオナルドの実母はレオナルドを生んで後に、近くの村の別の男と結婚した（フロイト, 1910, pp.40f.）。

　鳥との関係については、レオナルド自身の「アトランティコ手稿、一八六裏」（1503年-1506年）の記録も参考になるだろう。これは『鳥の飛翔に関する手稿』とほとんど同時期のものである。

> 　鳶に関するこの記述が私の運命であるように思われる。なぜなら、子どもの頃の私の最初の記憶は、私が乳母車に乗っている時に鳶が来て、その尾羽で何度も私の唇の内側を打ち付けて私の口を開けたことであったと思われるからである（Bambach, Two, 2019, p.467）。

　フロイトは、レオナルドの数少ない幼少期の記録からこの部分を「奇異な類いの」「幼年期の想い出」として取り上げ、この「光景はレオナルドの想い出なのではなく、彼がのちになって作り上げ、幼年期の中に置き移した空想なのではないか。人間の幼年期の想い出というのは、しばしばこのようなところに由来する」としつつ（フロイト, 1910, p.30, cf.Bambach, Three, 2019, p.472）、「一般に、自分自身にも理解できない想い出−残滓の背後には、自分の心の発展の最も意味深い特徴を知るための測り知れない重要な要素が隠されている」ため（フロイト, 1910, p.32）、大胆な分析を展開する。

　それによると、イタリア語を含む様々な言語において「尾、『《尻尾[coda]》』は、男根の最もよく知られた象徴、代替記号のひとつ」であり、子どもが雌牛の下腹部に位置する類似形の乳房を知ると性的空想が準備され、人間の最初の生の享楽である乳首の吸引がそのような形で表現されるのであるという（フロイト, 1910, pp.34f.）。確かに、乳母車からなら雌牛の乳房は見え易いだろう。

　レオナルドの「この空想の背後に隠されているのは他でもない、母の乳を吸う、あるいは授乳されることへの追憶なのである。彼はその画筆で、他の多くの芸術家たち同様、人間界の美しいこの光景を、聖母とその子供に託して描こうとした」（フロイト, 1910, p.35）。

　庶子であるレオナルドが、誕生後は恐らく授乳期間が終わるまで実母に育てられ（池上, 2007, p.313）、遅くとも5歳までに父に引き取られたという経験は（フロイト, 1910, pp.40f.）、後に実母に対するレオナルドの追慕を深めただろう。レオナルドが古人の模倣や権威への追従を蔑視し、直接的に自然を研究することが真理の源泉であると繰り返し指摘することは、この追慕と深く関係しており、フロイトによると、「学問的な抽象から具体的な個人的経験に戻すかたちで翻訳してみるなら、古人や権威は父親に対応するものにほかならず、自然とはかつて彼を育んだ情愛深く優しい母親の姿に戻るのである」（フロイト, 1910, p.78）。

　確かに、レオナルド自身の絵画作品の中にも「ドレフュスの聖母」「カーネーションの聖母」「ブノワの聖母」「リッタの聖母」「聖アンナと聖母子」「糸巻きの聖母」等（ツォルナー, 2004, pp.213f., 217, 227, 234, 237ff., 244）、聖母マリアと幼子イエスの作品は多々あり、さらには鳥や翼が描かれているものもある。

　特に、アンドレア・デル・ヴェロッキオとレオナルドによる「キリストの洗礼、1470-1472 年頃及び1475 年頃」において、キリストの頭の上部に天から下って来た鳩が、父なる神の両手直下に逆二等辺三角形の形で描かれ、2 人の天使に翼はなく（ツォルナー, 2004, p.215, cf.ルカ 3:22）、レオナルドによる「受胎告知、1473-1475 年頃（？）」において、聖母マリアに受胎を告知する天使ガブリエルには、翼が豊かに描かれ（ツォルナー, 2004, p.216, cf.ルカ 1:26-38）、同じくレオナルドによる「岩窟の聖母（聖母子と洗礼者聖ヨハネ、天使）、1495-1499 年頃及び1506 年-1508 年」の天使の翼は、周縁的に描かれている（ツォルナー, 2004, p.229）。また、「レオナルドの下絵に基づく　レダと白鳥、1505-1515 年頃（？）」は（ツォルナー, 2004, p.247）、ギリシャ神話に登場するスパルタ王の妻レダと、白鳥に変身して彼女と交わったゼウスを画

題にした作品である。

　こうしたレオナルドの絵画作品の存在と、「空を飛びたいという人類の昔からの夢に、レオナルドは 1485 年から 1515 年頃にかけて幾度となく立ち戻った」と手稿に基づいて考えられる彼の経歴を合わせて推察すると（ツォルナー, 2004, p.644）、彼はギリシャ神話のダイダロスやイカロスだけでなく（本書第 1 章第 2 節）、キリスト教的な題材である鳩や天使からも（本書第 1 章第 1 節）、人が空を飛ぶという夢を育んで、「チェチェロ」（「白鳥」という意味）という山からの人工の鳥の飛行を夢見たのではないかと思われる（cf.ニコル, 2004, pp.54, 533）。

　レオナルドの初期の飛行装置案は、当時のフィレンツェの舞台装置用であるとする最近の詳細なレオナルド研究によると（アイザックソン, 上, 2017, p.70）、レオナルドはフィレンツェの舞台において、吊り輪と滑車と巻き上げ装置によって空中を上下に浮遊する天使に扮した少年たちの姿を見ており、「機械装置を操ることで、金箔を張った翼を付けてハープや剣を手にした天使たちが、天国から舞い降りたり、人間を救済したりする一方、舞台の下の地獄から悪魔が飛び出したりした」ということを考慮しても（アイザックソン, 上, 2017, p.240）、レオナルドの飛行装置案に対する天使の役割は大きいと言えるだろう。

　天使と悪魔の登場するフィレンツェの舞台は予兆的であり、後の 20 世紀という世界の舞台において、飛行機は天使的な援助の媒体として、平和のために利用されるだけでなく、悪魔的な攻撃の媒体として、戦争のためにも利用されることになった（歴代上 21:1, ヨブ 1:6-12, 2:1-7, マタ 16:23, 使徒 5:3, コリ二 2:11, テサ一 2:18, テモ一 3:7, ペト一 5:8, cf.ペト二 2:11）。

第2章　飛翔の時代

　「飛翔の時代」の劈頭を飾るのは、18世紀後半の気球であり、19世紀半ばには言わば気球に動力を装備した飛行船が現れ、19世紀はケイリーやリリエンタールによるグライダーの研究と実験が進み、20世紀はライト兄弟による原動機付き有人飛行で幕が開け、リンドバーグ等の活躍と共に20世紀は航空機産業発展の時代となった。

　このような展開と共に飛行船は、悪天候等に対する脆弱さを払拭しきれずに衰退したが、往古の気球やグライダーは消滅することなく、グライダーは第一次世界大戦後から、スポーツとしてドイツから世界へと波及し、今やいっそう手頃なハンググライダーやパラグライダーも人気スポーツとなり、気球は1970年頃から、空のスポーツとして人気を博して世界各国に広がると、日本でも佐賀平野で1980年から熱気球大会が開催されている（山本, 1999, pp.152f.）。

　太古から人々の悲願であった人力による飛翔については、例えば「鳥人間コンテスト選手権大会（Japan International Birdman Rally）」が、1977年以来ほぼ毎年、日本の琵琶湖で開催されている。このように空への憧憬は減衰することなく、人間の力は自然の力と相俟って上を目指しているのである。

第1節　気　球

　定義上は、動力の無い軽航空機として広義での航空機の1つである「気球（balloon）」とは（本書序章第2節）、「ボール（ball）」の中でも「大きいもの（-oon）」という原義に由来し（竹林, 2002, pp.189, 1733）、モンゴルフィエ兄弟が上げた気球に対する呼称として初めて用いられたものである（寺澤,

1997, p.95）。その経緯を概観しておこう（Benson, 2002, pp.467f.; Carlson, 2002, a, pp.127ff., cf.山本, 1999, pp.14ff.; ホワイトマン, 2013, p.12; ニッコリ, 2013, pp.14ff.）。

「軍事的信号としての熱気球は少なくとも9世紀から存在していた」ものの（Bambach, Two, 2019, p.165）、人を乗せた気球を上げたのは、モンゴルフィエ兄弟が最初であると考えられている。製紙業で成功を収めた家庭に、18世紀半ばに生まれた16人の内のこの2人は、良い教育を受けるだけでなく、科学実験を行う環境にも恵まれ、小さい木片や紙片が暖炉の火の上で浮かんでいるのを観察したことを契機として、紙袋の中に熱気を入れると上昇するはずだと推測し、1782年にそれが実際の気球の発明に結実した。

翌年6月に兄弟は、フランスのリヨン南方の故郷アノネー（Annonay）において、熱気球の最初の公開実験を行った。気球は繋ぎ合わせた亜麻布の内側にミョウバンでコーティングした紙を耐火用に貼り付けて造ったものであり、気球内の空気は地上で藁と木片を燃やして暖められた。この気球は10分間、1.6キロメートル以上飛び、2キロメートルほどの高度に達した。

同年9月にはパリ南西のベルサイユにおいて、ルイ16世とその妃マリー・アントワネットを含む13万人もの見物客が見守る中、兄弟が安全性確認の実験として、アヒルと羊と雄鶏を1匹ずつ乗せて飛ばした直径約10メートルの気球は、8分間、3キロメートル以上飛び、500メートルほどの高度に達した。同年11月、続いてパリで兄弟は、科学教師と陸軍将校の2人が乗る高さ22メートル、幅15メートルの無繋留有人気球の飛行を初めて成功させ、25分間で10キロメートル以上の記録を樹立した（cf.ニッコリ, 2013, pp.14f.）。

翌月の1日、フランスの物理学者シャルルは、2人の技師ロベール兄弟とゴム引絹布で造った小型の水素気球で、兄の方のロベールを乗せて2時間以上、40キロメートル以上も飛行して、3キロメートルの高度に達した（cf.ニッコリ, 2013, p.16）。水素は1766年にキャヴェンディッシュによって発見されており、当時は鉄屑に硫酸をかけて発生させていたが、水素を利用した飛行船を含む軽航空機の事故が重なり、アメリカでは安全なヘリウムに代替されるようになった。

＊気嚢内の気体の特徴

(1) 熱気。廉価で生成し易く、安全であるが、大気中で冷却し易く、水素の 3 分の 1 程度の浮力しかないため、気球が大型になる。

(2) 水素。空気の約 7％の重さの最も軽い気体として、浮力が最強であるが、可燃性気体であり、空気と混合して爆発する危険性がある。

(3) ヘリウム。不燃性気体であり、水素の約 2 倍の重さで、2 番目に軽い気体であるが、1920 年代に利用可能になって以来、主として北米天然ガス内の微量成分として、入手先が限定的である。

　こうして以後、気球の技術が進展して 1785 年には、ドーヴァー海峡の渡航も実現されたが、フランスのカレーに到着する頃には海に不時着しないようにと、搭乗者 2 人の衣服のほとんどはゴンドラと共に投げ荷されていたという。

第 2 節　飛行船

　定義上は、動力の有る軽航空機として広義での航空機の 1 つである「飛行船 (airship, dirigible)」とは (本書序章第 2 節)、「空中 (air)」を駆ける「船 (ship)」、「方向を定める (L.dirigo)」ことが「できる (-ible)」ものという原義に由来する (竹林, 2002, pp.55, 692, 1215, cf.寺澤, 1997, p.365)。その概略を辿ってみよう (Carlson, 2002, b, pp.211ff.; Holt, 2002, pp.795f.; Rooney, 2002, b, pp.581f., cf.山本, 1999, pp.20, 25, 32, 39, 58f.; ホワイトマン, 2013, pp.13, 18, 36f., 63; ニッコリ, 2013, pp.24ff., 42)。

　1852 年 9 月にフランスのジファールは、全長 44 メートル、直径 12 メートルの気嚢と、蒸気エンジンで回転するプロペラ装備のゴンドラと、方向舵からなる半硬式飛行船をパリから最高速度時速 9 キロメートルで 27 キロメートルほど操縦して飛ばすことに成功した。また、フランスで活躍していたブラジル人サントス-デュモンは、自動車のガソリンエンジンを改良して、ジファールのものよりもいっそう強力なエンジンを装備した全長 33 メートル、直径 6 メートルの飛行船を造り、1901 年 10 月には、パリ西郊サンクルー (St. Cloud) のフランス飛行クラブ (The Aéro-Club of France) からエッフェル塔

周回コンテストの 11.3 キロメートルを 30 分足らずで飛行して一躍有名になっ
た。

　後に、ライト兄弟の刺激を受けた彼は、箱型の動力飛行機を造り、ヨーロッ
パ初の公開飛行を 1906 年にパリ郊外で実現したことでも知られているが、第
一次世界大戦中、自分が開発に寄与した飛行機が、殺戮兵器となってしまって
いることに責任を感じ、1931 年に内戦中のブラジルに戻った時には、政府軍
が反乱市民軍に空爆を展開している所を目撃して、翌年に自ら命を絶った。

　ドイツではツェッペリンが、17 ものガス室を内包するアルミニウムの骨
組みをさらに布で覆った全長 128 メートル、直径 12.8 メートルという、サ
ントス-デュモンの最初の飛行船の 60 倍の大きさの飛行船 LZ-1（Luftschiff
Zeppelin 1）を造って、1900 年 7 月に飛行させた。しかし、それは最高でも
時速 25 キロメートルほどであったため、改良が加えられていき、政府や民間
の資金援助を受けて 1910 年までには観光客と郵便を運び、1914 年までには
定期便として運航するに至り、第一次世界大戦中はイギリスへの爆撃機として
利用された（本書第 3 章第 1 節）。

　1917 年のツェッペリン没後、フランス、イギリス、アメリカでも飛行船
の開発が進むが、数年置きに各地で大事故が続くと、これらの国は各々 1923
年、1930 年、1935 年に飛行船の使用をほぼ停止した。ドイツのツェッペリン
社は、1919 年 6 月のベルサイユ条約によって課せられていた飛行船に関する
軍備制限が、1925 年に解除されると、ツェッペリン伯爵号（Graf Zeppelin）
を造って 1928 年から世界周航に乗り出すが、1936 年に就航した全長 245 メー
トル、直径 41 メートル、乗客 50 人と乗務員 60 人を時速 134 キロメートルで
運ぶ豪華飛行船ヒンデンブルク号（Hindenburg）は、翌年 5 月にニュージャー
ジー州レークハースト（Lakehurst）で大爆発を起こして、36 人の命を奪った。

　この大惨事の後には、軟式飛行船のみが存続して、第二次世界大戦では対潜
水艦戦闘のために使用されたが、概して 1950 年代には、ヘリコプターに種々
の役割を譲った後に広告等の商用で見られる程度になり、21 世紀に入って種々
の理由で衰退している。

＊飛行船衰退の理由

(1) 飛行船の製造や改良には、膨大な費用がかかる。

(2) 軟式飛行船の場合でも、ヘリウムを入れたままにするので場所を取るだけでなく、風に弱いので大きな格納庫を必要とするため、その費用がさらにかかる。

(3) 飛行船は強風で破壊されることもあり、例えばツェッペリン社の飛行船は、悪天候に見舞われる冬には運航できなかった。

(4) 飛行船は効率を求めて大型化して、積載可能量を増加すると共に抗力によって速度が落ちるというジレンマに陥る。

第3節　ジョージ・ケイリー

　19世紀にイギリスで活躍したケイリーは、主として固定翼と胴体と尾翼から構成されている現代の飛行機の原型を考案し、有人グライダーを飛ばした先駆的航空科学者である（Rooney, 2002, a, pp.174f., cf.山本, 1999, p.19; ホワイトマン, 2013, p.14; ニッコリ, 2013, pp.18f.）。

　1773年にケイリーは、イギリスのヨークシャーの裕福な貴族の家系に生まれ、工学に関心を抱いていた彼は、10代半ばから時計職人の店に入り浸ってその技術に魅せられたり、ノートに鳥の飛翔の仕方について記録したり、自分のストップウォッチによると、鳥の羽ばたきは1秒間に2.647回であると計算し、20歳になる前には、ノートに機械による飛翔に関する最初の記述をしている（Fairlie and Cayley, 1965, pp.17, 28）。

　科学や技術を重視する家庭教師による教育を受けて育った多才なケイリーは、後に鉄道車両の安全性や義肢の研究、飛行船や弾道学の実験等、実用的な問題に取り組み、1839年にはロンドンにおいて、現在のウェストミンスター大学の前身に当たる王立科学技術会館（Royal Polytechnic Institution）の創設に関与したことでも著名であるが、今日の飛行理論を構成する航空力学の基本的原理を最初に提唱した「航空学の父（Father of Aviation）」「飛行機の父（Father of the Aeroplane）」として最も広く知られている（Fairlie and Cayley,

1965, pp.5, 8, 132, 141f., 151ff., 158)。

　ケイリーによる 1804 年のグライダーの素描には、現代の飛行機の基本部位3点がすでに記されている。

　　＊ケイリーのグライダーの3部構成
　　（1）揚力を生み出す固定翼
　　（2）安定した飛行を維持する水平尾翼と垂直尾翼
　　（3）（1）と（2）を繋ぐ胴体

　ダ・ヴィンチの手稿が知られていなかった時代のこの素描は（cf.ニッコリ，2013, p.11）、ダ・ヴィンチ以後3世紀もの科学史の知的空白を架橋するだけでなく、気球の全盛期に画期的な案出であるとも言える（アンダーソン，1997, pp.37f., 89, 100, cf.本書第2章第1節）。そして、実際に1メートル大の模型グライダーを手で投げ飛ばせたことは、翼の揚力と抗力に対する彼の理解が正しかったことを物語っている。また、鳥の胸筋の力は体重比からすると、人間の胸筋の力の7倍から8倍以上であるため、人間の胸筋による羽ばたき式飛行機械ではなく、グライダーや動力付きグライダーの開発の必要性を認識していた点も、ケイリーの慧眼である（Fairlie and Cayley, 1965, pp.160f., 177）。

　1810 年からケイリーの関心は気球や飛行船に向かうが、1843 年から再びグライダーの研究に回帰し、1849 年にはヨークシャーのブロンプトン（Brompton）において、10 歳の少年が乗った羽ばたき推進翼付き3葉機を数メートルだけ飛ばし、1853 年に自分の馬車の御者1人が乗った自作の単葉グライダーは、500 メール弱の谷を飛び越えることができた（アンダーソン，1997, pp.84f.）。この直後の御者の反応は有名である。「お願いです、旦那様。ご承知おきください。私が雇われましたのは御者としてです。飛ぶためではございません（Please, Sir Goerge, I wish to give notice. I was hired to drive and not to fly）」（Fairlie and Cayley, 1965, p.157）。このような実験を成功させたケイリーの研究には、幾つかの主眼点がある（アンダーソン，1997, pp.87ff., 103）。

＊ケイリーの研究の主眼点

(1) 飛行中の翼に作用する抗力だけでなく、翼の迎え角と揚力の関係、つまり空気の流れに対して傾斜した揚力面に作用する空気力学特性が重要である。

(2) 同じ迎え角なら、キャンバー翼と呼ばれる湾曲した翼型形状の方が、平板よりも大きな揚力を生み出す。

このキャンバー翼とは、横断面が薄く長い眉毛のような形状の翼であり、迎え角が零度から、上面の空気剥離域の拡大による失速の起こらない一定の角度までなら、キャンバー翼の揚力は平板の揚力よりも大きくなることに初めて気づいたのがケイリーであるが、現代の科学的見地からは彼の解説に対する部分的修正が必要である。

彼は、迎え角がゼロでも下面における空気の働きによってキャンバー翼には揚力が発生すると言っているが、実際には支配的な『働き』は上面で起こっていた。今日では、翼での揚力発生の主な要因は上面を流れる空気の広がりであり、この結果として上面では圧力が低くなって上側（揚力）の方向に翼を持ち上げる吸引効果が生み出されることが分かっている（アンダーソン，1997, p.93）。

ただし、作用・反作用に関するニュートンの第三法則に基づけば、上向きの揚力が働いている翼は、空気に対して下向きの力を加えることによって翼の下流の空気を僅かに下向きに傾かせると説明できることについて、ケイリーが「このように空間内に蓄積された流体は面の後端から逃げ出す必要があり、この時かなり下向きに方向を変えられる」と述べてこの現象を認識していた点は、彼の優れた洞察力である（アンダーソン，1997, p.93）。他にも、抗力を減少させるには、飛行体を流線形にする必要があると認識していたことや、主翼の上半角に安定効果があること等（スチーバー／ハガチー，1965, pp.11, 36f.）、ケイリーの貢献は画期的なものであったと言える。

第4節　リリエンタール兄弟

　オットー・リリエンタールは、弟グスタフ・リリエンタールと共に飛翔に関する23年間にも渡る実験と思考の成果を『鳥の飛翔』（1889年）という形で公開した。この公開の意図には、すでに気球が造られて1世紀になり、飛行船も造られていたことに安住する当時の技術界に対する批判が含まれている。

　　飛翔の課題に対する技術界の活動はなまぬるいものであり、事実の重要性に照らせば、ふさわしい態度ではない。現在、すべての領域が完成された系統法により扱われているため、技術界における飛翔技術という分野は最大の混沌が支配するようになってしまったのである。そういったなかで、互いの意見交換はなきに等しく、そしてほとんどの技術者も、飛翔技術に関して自分の見解を主張するだけなのである（リリエンタール, 1889, p.165, cf. リリエンタール, 1889, p.166）。

　特に、リリエンタールが飛行船の難点としたのは、自由で敏速な飛行が難しい現状であり、こうした状況に一石を投じたのが『鳥の飛翔』である。リリエンタールによると、人はコウノトリやツバメやヒバリが飛び交う姿を観察すると、同様にして飛び上がりたいという憧憬を抱くだけでなく、この観察に基づく飛翔技術を飛行機械に応用する願望に駆られるが、この観察によると4つの飛翔根本原理が挙げられる（リリエンタール, 1889, pp.1ff., cf. リリエンタール, 1889, pp.75f.）。

　＊4つの飛翔根本原理
　（1）飛翔する生き物は翼を使う。
　（2）翼を適度に空中で作動させる。
　（3）重い体を空中に浮かべる。
　（4）任意の方向へ速く移動できる。

　ここで、鳥の骨の中の空洞に満たされた温かい空気が、鳥の体を軽くするという当時の通俗的な見解は否定され、水よりも密度の低い空気中で鳥は、最高

速度で走る鉄道列車よりも速く飛ぶ飛翔力を持っていると認識されている。ちなみに、当時の「ほどよい速さで走っている旅客列車」は「10-12m/s」（リリエンタール，1889, p.175）、つまり時速 40km 前後である。また、空気抵抗の大きい気球は風に向かって進むことも、随意に素早く向きを変えることもできないが、重力と空気抵抗力に打ち勝つ鳥の翼の羽ばたく強さは、「動物世界では数少ない原動力のような筋肉」が授けられていることに起因する（リリエンタール，1889, p.29, cf. リリエンタール，1889, p.10）。

　しかし、特にリリエンタールが感心するのは、「多くの鳥がほとんどその翼を羽ばたかせることなく、またそれゆえにほとんど筋肉の緊張もなしに、空気中でまるで帆船のように飛翔したり、あるいは下に落ちることなく、静止して空に浮かんでいたり出来るということ」であり、これを「滑空において使用すること」である（リリエンタール，1889, p.29, cf. リリエンタール，1889, p.34）。確かに、リリエンタールは人工の翼の羽ばたき運動による空気抵抗の実験等も行うが（リリエンタール，1889, pp.47ff.）、人工の翼を備えた「人間の体力の助けによって」「一人の人間が一定の場所で飛ぶ」ようなことは、「そんなに近い将来に出来るとはとてもではないが考えられない」としている（リリエンタール，1889, pp.60f., cf. リリエンタール，1889, p.193）。

　翼の形についてリリエンタールは、「すべての翼が持つ技術的特性の秘密は、……かすかに湾曲する鳥の翼に似た曲面の持つ性質によるものと推定出来る」とし（リリエンタール，1889, p.81）、平らな形をした翼と緩やかなアーチの形をした翼とを各々水平に対して 15 度傾けた場合、向かい風に対して渦の発生しない後者の方が大きな揚力成分を生むことを実験によって明らかにした（リリエンタール，1889, pp.81ff., 87ff., 90, 131ff.）。しかも、翼の先端は、コウノトリ、トビ、ハト、カモメ、ツバメの翼や、コウモリのつながった翼と同様に、尖っている方が良いという（リリエンタール，1889, pp.94ff.）。

　また、特に興味深いのは、緩やかなアーチ型翼の前方角部分が、鋭角ではない丸みを帯びた厚さのある形態でも、「こと予想に反して」空気抵抗に不利な影響は見られず却って有利であり（リリエンタール，1889, p.103, cf. リリエンタール，1889, pp.135）、それ故に揚力も大きいと考えられた点である。これこ

そ自然界の鳥の翼の形態であり、現在に至るまで使用されている飛行機の翼の形態である。

　リリエンタールが「材料として一般に金属は翼の構造には使うべきではない」として、「柳」や「竹」を比重と強度の点から推奨していたことは（リリエンタール, 1889, p.103）、ある意味で周回遅れであったものの、先見の明があったとも言える。1915年にユンカースJ1において飛行機の材料として初めて使用されたアルミニウム合金等の金属材料よりも、軽量で強靭な炭素繊維強化プラスチック（CFRP, Carbon Fiber Reinforced Plastic）等の複合材料が、今や例えばボーイング787においては翼だけでなく全重量の半分以上で使用されているからである（ANA総合研究所, 2015, pp.32f.; 鈴木, 2015, pp.82f.; 中脇, 2020, a, pp.36f., cf.山本, 1999, p.44; ホワイトマン, 2013, pp.27, 177, 281; ニッコリ, 2013, pp.302ff.）。いずれにせよ、リリエンタールの強調点は明解である。

> 飛翔という運動形態の理想 ―― すなわちそれは、空中における余計な力の要らない、自由な、帆船のような飛翔に熟達すること、そしてそれが可能であると証明するのみならず、最終的には人間に置き換えて利用するため ―― をさらにふかく追究していくことは、我々の行ってきた種々の実験によって、まったく骨折り甲斐のある仕事だということが分かった（リリエンタール, 1889, p.143）。

　このような意気込みは、更なる鳥の翼の観察へとリリエンタールを導くが、特にカモメが観察対象として、3つの点で適格であるとされている（リリエンタール, 1889, p.147）。

　＊観察対象として適格であるカモメの3要件
　(1) ツバメのように小さすぎず、観察に適した寸法である。
　(2) ツバメのような複雑多岐に渡る飛翔方法を持たない。
　(3) 人間に慣れており、身近に観察できる。

　こうして、リリエンタールは鳥の前方への飛翔の現象をまとめる。「前方への速度は、振動する羽毛から成り軽く回転出来る翼の手によって補われ、その

間、翼の腕の部分はわずかに上下させるだけでよいため、カモメはより緩やかに帆船のように飛べる……。それは、カモメ本体のより近くでより広い翼の部分では、わずかな羽ばたきとそれに伴うわずかな仕事の出力がその運搬用として使われるため、間違いようのない目標であろう。

　一方、細長い翼の尖端部は、その実質的でより強い羽ばたきにより、空気中での前方への牽引作用を担当し、鳥全体が受ける空気抵抗およびわずかではあるが存在する翼の腕部分における空気抵抗との平衡を保つために使われている」（リリエンタール, 1889, pp.148f.）。また、コンドルの飛び方から、翼を上へ羽ばたかせる際に、翼の後方部の各々の羽根と羽根の間に空気を逃がす透き間が作られるのに対して、翼を下へ羽ばたかせる際には、それらの間は閉ざされて、空気が逃がされないような構造になっていることが観察できる（リリエンタール, 1889, pp.156f.）。

　これらの点を踏まえた上でリリエンタールは、気球や飛行船の存在する当時において必要とされるのは、「軽いガスによる力学的要因から翼の羽ばたきによるそれへの漸次的移行の探究などではなく、気体静力学から立ち戻っての、純粋な飛行術への跳躍的思考なのである」と力説する（リリエンタール, 1889, p.168）。この飛行術はリリエンタールが復唱する「帆船のように飛ぶ運動」であり（リリエンタール, 1889, p.172）、彼の詳細な計算に基づけば、地上の「凪におけるこの飛翔に実際的な実用性を与えるためには、我々は軽いモーターを試用することに向けて努力するしかない」ため（リリエンタール, 1889, p.187, cf. リリエンタール, 1889, p.189）、彼の観察と実験に基づく研究は当座、蒸気機関や電気モーターといったある種の推進装置なしのグライダーによる高所からの滑空実験の重要性を示唆していると言えるだろう（リリエンタール, 1889, pp.172, 185, cf. リリエンタール, 1910, pp.10ff.）。

　この「グライダー」は、現在ハンググライダーと呼ばれるものの形態に近く、オットー・リリエンタールの弟グスタフ・リリエンタールが、1910年出版の『鳥の飛翔』第2版に追録した「展開」によると、鳥のようにアーチ型の面を持つ両翼を備えた簡素なものであり、「今、人はこれを普遍的な表示『グライダー』と紹介している」という（リリエンタール, 1910, p.18）。それは鳥の翼

状の骨組みの木に織物を張り巡らせたもので（リリエンタール，1889，p.191，cf.山本，1999，p.23; ホワイトマン，2013，pp.14ff.; ニッコリ，2013，pp.18ff.）、「一例を挙げると 14㎡、迎角 5 度の翼を持ち、対地速度 5m/秒、高度 18m、飛翔距離 300m、対気速度 6m/秒の性能を示した」（田中，2006，p.29）。骨組みの木として推奨されているのは、湿った状態で任意に曲げられる軽量で強靭な竹や、すべての木材の中で最も軽いとされる柳である（リリエンタール，1889，pp.103f.，190）。

　弟グスタフの「展開」は、兄弟の伝記的記録がなされている点において貴重な資料ともなっている（cf.アンダーソン，1997，pp.198ff.）。兄弟は現在のドイツ東北端アンクラム（Anklam）に生まれ、幼年時代に飛行船旅行や気球飛行に関する本を読んで強い刺激を受けると共に、鳥の飛翔を観察できる環境に恵まれ、呉服商の父を 1861 年に亡くした後には、母が 2 人の夢を応援し続けた（リリエンタール，1910，pp.7f.）。

　　我々の最初の翼は長さ 2m、幅 1m のブナの薄板で造った。下面に革緒を張りつけ、これでもって腕を固定した。……その際、学校の友達の嘲笑からのがれるため実験は、街の城門前の練習場で夜行った。そして星がきらめく夏の夜に、我々は風の計算をまったく誤って、飛翔に達し得なかった。我々はその時 13 歳と 14 歳であった（リリエンタール，1910，p.8）。

　兄弟はそれぞれ 1848 年、1849 年生まれであるから（本書年表）、2 人が「14 歳」と「13 歳」であったのは、父を亡くした翌年 1862 年であり、「敏感な」性格であった 2 人は、先に行った父のことをこの「星がきらめく夏の夜」に想起していたのかもしれない（リリエンタール，1910，pp.7f.）。これはまさしく、レオナルドが父を亡くした翌年に『鳥の飛翔に関する手稿』を記した状況と近似していると言えるだろう（本書第 1 章第 3 節）。ちなみに、兄オットーは『鳥の飛翔』において、何度か「創造主」「創造者」に言及している（リリエンタール，1889，pp.159，189，cf.リリエンタール，1889，p.199）。

　オットーはポツダム（Potsdam）の公立学校を経た後も、古い猟場で弟を伴ってハゲタカ、オオタカ、カラス、コウノトリ、ハクチョウを観察し、ベルリン

の機械工場で 1 年間働くと、1 か月ほどアンクラムの実家の穀倉屋根の張り出しに、翼を羽ばたかせる飛翔機械を吊り下げて実験を繰り返した（リリエンタール, 1910, p.9, cf. リリエンタール, 1889, p.48）。1867 年 10 月からオットーは、後に高等学校と同格になるベルリンの商工業アカデミーで力学の勉強を始め、翌年には多額の奨学金を得ると、弟と共に飛翔機械を造って実験に勤しみ、1870 年にドイツ統一を目指すビスマルクのプロイセンとそれを阻止しようとするナポレオン 3 世のフランスとの間の普仏戦争の戦地へと召集されたために一時的に実験を中断されたが、兵役を終えると弟とベルリンで実験を再開した（リリエンタール, 1910, pp.10ff.）。

　オットーは機械工場の製作技師として生計を成り立たせつつ、1874 年にイギリスからベルリンに戻って来た弟と蒸気機関冷却用蛇腹管による翼の羽ばたきを試行したり、アルコールを使ったより小さい発動機を使用したり、鳥の形の凧を上げる実験も行う等、精力的に働いて 1878 年に結婚、蒸気機関冷却用蛇腹管がドイツの特許として認められると独立した（リリエンタール, 1910, pp.14ff.）。しばらく実験が行われない期間があったが、1886 年オットーはベルリン南部のリヒテルフェルデ（Lichterfelde）に自宅と研究室を建て、『鳥の飛翔』（1889 年）に至る研究を再開した。

　また、1894 年に彼は、近くに「15mの傾斜地」を築き上げて、そこからグライダー飛翔実験を行い、その他の傾斜地も活用したが、「オットーは、グライダー飛翔から一つのスポーツが展開し得ると信じていた」という（リリエンタール, 1910, pp.18f.）。そして、1896 年 8 月 9 日リヒテルフェルデにおいて、意外なことに羽ばたき機に圧縮炭酸ガスを燃料とする発動機を搭載して飛翔しようとしたが（cf. アンダーソン, 1997, pp.204f.）、搭載前の滑空練習中に突風によって隣村に墜落し、翌日の夕方、「いけにえは捧げられなければならない」と言い残して死去した（田中, 2006, p.29, cf. リリエンタール, 1910, p.20; アンダーソン, 1997, p.209）。この事故から 14 年後に著された弟グスタフの追録「展開」の冒頭文は、傾聴に値する。

　　一つの偉大なる事象がある人間のすべての人格を要求した。それはまた、多くの

犠牲のほかに、なおすべての個性をも求めたのである。それは子供時代からすで
に火のごとく彼を満たしていた。そっと子供を選んで近づき、まず初めは輝く鏡
のような幼年時代の晴れやかな快活さに結びつき、そして次第次第にその人間の
霊をより強く引き寄せていった。それは青年時代にも続き、つかんだこの青年を
離さなかった（リリエンタール, 1910, p.7）。

　50歳にもならないうちに天に召されたオットーは、「子供」心を失わない
「青年」であり続けたのであり、1910年には「グライダーは近年大きな普及を
したように見られる。ドイツにおいてはこのスポーツが数多く実施されてい
る。フランクフルトの博覧会の飛行場では適正な天候の場合には用意されたグ
ライダーは、多かれ少なかれ皆飛行が実行された」と弟グスタフによって賞
賛されている（リリエンタール, 1910, p.21）。また、ルネサンス美術の専門家
ツォルナーによるレオナルド賞賛の言葉は、そのままリリエンタール賞賛の言
葉にもなる。

　　レオナルドの人力飛行機械は1度も離陸することはできなかったが、翼のデザイ
　　ンやパラシュートや上昇の仕組みについての考察は、その後の飛行パイオニアた
　　ちの体験や観察に驚くほどよく似ている。特に、こうもりの解剖に基づく翼部は、
　　1891年から1896年にかけてオットー・リリエンタールが造った、実際に飛行し
　　たものにそっくりである。飛行機械全体を重力の中心と同じくらい低く保ち、飛
　　行中の安定性を確保するために、パイロットは少なくとも部分的に翼の高度より
　　も下に身を置く必要があることを、リリエンタールと同様、レオナルドはすぐに
　　理解していたようだ（ツォルナー, 2004, p.644）。

　確かに、レオナルドは飛行機械を造る時に、その翼は「全体を結ぶ透き間の
ない膜」を翼として持つ「蝙蝠（コウモリ）」を模倣しなければならないと力説し（ダ・ヴィ
ンチ, 1505, p.64）、リリエンタールのグライダーは人がぶら下がる形の言わば
ハンググライダー方式であった。

　また、レオナルドが「鳥の腱と筋肉は、人間と較べものにならないほど強力
である」と反論されても（ダ・ヴィンチ, 1505, p.67, cf.谷／小野, 1979, p.85）、
すでに初期の素描の頃から人間の腕力だけでなく脚力を駆使して翼を動かす方
法に触れており（ツォルナー, 2004, p.644）、『鳥の飛翔に関する手稿』におい

ては「人間もまた自分の体重を支える以上の大きな力を両脚に持っている」と述べたように（ダ・ヴィンチ, 1505, p.68）、少なくとも『鳥の飛翔』においてレオナルドに言及していないリリエンタールも、鳥の翼の羽ばたく強さは「動物世界では数少ない原動力のような筋肉」が授けられていることに起因するため（リリエンタール, 1889, p.29, cf.リリエンタール, 1889, p.10）、「人間の力によって翼の羽ばたきを再現したければ、何よりもまず脚の伸筋が利用されなければならない。そして左右同時ではなく交互に、さらにはその個々の足の踏み出しによる上下の羽ばたきが何度でも繰り返され、限りなく行われねばならない」と認識していた（リリエンタール, 1889, p.192, cf.リリエンタール, 1889, p.48）。

　さらに、レオナルドの飛翔に関する後期の研究がハンググライダーに移行していったように（谷／小野, 1979, p.86, cf.谷／小野, 1979, p.90）、リリエンタールの研究もハンググライダーの実験と改善に向けられていった。より根源的に通底しているのは、レオナルドが「総じてその全生涯にわたって、多くの点で子供のようなところがあった」ように（フロイト, 1910, p.84）、リリエンタールも言わば生涯「子供」心を失わない「青年」であった点である（リリエンタール, 1910, p.7）。

　このような純真な心は、リリエンタールの『鳥の飛翔』を参考にして、エンジン付きの飛行機による有人飛行を 1903 年に成功させたライト兄弟に継承されることになった（田中, 2006, p.29, cf.リリエンタール, 1910, pp.18, 22）。空気力学に基づいてグライダーを具体的な形にした点においてリリエンタールの業績は、ケイリー以降の最も重要な突破口となったのである（Jakab, 1990, p.36, cf.本書第 2 章第 3 節）。

第 5 節　ライト兄弟

　ライト兄弟の兄ウィルバーと弟オーヴィルという名前は、父の尊敬する牧師の名前にちなんで付けられた（Crouch, 1989, pp.40, 48）。彼らの純真な心に空への夢が授けられたのは、保守的なプロテスタント系の「同胞教会（The

United Brethren Church in Christ)」の牧師であり巡回説教者であったものの、自分の信仰を子どもに強要しなかった父ミルトン・ライト監督（Bishop Milton Wright）が、フランスの工学者ペノーの考案になる小さな玩具のヘリコプターをお土産に買ってきて、それが捻られたゴム紐の力で駆動する2つのプロペラを回転させて飛び立つのを見た時である（マカルー, 2015, pp.9f., 22, 36, 273）。これはミルトンが高位聖職者「監督（Bishop）」となった1877年の翌年、ウィルバーが11歳の時の出来事である（Kelly, 1943, pp.7f., cf.マカルー, 2015, p.24）。

奴隷制の廃止と、女性の権利拡張と、フリーメイソンの秘密主義への反対とを唱道するこの同胞教会に属し（cf.Crouch, 1989, pp.28f.）、強い意志と豊かな語彙を備えていた父ミルトンから、1867年にウィルバーがインディアナ州で生まれ、4年後にオハイオ州で生まれたオーヴィルは10歳の頃から凧を作るようになった（マカルー, 2015, pp.22ff.）。この2人の子どもは、橇（そり）を売り物と同じ出来栄えで作れるほどの母スーザンから、その器用さを受け継いだのだろう（マカルー, 2015, pp.21f., cf.Kelly, 1943, p.26; Kelly, 1951, p.5）。

三男のウィルバーと四男のオーヴィルは、2人の兄ルクランとローリンと、一家の中では唯一大学を卒業した妹キャサリンを含む5人兄弟の中でも双子のように馬が合い、内向的だが勤勉であり、特にウィルバーは文章力と集中力に長け、オーヴィルは企業家の素質と機械に対する創造性に優れていた（マカルー, 2015, pp.13ff.）。このような2人が共に生涯を独身で過ごしたことは、2人についてほとんどすべてを物語っている。

> 「結局、兄弟二人に共通していたのは目的と不屈の決意だった。二人は"使命"をなし遂げることにすべてを懸けていた」のである（マカルー, 2015, p.19）。

ウィルバーは高校時代の成績がすべてに渡って優秀であったが、アイスホッケーをしていた時の事故で体調を崩し、名門イェール大学で神学を修めて牧師になる夢を断念したため、3年間は家で特に歴史書を愛読し（マカルー, 2015, pp.28ff., 35, cf.テームズ, 1990, p.6; Tobin, 2003, p.40）、オーヴィルが高校在学中からオハイオ州デイトン（Dayton）の自宅裏庭で印刷工房を構えて創刊

した地方新聞の編集も 1891 年まで担当するようになり、1889 年には 58 歳で亡くなった母の訃報を掲載している（マカルー , 2015, pp.37ff.）。

　アメリカで自転車が大流行すると、1893 年に兄弟はデイトンで自転車店を開業し、製造と販売を順調に進めていたが（マカルー , 2015, pp.44ff.）、1896 年にオーヴィルが腸チフスを病んでいた頃、ウィルバーはリリエンタールや動物の飛翔に関する本を読み初め、特にオットー・リリエンタールが事故死したことや（Kelly, 1943, pp.45f.; Wright, 1953, pp.11, 81f.）、リリエンタールも兄弟で飛翔研究に挑戦していたことがライト兄弟を刺激した（マカルー , 2015, pp.52f.）。自転車と飛行機には、共に軽量で強度な構造や空気抵抗対策が必要であり、自転車の運転と飛行機の飛翔には、バランスが必須であるという共通条件が見られる点において、ある意味で自転車から飛行機への技術進展は連続的であり、実際に後にライト兄弟は、自転車のチェーンと歯車の構造を飛行機のエンジンとプロペラを繋ぐチェーンに応用している（Jakab, 1990, pp.7ff., 51f., 95f., 129, 199, cf.Wright, 1953, p.40; Tobin, 2003, p.53）。レオナルドやリリエンタールが鳥を注意深く観察し（本書第 1 章第 3 節, 第 2 章第 4 節）、ライト兄弟が自転車の運転技術を参考にしたことを考慮すると、飛行機の実現は主として「バード（bird）」と「バイク（bike）」に依拠しているとも言えるだろう。

　　＊飛行機の実現の 2 要素
　　（1）バード（bird）の体格と飛翔の観察。
　　（2）バイク（bike）の構造と運転の応用。

　1899 年にウィルバーは、ワシントン D.C. の研究機関であるスミソニアン協会（Smithsonian Institution）に、自分がこれまでにペノーやケイリーの考案に基づいて行ってきた飛行機模型の製作や有人飛行の実現可能性を、飛行熱が狂気の沙汰と見なされていた時代に自分が変人でないことを強調しつつ手紙で伝え、送付してもらった関連資料を習熟していた（マカルー , 2015, pp.60ff., cf.Kelly, 1951, pp.15f.）。その中でもアフリカで長らく過ごしたムイヤール（Louis Pierre Mouillard）が、ハゲワシの悠然たる飛翔風景を記した『空の皇

帝（L'Empire de l'Air）』（1881年）の英訳本に激励され、兄弟はリリエンタールの失敗が飛行中の体重移動ぐらいでは機体を安定させられないことに起因すると考え、試験機の凧を使って、風を迎える翼の微妙な角度やたわみにも留意した（マカルー, 2015, pp.70ff.）。

　こうして、ウィルバーは複葉型グライダーも開発した当時の著名な技術者シャヌートやワシントンの連邦気象局の助言に基づいて、弟と共に1900年に、適度な風速と丘と砂地に恵まれたノースカロライナ州東端の小村キティーホーク（Kitty Hawk）でテント生活をしながら、近郊のキルデビルヒルズ（Kill Devil Hills）において、5メートル四方の複葉型グライダーで機体のバランスに留意しつつ飛翔実験を行った（マカルー, 2015, pp.76ff., 87ff., cf.Kelly, 1951, pp.23ff.）。このキティーホークに旅立つ数日前にウィルバーは、父に対して次のように書き送っている。

> 私は数日後にロアノーク（Roanoke）島の近郊、ノース・カロライナの海岸に向けて旅をするつもりです。飛行機械の実験をするためです。飛ぶことは可能だと私は思っています。利益のためというよりは、むしろ楽しみのためにこの研究に取り掛かりますが、名声と財産（fame and fortune）を得る可能性も少しあります……（Kelly, 1951, p.27, cf.Kelly, 1951, p.35; 佐貫, 1969, p.91; 生井, 2018, p.49）。

　秋の一月が過ぎると、兄弟はデイトンの実家に戻って、年収が3,000ドルを超えることのない自転車店で働きつつ（Kelly, 1951, p.133）、リリエンタールの計算に基づいて翼の湾曲を大きくし、リリエンタールの後継者の1人シャヌートからもらった風速計も携えて1901年の一夏、キルデビルヒルズに戻って湾曲率を元に戻す等して試行錯誤を繰り返した（マカルー, 2015, pp.84, 102, 104f., 107, 114, cf.アンダーソン, 1997, pp.178, 191, 302; 鈴木, 2002, pp.59f.; 鈴木, 2012, p.68）。

　1901年9月、ウィルバーはシャヌートからの依頼でシカゴの西部技術者協会（The Western Society of Engineers）において、滑空実験に関する講演「ある実験飛行（Some Aeronautical Experiments）」を50人の前で行い、デイトンに戻ると、翼にかかる「揚力（lift）」と「抗力（drag）」の正確な計算方法

を案出するために、40 センチメートル四方で長さ 2 メートル弱の風洞装置に種々の形態の実験翼を入れて、2 か月間も実験を継続した（マカルー , 2015, pp.120ff., 127f.）。ここで兄弟が自分たちの研究の自律性を維持するために、財界からの資金援助を峻拒して自転車店での収入を維持し、科学界からの嘲笑や保守的なキリスト教界からの警告を無視していたことは注目に値する（マカルー , 2015, pp.89, 126, 129f., 136）。当時の人々の一般的な考え方は、確かに保守的なキリスト教の影響下にあると言えるだろう。

　　神は人間が飛ぶことを意図していなかった。もし、そのように意図していたのな
　　ら、神は人間に一揃いの翼を与えていただろう（Kelly, 1943, p.102）。

　1902 年夏、ウィルバーは父の教会での窮状を実務的にも支援した後に、再び弟とキティーホークに赴き、キルデビルヒルズで尾翼に方向舵付きの以前より大きなグライダーによって、180 メートルを超える飛行記録を作った（マカルー , 2015, pp.146ff., cf.山本 , 1999, p.28）。こうして、上昇や下降や着陸、旋回や滑空の操作を習熟して 2 か月間の滞在後に帰宅すると、残る課題は原動機とプロペラの開発のみとなった（マカルー , 2015, pp.149f., 157）。

　1903 年、小型ガソリン原動機（Little Gas Motor）の開発については、ライト兄弟の自転車店において週 18 ドルで働いていた有能な機械工テイラーが多大な貢献をし（cf.Wright, 1953, p.79; Keisel, 2012, p.15）、プロペラの効率については、兄弟が実際の飛行実験によって検証することにして、フライヤー号（Flyer）と名付けられた飛行機械の上翼と下翼の間に直径 2.6 メートルのプロペラを取り付け、下翼の中央にうつ伏せになった操縦者の右側には原動機を、左上にはガソリンタンクを設置し、下部には発射台のレールに合わせて車輪の代わりに橇を装着することにした（マカルー , 2015, pp.154, 159f., 202）。6 月にウィルバーは再びシャヌートからの依頼で講演を行い、操縦者の技術の重要性を力説し、9 月に梱包された多くの飛行機械の部品を列車で送り出し、兄弟も 5 日後に旅立った（マカルー , 2015, pp.163ff., 169f.）。

　こうして準備と条件が整い、最終的に 12 月 17 日にキルデビルヒルズにおいて何度かの飛行後にウィルバーが 260 メートル、59 秒の原動機付き有人飛

行を達成した（マカルー , 2015, pp.184f., 190f., cf.Kelly, 1943, p.101; Wright, 1953, pp.42f., 85; 山本 , 1999, pp.28ff.; Keisel, 2012, p.16; ホワイトマン , 2013, p.15; ニッコリ , 2013, p.49）。ライト兄弟の気質は、他のほとんどの飛行家たちが 1892 年創立のカジュアルなファッションブランドであるアバクロンビー＆フィッチ（Abercrombie&Fitch）風の服を着こなしていたのに対して、通常のビジネススーツで飛行し続けていた点にも見られる（Kelly, 1951, p.117）。

＊フライヤー号による飛行実験（Kelly, 1951, pp.115f., 185）

回数	日時	操縦者	飛行距離
一回目	1903 年 12 月 14 日 午後	ウィルバー	30m
一回目	1903 年 12 月 17 日 10 時 35 分	オーヴィル	36.6m
二回目	1903 年 12 月 17 日 11 時 20 分	ウィルバー	53.3m
三回目	1903 年 12 月 17 日 11 時 40 分	オーヴィル	61m
四回目	1903 年 12 月 17 日 正午頃	ウィルバー	260m

当時、スミソニアン協会の重鎮ラングレーが巨額の予算を使って開発していた巨大な飛行船（Airship）が、ワシントンD.C.を流れるポトマック川で飛行失敗を重ねていたことは、ライト兄弟の偉大さを如実に証明して余りある（マカルー , 2015, pp.167f., 179ff.）。「ラングレーの計画に投じられた資金は約七万ドルにも達し、大部分は公金によるものだった。一方、兄弟といえば、一九〇〇年から一九〇三年に要したもろもろの出費は一〇〇〇ドルをわずかにしたまわる程度で、そのなかには材料費やキティーホークを往復する費用も含まれていた。そして、支払われた代金は二人が営む自転車店の慎ましい利益で賄われていた」という（マカルー , 2015, p.195）。

これと共に兄弟の堅実な姿勢は、すでに 1903 年 3 月に自分たちの製作した飛行機械のたわみ翼機構と方向舵と昇降舵について特許を申請していた点や、1904 年からは時間と経費節減のために、デイトン近郊のハフマン・プレーリー（Huffman Prairie）と呼ばれる牧草地において失敗を重ねつつも飛行実験を展開した点にも認められる（マカルー , 2015, pp.161, 203）。ライト兄弟の伝記作家マカルーは兄弟の質実剛健な生涯を総括している。

兄弟の努力と実績に対する金銭的な見返りは、二人にとって並々ならぬものだったが、とはいえその金額は世間が思うほど法外なものではない。遺言書のなかでウィルバーは、ルクランとローリン、そしてキャサリンにそれぞれ五万ドルを遺していた。残りの財産 —— 推定一二万六〇〇〇ドルはオーヴィルに遺贈された。もちろん、ライト社の成功と売上でさらに資産は増えた。オーヴィルが亡くなったときの資産総額は一〇六万七一〇五ドル、現在の金額に直せば一〇三〇万ドルである。当時としてもひと財産だったにせよ、この時代の大富豪の財産と比べれば足元にも及ばないだろう（マカルー, 2015, p.460）。

　ライト兄弟の実現した歴史的出来事を人口に膾炙させたのは、デイトンの地元紙でも有名な全国紙でもなく、機械好きでライト兄弟と文通をしていた養蜂器具製造販売業のエイモス・アイヴス・ルート（Amos Ives Root）が発行していた養蜂家向けの業界紙であり、彼は 1904 年 9 月 20 日に完全な旋回飛行も達成したライト兄弟の偉業を、コロンブスのアメリカ大陸到着にも匹敵する出来事だと報じた（マカルー, 2015, pp.212ff., 216f.）。

　10 月には、イギリス陸軍気球部隊士官（Lieutenant Colonel, The British Army's Balloon Section）がデイトンを訪れてライト兄弟にフライヤー II 号のイギリス政府への販売を提案したが、まず兄弟は年明けてこれまでの成果報告と、「戦時における偵察や伝令（scouting and carrying messages in time of war）」を含む様々な実用的活用が可能である旨を示した手紙とを地元の下院議員に託した。しかし、アメリカの「軍需評議会（The Board of Ordnance and Fortification）」からは却下の文書が戻って来ただけでなく、後に数十キロメートル飛行可能な史上初の実用機となる 1905 年製フライヤー III 号に関するイギリス陸軍との交渉も、積極的なフランスの実業家アルノー・フォーディス（Arnold Fordyce）に、機体 1 機 20 万ドルという莫大な金額で売る商談契約も、最終合意には至らなかった（マカルー, 2015, pp.223f., 229, 234f., 239）。

　1906 年 5 月、1903 年に兄弟の出願した「ライト飛行機械（The Wright Flying Machine）」が特許登録されると、年末にはニューヨークのフリント＆カンパニー（Flint & Company）から、この飛行機械のアメリカ国外販売権を 50 万ドルで獲得したいという商談が入り、ウィルバーは同社の欧州販売代理

人ハート・O・バーグ（Hart O. Berg）の招待による交渉のためにパリにいる時、ルーブル美術館で鑑賞したダ・ヴィンチの絵画の中では、「モナ・リザ」よりも「洗礼者ヨハネ」に興味を示したという（Kelly, 1951, p.210; マカルー, 2015, pp.240ff., 253, cf.本書第 1 章第 1 節, 第 3 節）。帰国後の 1908 年 2 月にライト兄弟は、アメリカ旧陸軍省（The War Department）とフライヤー号 1 機 2.5 万ドルで売る取引をし、フランスの会社とも契約を交わした（マカルー, 2015, p.278）。

　1908 年 4 月、ライト兄弟が荒廃したキルデビルヒルズの建屋に戻り、建屋の改修や着座型 2 人乗りのフライヤー号の製造や飛行練習をしていると、主要紙の新聞記者たちも続けて現れるようになったが、兄弟は事故可能性も射程に入れつつ事業を継続するために、2 人は同時に搭乗しない方針を定め、代わりに助手の機械工とペアを組んだ（マカルー, 2015, pp.280, 286, 451）。

　ウィルバーが再びパリについた 5 月には、フランスの飛行家も飛行機械で数分間の飛行に成功しており、自動車製造業者レオン・ボレー（Léon Bollée）の準備してくれたパリの南西 200 キロメートルに位置するルマン（Le Mans）の土地にバーグと共に向かい、6 月に荷解きを開始して、ライト家の慣習に従って日曜日以外に部品の修理とフライヤー号の組み立てにボレーの工場の機械工にも幾分助けられて従事した（マカルー, 2015, pp.288f., 292ff., cf.Kelly, 1951, p.4）。

　準備が整うと 8 月 8 日の土曜日に報道陣注視の中、ウィルバーはフライヤー号の座席に着いてカタパルトの引き金を外し、場内中央の発射台から飛び立ち、高度 10 メートル、2 分弱、3.2 キロメートルを優雅に旋回しながら離陸地点近くに無事着陸、観客の熱狂的な大喝采で迎えられると共に世界各地で報じられ、2 日後の月曜は 2,000 人強の人々が集まった（マカルー, 2015, pp.303, 307ff., 312）。

　他方 1908 年 9 月、オーヴィルはポトマック川のヴァージニア州側の高台フォートマイヤー（Fort Myer）において 1 時間以上もの飛行を達成するだけでなく、8 の字飛行さえ行って人々を魅了したことに基づいて、後に兄ウィルバーに「この機械は戦争においてきわめて重要な位置を占めるようになると

誰もが考えています」と手紙で書き送っているが、26 歳のアメリカ陸軍中尉（Lieutenant）を同乗させた飛行においては、墜落して重傷を負い、中尉を死亡させてしまうという悲惨な事故もあった（マカルー , 2015, pp.334, 342, 347, cf.Wright, 1953, pp.60f.; Keisel, 2012, p.66; マカルー , 2015, pp.328ff., 334）。これは飛行機の乗客として最初の事故死である。

　この年にウィルバーは、ルマンにおいてフランス側のフライヤー号購入団体のための試験飛行後、フランス人飛行家 3 人の飛行訓練も行い、11 月パリでは、フランス航空界の代表者たちを含むフランス飛行クラブ（The Aéro-Club of France）が彼のために開催した祝宴に歓待され、フランスの新興タイヤ会社がドブル野営地（Camp d'Auvours）において大晦日に主催した発射装置不可のミシュラン杯では、史上最長の 2 時間 20 分、124 キロメートルを飛んで賞杯を手に入れた（マカルー , 2015, pp.368ff., 377）。

　回復に向かっていたオーヴィルが、キャサリンと共にフランスでウィルバーと合流したのは 1909 年を迎えてからで、3 人はフランス南西端の保養地ポーで過ごしている時に、イギリスの政治家や貴族、フランスの大臣や将軍、アメリカの大富豪たちと会い、ウィルバーは訓練飛行士が操縦する飛行にも同乗するだけでなく、訓練飛行士に単独飛行を任せるまでになった（マカルー , 2015, pp.378f., 382ff., 394ff.）。さらに、ウィルバーはオーヴィルとキャサリンと 4 月にはローマで再会し、訓練飛行や展示飛行を行って多くのお歴々や、財界、報道関係者たちを感動させ、帰途ロンドンにおいて英国王立航空協会（The British Aeronautical Society）主催の晩餐会に招待されて、第 1 回目の金メダルを授けられた（マカルー , 2015, pp.400ff.）。

　1909 年 5 月、ライト兄弟はキャサリンと共にデイトンに戻ると熱烈な歓迎を受け、ワシントンにおいてアメリカ飛行クラブ（The Aero Club of America）を代表してタフト大統領から金メダルを授けられた後は、再びデイトンで正式な大歓迎式典が開催された（マカルー , 2015, pp.405ff., 409ff.）。数々の賞賛の演説後になされた父ミルトンの祈りは印象的である。

　　本日私たちはある発明を祝うために集まりました。その発明とは老若を問わず、

すべての人間の夢でありながら、これまで実現などできるわけはないと考えられてきました。ですが、その思い込みは前触れもなく打破され、人間は鳥のように空を飛びながら、はるかな高みに舞い上がり、無限の距離まで飛び続けることができるようになったのです。私たちは今日、われらが父に、このときにおいて平和が宿り、その祝福がこの集いに参加した者すべての心に宿ることを祝おうとやってきました（マカルー, 2015, p.414）。

7月にはフランスの飛行家ブレリオが、単葉機でカレー近郊からドーヴァー城近くまでドーヴァー海峡を越え、20分で41キロメートル飛ぶという快挙を成し遂げていたが（cf.山本, 1999, pp.36f.; ホワイトマン, 2013, pp.18, 20ff.; ニッコリ, 2013, p.43）、ライト兄弟も6月からフォートマイヤーにおいて飛行速度や飛行時間の記録を更新し、アメリカ旧陸軍省との契約の調印も3万ドルで決まった（マカルー, 2015, pp.422ff.）。

また、8月にはライト兄弟が参加しなかったフランスのランスにおける世界初の国際航空大会において、アメリカのグレン・カーチス（Glenn Curtiss）は高出力軽量エンジン搭載の小型複葉機の速度を活かして優勝したが（cf.山本, 1999, p.35）、彼の会社の飛行機はたわみ翼の代わりに補助翼（aileron）によって飛行をコントロールしていたことで知られている（マカルー, 2015, pp.426ff.）。

10月にウィルバーがニューヨークのガヴァナーズ島から離陸し、港からハドソン川沿いに半時間で往復する彼の一般公開飛行は100万人の人々が目にしたと言われており、このように兄弟の飛行機が有名になると共に、ライト社（Wright Company）がニューヨーク五番街（Fifth Avenue）に設立されると、軍人に対する飛行機操縦指導だけでなく、郵便や人の運搬というビジネスにおける飛行機使用も企図され（テームズ, 1990, p.47）、ライバルのカーチス社に対する特許侵害の訴訟や紛争が専ら増えていった。兄弟は最終的に9件の訴訟を起こして3件の裁判で訴えられたが、アメリカ国内の裁判ではすべて勝訴した（マカルー, 2015, pp.438, 444, 453f.）。こうして、多忙を極めたウィルバーは、腸チフスで1912年5月に45歳で息を引き取った（マカルー, 2015, pp.455f.）。

　その後、オーヴィルはライト社製の飛行機の操縦を続け、キャサリンと商談で渡欧する機会もあったが、1917年に88歳の父ミルトンを亡くした後、翌年には10年近く前の墜落時の古傷のために操縦をやめてライト社を手放し、代わりにライト航空研究所（Wright Aeronautical Laboratory）をデイトンに建て、1929年には1926年に52歳で結婚したばかりのキャサリンにも先立たれた（マカルー, 2015, pp.457ff., cf.Keisel, 2012, pp.31, 49）。

　こうした出来事と並行して1914年から第一次世界大戦が始まると、飛行機は兵器としての進化を余儀なくされていき、オーヴィルは第二次世界大戦も見届け、1948年1月に78歳で永眠したが、ウィルバーと自分の思いを1943年のインタビューで言葉に残している（マカルー, 2015, pp.463, 486）。

　　世界に永遠の平和をもたらすものをどうしても発明してみたかった。しかし、私たちはまちがっていた。……私は誰よりも飛行機がもたらした破滅を嘆いているが、少なくとも自分が飛行機を発明したこと自体はまったく悔いていない。飛行機とはまさしく火のようなものなのだろう。火がもたらした恐ろしい破滅はことごとく恨むが、人類にとって火を使うことを見出したのは誠にすばらしいことであり、この発見を通じてわれわれは何千、何万という火の重要な使い道を学んだ（マカルー, 2015, pp.463f.）。

　この言葉は、19世紀末頃からアメリカで自転車が流行すると、肉体的にも精神的にも良いと言われる一方で、青年の読書の時間を奪うだけでなく、遠隔地で誘惑と遭遇し易くなるので良くないという意見もあったことを想起させる（マカルー, 2015, pp.43f.）。現代では自転車に対するこの後者のような見解はやや滑稽に映るが、確かに、飛行機は平和目的にも戦争目的にも使用されるようになり、飛行技術の発展に伴う功罪のジレンマは、リンドバーグにも継承されることになった。

第6節　リンドバーグ

　リンドバーグは 1902 年、ミシガン州デトロイトにおいてミネソタ州の優秀
な弁護士と高校の理科教師の間に誕生し、当時の農業王国ミネソタ州リトル・
フォールズ（Little Falls）で、また父が合衆国下院議員に当選すると 1906 年
頃からは母の実家のミシガン州デトロイトで幼少期の大部分を過ごした（バー
グ, 上, 1998, pp.35, 43, 47, 51, 56, 65）。

　年に数か月ミシシッピ川上流のリトル・フォールズで過ごした時のリンド
バーグの重要な経験は、200 メートルほど離れた木立の上を 1 機の複葉機が飛
んでいく所を目にしたことである（バーグ, 上, 1998, pp.66f.）。また、リンド
バーグは少年期に父の仕事の関係上、ワシントンで政治の世界を目の当たりに
し、リトル・フォールズでは農場での自然を満喫し、デトロイトでは母の弟で
歯科医の治療室や研究室や地下室を知的遊技場としたが、その背景にはリン
ドバーグの異母姉妹と母との対立、父と母の不仲という否定的要因があった
（バーグ, 上, 1998, pp.74f., 79ff., 85f.）。

　父母がワシントン D.C. で別居生活を始めた 1909 年から、リンドバーグは学
校に通うものの規則尽くめの日々に辟易し、1913 年に転校して入った私立学
校でも友人を作らず、家では母との安い下宿生活であったことが彼に暗い影を
落としていたが、これらを案じた母は彼をスミソニアン博物館や美術館等へと
連れ出していた（バーグ, 上, 1998, pp.82ff.）。こうした母の熱心さは、リンド
バーグがカリフォルニアのハイスクールに転入してからリトル・フォールズに
戻る 1917 年冬に至るまで続いている（バーグ, 上, 1998, pp.82ff., 95f.）。

　父は 1912 年、リンドバーグと母にポトマック川のヴァージニア州側の高台
フォートマイヤー（Fort Myer）の基地での航空機試験飛行を見物させており、
この「強烈で魅力的な」体験をした時にリンドバーグは「自分も空を飛びたい
と思った」という（バーグ, 上, 1998, p.87）。アメリカが 1915 年のドイツ潜
水艦による英国客船の撃沈を契機として、1917 年の第一次世界大戦参戦に至
る中、1916 年に父は上院議員選挙に出馬して落選するものの、資源浪費と国

民の犠牲に基づく戦争に反対して力説された父の不干渉主義は、父の選挙活動を車の運転手として協力したリンドバーグの耳に焼き付いたはずである（バーグ, 上, 1998, pp.88, 90f., 97f.）。父は1920年の下院議員選挙で大敗したが、1917年にリトル・フォールズの高校の最終学年となったリンドバーグと母の農場経営を支援していた（バーグ, 上, 1998, pp.100f.）。

　機械好きのリンドバーグは1920年2月、18歳になったら軍隊に志願して偵察機の操縦士になりたいと考えていたが、大学進学を勧める両親の助言に従ってマディソン（Madison）のウィスコンシン州立大学に進み、当地で中学校の自然科学教員となる母との生活が始まった（バーグ, 上, 1998, pp.104ff., 114）。しかし、大学でもリンドバーグは学問に馴染めず空想に耽っていた。

　　神は大地と空気を、人間がじかに触れて感じるように創られた。そして、空を飛ぶ翼も人間に下さった。だからわたしは、英語の履修などはやめて工学の勉強に専念したいと思っていた。そうすればたぶん、航空工学のコースに進めるだろうし、それならもっといい成績がとれるはずだ。翼の曲線に秘められた魔法を理解するためなら猛勉強してやるのだけど……（バーグ, 上, 1998, p.110）。

　ウィスコンシン州立大学には航空関連科目が少ないため、リンドバーグは予備役将校訓練部隊（Reserve Officer Training Corps）のプログラムに興味を持って訓練生になるが、他の科目の成績不振等で1922年に中退し、単身でネブラスカ州のリンカン・スタンダード・エアクラフト社（Lincoln Standard Aircraft）に入って飛行機の製造、修理、操縦といった総合的な訓練を受け、漸く深い満足を得た（バーグ, 上, 1998, pp.111, 116f., 119, 124ff.）。特に、訓練中に知り合った曲技飛行の操縦士と巡業の仕事もこなし、翼の上に立ったり、スカイダイビングを披露したり、ついにはカーチスJN4-D、通称ジェニーを1機購入して曲技飛行の巡業で生計を立てるようになった（バーグ, 上, 1998, pp.132f., 139, cf.ホワイトマン, 2013, pp.48, 52f.; ニッコリ, 2013, pp.48f.）。

　この頃、リンドバーグは上院議員の補欠選挙出馬を決めていた父を同乗させて、ミネソタ州上空から選挙ビラをばらまくことを手伝ったが、数日後に再び

離陸しようとした時、飛行機の車輪の片方が用水路に落ちて機首から地面に突っ込んだことがあり、怪我人はいなかったもののリンドバーグの事故調査の後に、父は「この飛行機事故が自分を亡きものにしようとする陰謀だとは考えたくないが、機体が"いじられた"ことはまちがいない」と娘に書き送っている（バーグ, 上, 1998, p.143）。

さらに、リンドバーグはいっそう本格的な機体とその操縦に興味を抱いて1924年3月、テキサス州における陸軍航空部高等飛行学校の訓練に入り、学科と実技に満ちた会心の日々を送っていたが、5月下旬に65歳の危篤の父をミネソタ州ミネアポリスにおける葬儀で送ったことによって、彼自身はいっそう率直、厳格な気質を身に付け、陸軍航空部予備役少尉（Second Lieutenant）として1925年3月に首席で卒業した（バーグ, 上, 1998, pp.145ff., 150ff., 159）。当時、「すでに孤高に生きる道を選んでいた彼は、交際範囲を常に最小限にとどめていた」という（バーグ, 上, 1998, p.159, cf.バーグ, 上, 1998, p.171）。

20世紀日本の航空学者として著名な佐貫は、この頃の時代状況をこう解説している。

　　一九二〇年代のなかばから一九三〇年代の初めにかけての期間を大飛行時代あるいは海洋横断飛行時代という。ということは、飛行場や途中の設備が充分でなかったのに、勇敢なパイロットたちが空の征服へ挑戦した時代である。したがって犠牲者もでた。エベレストで消えたアルピニストのマロリーの言葉を借りると、『そこに空があるからだ』という飛行であった（佐貫, 1969, p.117）。

マロリーは1924年、エベレスト登頂に出発して不帰の人となったが、彼が生前にエベレストに登山する理由を尋ねられて、「それがそこにあるから（Because it's there.）」と返答したとされていることは有名であり（ホルツェル, 1986, pp.311ff.）、これが後に、登山家の根源的な登山理由としての「そこに山があるから」という名句となって種々の解釈を誘引してきた。リンドバーグなら「そこに空があるから」どころか、「ここに俺がいるから」と内心では思っていたことだろう（cf.本書結章第1節）。

　一人前になったリンドバーグはその後、曲技飛行に好条件の揃ったミズーリ州に向かい、セントルイス近郊のアングラムにあるランバート飛行場近隣に住み、飛行機の操縦教育や曲技飛行に携わり、1925 年暮れにはランバート飛行場を基地とするミズーリ州兵航空部飛行隊に入って教官をしたり、翌年から民間の郵便飛行会社の主任操縦士等も務めたが、この時のリンドバーグの飛行機は「セントルイス号」と命名されている（バーグ, 上, 1998, pp.13, 162f., 169f., 172）。

　その頃、ニューヨークからパリまでノンストップ飛行を実現した操縦士に提供される賞が話題になり、ニューヨーク・マンハッタンの有名ホテルオーナーの名を冠した 2 万 5,000 ドルの賞金とその飛行は、リンドバーグにとっても格好の目標となった（バーグ, 上, 1998, p.183）。実際に 1926 年 11 月、リンドバーグはニュージャージー州パターソン（Patterson）にあるライト・エアロノーティカル社（Wright Aeronautical Corporation）を訪問して航空機購入の相談をしたり、証券会社や銀行の協力で資金調達をする等、飛行計画に専念することにした（バーグ, 上, 1998, pp.188ff.）。そして 1927 年、カリフォルニア州サンディエゴ（San Diego）のライアン・エアロノーティカル社（Ryan Aeronautical Company）から 1 人乗りの単葉機を購入することに決定し、同社に 3 つの設計方針を示した（バーグ, 上, 1998, pp.196ff., 199）。

　＊飛行機設計の 3 つの方針
　(1) 飛行効率の最優先。
　(2) 非常事態を想定したパイロットの安全確保。
　(3) パイロットの快適な操縦への配慮。

　この方針を墨守してリンドバーグは、多くの飛行機事故を経験した航空技術揺籃期に万全の体制を整え、全長 8 メートル強、全幅 14 メートル、最高速度時速 214 キロメートルの「スピリット・オブ・セントルイス号（Spirit of St. Louis）」を完成へと導いた（バーグ, 上, 1998, pp.189, 192f., 205, 207, 314, cf.山本, 1999, p.61; ホワイトマン, 2013, p.62; ニッコリ, 2013, pp.96f.）。

　そして、旅人の守護聖人クリストフォロスのメダイユをポケットに入れた

リンドバーグは、1927年5月20日金曜日午前7時54分、不時着用の道具類、5食分のサンドイッチ、水筒等と共にニューヨーク州ガーデンシティー（Garden City）のローズヴェルト飛行場（フィールド）を離陸し、地形や星や磁気誘導コンパス等の計器を頼りに飛行したが、無線通信手段のない飛行中の逆境は想像を絶するものがあった（バーグ, 上, 1998, pp.8f., 200f., 226f., 228f., 231f., 237, 246, 276, cf.リンドバーグ, 1953, p.142）。

> 飛行時間が十七時間を超えると —— ということは、もう四十時間近くも眠っていない計算だった —— リンドバーグは自分が肉体から遊離してしまったような奇妙な感覚におそわれた。目がなくても見えるような気がし、全身が麻痺して空腹も寒さも感じなくなった。水は五百ミリリットルも飲んでいなかった。水平線が白みはじめるころには、彼は瞼のコントロールもきかなくなっていた。〈背中の筋肉がこわばり、肩が痛んだ。顔は焼けるようで、両眼がしみるように痛んだ〉と、彼は自分の体調について記述している。〈もはや飛行をつづけられそうになかった。私の願いはただ一つ、真横になって思いきり体をのばし、そして眠ることだった〉。リンドバーグの体は完全に〈遊離してしまった頭脳〉によって制御されている格好となり、彼の筋肉は一種の自動操縦状態で操縦をつづけていた（バーグ, 上, 1998, pp.246f.）。

また、離陸後24時間経過した頃には、背後の機体胴体部に「ぼんやりとした輪郭の、透明な、重さのない」人のようなたくさんの幽霊が集まりだし、人間の声で今回の飛行について助言したり、「通常の生活では得られない重要なメッセージ」を伝授してくれたこともあり（バーグ, 上, 1998, pp.247f., cf.リンドバーグ, 1953, pp.127, 135, 148）、その1時間後に、気付け薬で気を取り直して海上に数隻の小船を見つけると、15メートル上空から「アイルランドはどっちですか？」と叫んだが、返事はなかったという（バーグ, 上, 1998, p.250, cf.Lindbergh, 1927, p.222; リンドバーグ, 1953, p.146; スチーバー／ハガチー, 1965, pp.125f.）。

こうして、闇夜や悪天候や蜃気楼を経験し、33時間30分間の孤独や睡魔と闘いながら、最終的にフランス沿岸から点灯された航空標識を頼りに、翌日21日土曜日午後10時24分、15万人の熱狂する群衆が待ち受ける中、パリ北

東のル・ブルジェ空港へ無事着陸し、史上初の大西洋横断無着陸単独飛行を成功させた（バーグ, 上, 1998, pp.12, 18, 234, 239, 245, 248, 252ff., 256）。機内では一食分のサンドイッチしか食べていなかったリンドバーグはその夜、駐仏アメリカ大使公邸で軽食を取って休息、短い記者会見の後、63 時間ぶりに就寝した（バーグ, 上, 1998, pp.254f., 262）。

　一躍有名になったリンドバーグは、フランス大統領ガストン・ドゥメルグからフランスで最も名誉あるリジョン・ドヌール勲章（The Cross of the Legion of Honor）を授かり、フランス飛行クラブ（The Aéro-Club of France）からも歓待され、世界中の報道機関と面会し、ベルギーとイギリスでも同様に大歓迎され、翌月に海路アメリカへ戻った（バーグ, 上, 1998, pp.274f., 279, 285f., 287ff., 293f., 298）。

　25 万人もの大群衆が出迎えたワシントンD.C.のワシントン記念塔（Washington Monument）では、クーリッジ大統領がリンドバーグに空軍殊勲十字章（Distinguished Flying Cross）を授与し、彼をアメリカ軍予備役の大佐（Colonel）への昇進を公表すると、彼は短いスピーチの中において、自分はアメリカとヨーロッパを結び付けるメッセンジャーであると返した（バーグ, 上, 1998, pp.300f.）。母も待つニューヨークでの大歓迎の後に、セントルイスでは50 万人もが見守る中でパレードが行われると共に、賞賛と贈答品に埋もれ、市場では様々な商品にリンドバーグ・ブームが到来した（バーグ, 上, 1998, pp.300f., 305, 314, 316f.）。

　当初リンドバーグは「ヒーロー（hero）」と呼ばれ、「神に近い存在（a demigod）」になり（バーグ, 上, 1998, pp.280, 334）、神格化は漸進して当時のアメリカの詩人ハリー・クロスビー（Harry Crosby）が、「新たな救世主（the New Christ）」を求める「新しい宗教運動（a new religious movement）の始まり……。……新しい十字架は飛行機なのだ（the new Cross is the Plane）」と謳う時代の到来を人々は実感できたが（バーグ, 上, 1998, p.14, cf.バーグ, 上, 1998, p.334; 本書序章冒頭）、常に航空産業促進を軸とする自律性を喪失しなかったリンドバーグは、同趣旨を明示するグッゲンハイム基金（Guggenheim Fund）による全米巡業飛行ツアーや、ニューヨークのサンズポイント（Sands

Point）にあるグッゲンハイム家所有の邸宅での著作活動を中心とする生活を完遂しようとした（バーグ，上，1998，pp.321f.，324f.）。

　特に、彼の個性を象徴しているのは、自分の偉業が独力による達成ではなく、彼の「私たち（We）」というお気に入りの表現の多用が示唆しているように、多くの支援者との協力に基づく事業であると確信していた点である。

> "We"というのは、自分と後援者たちを指しているのであって、マスコミがさかんに書きたてているように、自分とスピリット・オブ・セントルイス号を意味する代名詞ではない……（バーグ，上，1998，p.327，cf.バーグ，上，1998，pp.15f.，199，277，306，324）。

　この時に著された自伝『We』は、飛行ツアーと相俟ってベストセラーとなり、中南米にも拡大された飛行訪問は、アメリカの外交の重要な一翼を担い、常設展示用としてスピリット・オブ・セントルイス号をスミソニアン博物館に寄贈した1928年の春、メキシコ訪問時に出会った駐墨アメリカ大使の娘アン・モロー（Anne Morrow）のことが気になり始めた（バーグ，上，1998，pp.328，338f.，341f.，343ff.，347f.）。

　リンドバーグはトランスコンティネンタル・エア・トランスポート（Transcontinental Air Transport）の飛行航路の確定等の技術責任者、パン・アメリカン航空（Pan American Airways）の技術顧問にもなったが、アン・モローには、「いま興味があるのはね……国と国とのあいだにある偏見を打ち破って、航空業界を通して国同士を結びつけることなんだ」という航空産業に基づく国際的平和構想を吐露していた（バーグ，上，1998，p.385，cf.バーグ，上，1998，pp.371ff.，376）。

　1929年5月27日の月曜日にアンとの結婚式を挙げると、リンドバーグは仕事を兼ねて全米を妻と旅行し、同年秋に端を発する世界恐慌の逆風を乗り切るためにトランスコンティネンタル・エア・トランスポートと他の航空会社との合併を実現していった（バーグ，上，1998，pp.396，403f.，408f.）。またこの年、リンドバーグはユカタン半島を経由してメキシコのジャングル上空を飛行中に古代の神殿遺跡があることに気付き、飛行機には移動時間の劇的短縮だけ

でなく、「人間の知性に鳥の視点を与える」という学術的役割があることも示し（バーグ, 上, 1998, p.413）、飛行機産業の揺籃期に先見の明でロケット技術にも興味を持ち始めた（バーグ, 上, 1998, p.420）。

　翌年1930年は、リンドバーグが妻に飛行機の操縦技術を教えることで（バーグ, 上, 1998, p.412）、女性の地位向上にも間接的に貢献したと言えるだろう。

　　カリフォルニアを何度か訪問した際に、アンとチャールズはグライダーに挑戦し、アンはアメリカでグライダー操縦士のライセンスを取得した最初の女性となった。『女性も男性と同じくらい飛行機の操縦に向いているということですよ』と、リンドバーグは一人の記者に語った。『それに、男女の肉体的な差は、ほかの仕事では女性にとってハンディとなるでしょうが、飛行機の操縦に関してはそうとはかぎりません』（バーグ, 上, 1998, p.412）。

　また、アンの姉エリザベスの心臓疾患手術が実現することを願っていたリンドバーグは、この年の冬にニューヨークのロックフェラー医学研究所（Rockefeller Institute of Medical Research）のカレルを訪問して意気投合し、手術中に必要なパイレックス製灌流ポンプの製造にもこの研究所で取り組んでいる（バーグ, 上, 1998, pp.438ff., 444, 447）。その間、1931年にニューヨークから出発したリンドバーグ夫妻の世界長距離飛行は、アンの父の死亡により中途帰国したものの、根室、東京、大阪、福岡も訪問して歓迎され、中国の揚子江下流域で医療救援活動をする等、優れた親善大使のような役割を果たしていた（バーグ, 上, 1998, pp.449, 453ff., 458f.）。

　1932年3月、世界を股に掛けて活躍していたリンドバーグにも、取り返しのつかない事件が襲った。大恐慌の時節、リンドバーグの1歳8か月の息子が身代金目的で誘拐され、2か月後に死体で発見されたのである（バーグ, 上, 1998, pp.16, 470, 475, 481f., 534）。犯人は1935年の裁判で死刑判決を受け、翌年処刑されたが（バーグ, 下, 1998, pp.113, 146）、ニュージャージー州で誘拐事件が起こり、ニューヨーク州で身代金が引き渡されたこの事件を契機として（バーグ, 上, 1998, pp.475, 525）、誘拐事件が複数の州に跨って実行され

た場合には、連邦犯罪と見なされて死刑に処せられるといういわゆる「リンド
バーグ法（Lindbergh Law）」が成立した（バーグ，上，1998, p.486）。

　事件発生後の夏に生まれた第2子や夫婦での旅行は、リンドバーグに希望
を与え、トランスワールド・エアラインズの技術顧問（Technical Director of
Trans World Airlines）だった彼は、妻と共に航空路の調査旅行で世界各地を
歴訪し（バーグ，下，1998, pp.15f., 20f.）、1935年の裁判後はカレルとの共同
研究に戻るが、第2子への脅迫等も重なり、年末に妻と3人で安住の地を求
めて「法と秩序を愛する」イギリスの南東部ウィールド地方へ移住した（バー
グ，下，1998, p.127, cf.バーグ，下，1998, pp.119, 127ff., 135）。

　1936年、イギリスでリンドバーグは比較的静かな日々を過ごし、イギリス
だけでなくフランスの航空界を調査したり、ドイツでは軍用機が短期間に大量
生産できる段階に入っていることに瞠目させられ、主賓として招待されたドイ
ツ航空クラブにおけるスピーチでは航空機産業の危険性について警告を発した
（バーグ，下，1998, pp.151ff., 156ff.）。

　　われわれ航空に従事する者は、重大な責任を負っています。……われわれは平時
　においては世界を密接につなぎ合わせる役割を担ってきたわけですが、戦時にお
　いては、あらゆる国の鎧をはぎ取ってしまえるからです。一国の心臓部を軍隊で
　防御することはもはや不可能です。一そろいの鎖帷子がライフル銃の弾丸を止
　めることができないのと同様に、軍隊は空からの攻撃を防ぐことはできません
　（バーグ，下，1998, p.158, cf.バーグ，下，1998, p.244）。

　翌年、ドイツのリリエンタール航空協会会議（Lilienthal Aeronautical
Society Congress）に招待されたリンドバーグは、アメリカ陸軍のための情
報収集も行い、ヘリコプターや戦闘機を視察することが許されていたものの、
1938年にヒトラーがオーストリア併合構想を示すと、リンドバーグはドイツ
とアメリカとの戦争が不可避になることを危惧し始める一方で、ベルリンのア
メリカ大使館で開催された晩餐会では、ドイツの国家元帥から荒鷲十字勲章
（Service Cross of the German Eagle）を授与されても峻拒しなかった（バーグ，

下, 1998, pp.177f., 183, 197ff., cf.バーグ, 上, 1998, p.17)。当時のリンドバー
グの重要な仕事の一つは、カレルとの共著『組織の培養』の執筆であり、妻ア
ンは旅行記を書いてすでにベストセラー作家となっていた（バーグ, 下, 1998,
pp.121f., 181, 186）。

　1939 年に帰国したリンドバーグは、ホワイトハウスでローズヴェルト大統
領とドイツの航空事情等について話し合い、アメリカ航空界の発展のために
視察旅行を重ねるだけでなく、アメリカ航空諮問委員会（National Advisory
Committee for Aeronautics）の役職にも就いて仕事に没頭し、ヨーロッパの
戦争にアメリカが関与して欧米人が共倒れになることを危惧していた。この
ような年の夏にリンドバーグは、『夜間飛行』（1931 年）で知られた後に『星
の王子さま』（1943 年）で世界的に有名になるサン-テグジュペリと自分の妻
アンが恋に落ちてしまったことにも当初は気付かなかった（バーグ, 下, 1998,
pp.216ff., 223, 228, 232, 251, 357f.）。

　同年 9 月、ドイツがポーランドに侵攻して、イギリスとフランスがドイツ
に宣戦することで第二次世界大戦が勃発すると、リンドバーグはラジオ放送や
演説で非介入主義に基づくアメリカの戦争回避を訴えたが、逆に多くの厳し
い批判も招来し、対立していたローズヴェルト大統領に大佐の身分の辞任を
伝えて、陸軍長官に正式な辞表を提出した（バーグ, 下, 1998, pp.230, 236ff.,
246ff., 264ff., 274ff., 279f.）。

　しかし、1941 年 12 月の日本軍によるハワイ真珠湾攻撃を契機として太平洋
戦争が開始されると、リンドバーグは戦争協力に転じようとしたが、「あの男
から翼をもぎ取ってやる（I'll clip that young man's wings）」という大統領の
思惑が示唆しているように、政府の容喙によって軍部でも民間でもリンドバー
グの活躍の場は閉ざされていくことになり、唯一フォードモーター社（Ford
Motor Company）のヘンリー・フォードが、航空機事業の進展のために直々
にリンドバーグを採用する話を進め、実際にデトロイトにおいて大量生産前
の軍用機の試験飛行や改良等の職務を与えた（バーグ, 下, 1998, pp.307, 310,
317, 320f.）。

　その後、1944 年にリンドバーグは技術兵（Technician Status）としてハワイ、

ミッドウェー諸島等を経てニューギニアに到着し、職権を逸脱して日本軍占領下のラバウル（Labaul）では上空から銃撃を行い、カヴィエン（Kavieng）では爆弾を投下する等、効果的な操縦方法を航空軍に伝授しながら日本軍に対する攻撃を展開し、ビアク（Biak）島では戦争の惨状を目の当たりにした（バーグ, 下, 1998, pp.342f., 346ff.）。

　任務を負ったリンドバーグは、秋にはアンが準備していたコネティカット州の新居に戻ったが、すでに関係を確立していたユナイテッド・エアクラフト社（United Aircraft）派遣民間人として、1945 年のドイツ降伏後の 5 月、敵の航空機や敵地の調査でフランスからドイツに入ってヒトラー下の残虐行為跡を直視し、2 か月後にヨーロッパを離れた（バーグ, 下, 1998, pp.339, 354, 357, 362, 365ff., 377f.）。

　1945 年 8 月の広島、長崎への原子爆弾投下から悲痛な衝撃を受けたリンドバーグは、核戦争抑止のために軍事力を備えた世界機構設立や、独立したアメリカ空軍の増強の必要性を認識し、戦略空軍司令部（Strategic Air Command）の再編に協力した（バーグ, 下, 1998, pp.382ff., 388f.）。1948 年 1 月に上空から荒廃した広島を眼下に見たリンドバーグは、4 つの結論をアンへの手紙に記した（バーグ, 下, 1998, p.390）。

　　＊広島訪問後の 4 つの結論
　（1）大規模な核戦争は文明を殲滅させる。
　（2）ロシアの存続は大規模な核戦争を誘発する。
　（3）アメリカは第 2 の核勢力の台頭を抑止する必要がある。
　（4）それは平和的手段では実現できない。

　確かに、後の 1962 年は、アメリカとソ連の軍事的衝突が一触即発の状態になったキューバ危機を経験し、軍人として戦争当事者であったリンドバーグの現実主義は、同時代の人々には偏向的印象を与えて毀誉褒貶が付きまとったが、1949 年にワシントン航空クラブ（Aero Club of Washington）の年次晩餐会において、ライト兄弟記念トロフィー（Wright Brothers Memorial Trophy）

を授与された時の彼のスピーチは、バランス感覚の重要性を自覚している。

　　ライト兄弟は、成功と慎ましさ、科学とシンプルライフのバランスを保った人た
　　ちです。キティーホークで、二人の知力と感覚はたがいに補いあって成功を収め
　　ました。ライト兄弟はバランスのとれた人たちでした。そして、そのバランスか
　　ら世界を大空に飛び立たせる翼が生まれたのです（バーグ, 下, 1998, p.409）。

　リンドバーグ自身の大西洋横断無着陸単独飛行の回想録『翼よ、あれが
パリの灯だ』（1953 年）は（本書結章第 1 節）、1954 年にピューリッツァー
賞（Pulitzer Prize）を受賞し、この年に准将（Brigadier General）に任命され
ていたリンドバーグにいっそう深い喜びをもたらし、翌年にはアンの随想録
『海からの贈り物』（1955 年）も大ベストセラーとなった（バーグ, 下, 1998,
pp.410, 415f., 430）。

　パン・アメリカン航空の技術顧問であったリンドバーグは、1965 年には
重役視察旅行の特権があるその重役会（Board of Directors）のメンバーとな
り、引き続き視察旅行に余念がなかったが（バーグ, 下, 1998, pp.428, 432,
470ff.）、世界各地の戦後の変容を目の当たりにし、航空技術の進展に懸念を
抱くこともあった。

　　航空機は人々の平和な交流と相互理解に役立ちはしたが、そのような成果は、戦
　　時中の残酷な爆撃 ── 自然淘汰とはまったく無関係と思われる殺戮 ── によっ
　　て帳消しになってしまいました。ミサイルはわれわれに未知の宇宙空間に関する
　　知識を与えた反面、われわれの文明がほんの数時間で滅亡するかもしれないとい
　　う危険をもたらしました（バーグ, 下, 1998, p.473）。

　生命の精妙なバランスを瓦解させかねないこのような状況は、リンドバーグ
をさらに自然保護運動へと赴かせ、飛行機が鳥から学びつつ鳥を模倣して造ら
れたにもかかわらず、飛行機の飛び交う文明社会で「鳥はわずかしか生息して
いない」という現実に警鐘を鳴らしたことは極めて印象的である（バーグ, 下,
1998, pp.483）。しかし、1972 年の定期健康診断でリンドバーグにリンパ腫が
見つかったことは、言わば彼自身に対する警鐘であり、放射線治療が激痛を伴

うに連れて、1974 年に彼は法律上の居住地をコネティカット州からハワイの自宅に移し（バーグ，下，1998, pp.529ff.）、8 月に家族との相談に基づいて選んだ詩編 139 編 9 節「われあけぼのの翼をかりて海のはてにすむとも」という節の刻まれた墓石の下に入った（バーグ，下，1998, pp.544, 549）。この節の次の刻まれなかった 10 節は「かしこにてなほ汝の手われをみちびき、汝の右の手われをたもちたまはん」と続く。

　バランスの取れたリンドバーグの人生は、第二次世界大戦終盤のドイツ敗戦後の心境に現れているように、概してキリスト教的な価値観に基づいている。

> いかなる平和も、キリスト教的な信念、正義、強さと結びついた思いやり、人間の尊厳の観念に基づいていなければ、長つづきしないだろう。そのような信念なしには永続的な力はありえない。たとえ技術の進歩がいかにめざましくても、いかに膨大な軍事力があっても（バーグ，下，1998, p.379, cf.バーグ，下，1998, p.385）。

　しかし、リンドバーグは他の思想に対しても開放的な姿勢を維持している。特に過剰な戦意に対して、「無為自然の道で君主を補佐しようとする者は、武力で天下に強大ならしめようとはしない。武力を用いる者はしばしば仕返しを受ける……。……善い将軍は前進しようとしているときでもあえて止まり、勝っていても必要以上に深追いしない」と警告する老子を「キリストに次ぐ神秘的な思想」を説く「最も偉大な哲学者の一人」として終生引用していたという（バーグ，下，1998, p.380）。

　同様にして興味深いのは、リンドバーグがこの世の神秘的現象に対しても心が開かれていた点である。1936 年、パリ郊外にあるカレルの友人の邸宅近くで散歩をしていたリンドバーグは、落とした結婚指輪を探しているカレル夫人に出くわすが、彼女は近辺の地図を紙に書いてその上に小さな振り子を翳し、一緒に振り子の引き寄せられる方向に進んで行き、それが円を描いて激しく揺れ始めた所で見下ろすと指輪が見つかり、後にリンドバーグ自身も、カレル夫人からこのような振り子の使い方を教わって卓越した才能を発揮したという（バーグ，下，1998, pp.151f.）。

　リンドバーグの調査旅行によって拡大されたエアラインは、今や世界規模に
なって遠大かつ複雑な様相を呈している。次に、それを便宜上 2 つの視点か
ら分析していこう。

第**3**章 両翼の時代

　この第3章「両翼の時代」では、現代のエアラインを2つの対照的な概念によって検討するが、ライト兄弟やリンドバーグが平時だけでなく戦時にも航空機が利用されることを懸念して警告を発していたように（本書第2章第5節, 第6節）、今や航空機が国際交流や物資支援のためにも、また敵国攻撃や兵器輸送のためにも利用可能な時代であると言える。まずは、航空機を軍用機と民間機という観点から検討してみよう。

第1節　軍用機と民間機

　20世紀に入ると航空技術の進展と共に戦争の性質も変容し、特に第一次世界大戦以後、偵察、爆撃、戦闘、防衛、輸送、妨害、威嚇等、軍用機の役割が累増していった（Harrison, 2002, pp.455ff.）。

　18世紀末のフランス革命の頃から、気球が敵勢の情報収集目的で使用され始め、19世紀後半のアメリカ南北戦争時からは組織的な活用がなされて、南軍北軍双方が気球によって敵地を偵察したが、水素ガスを使用していたために危険であるだけでなく、実施時間も限定的であった（本書第2章第1節）。第一次世界大戦中は、操縦士と偵察士が木製複葉機で敵地の偵察を行い、イギリス軍、フランス軍、ドイツ軍は飛行中に写真撮影や無線連絡を行い、機体へ機関銃も装備した。1915年にはドイツのツェッペリン飛行船がロンドンに爆弾を降らせ（本書第2章第2節）、大戦後期にはドイツ軍やイギリス軍の飛行機が相手国の各都市に爆弾を投下し続けた。

　第一次世界大戦において空からの戦略は決定的な勝敗要因とはならなかったが、戦間期には7つの点で飛行機の顕著な技術的発展が見られた。

＊戦間期の飛行機の顕著な技術的発展

(1) 強力なエンジンが開発され、速度と輸送能力が改善された。

(2) 機体が複葉機から空気抵抗の少ない単葉機になり、操縦士や燃料や荷物のスペースが増えた。

(3) 車輪が引込式（retractable）になった。

(4) いっそうの破壊力を持つ爆撃兵器や防御装備が付加された。

(5) 航空母艦が飛行機の活動範囲を拡大した。

(6) 列強では軍需産業が興隆し、必要に応じた機種が製作された。

(7) 地上戦と連携した飛行機の役割に関する理論が発展した。

　第二次世界大戦が始まると、各国が戦闘機や爆撃機等を開発し、当初はドイツの軍用機とその戦略がヨーロッパの空域を支配していたが、1940年半ばにはイギリス空軍（Royal Air Force）の操縦技術やレーダー技術、そして高性能のスピットファイヤー戦闘機（Spitfire）がドイツ軍を圧倒した（cf.山本, 1999, p.89; ホワイトマン, 2013, pp.112ff.; ニッコリ, 2013, pp.102f.）。航空母艦からの出撃で知られるのは、1941年12月にハワイのオアフ島真珠湾攻撃で使用された日本のゼロ戦（＝零式艦上戦闘機）であるが（cf.山本, 1999, p.89; 松崎, 上, 2004, pp.178ff.; ホワイトマン, 2013, p.110; ニッコリ, 2013, pp.134f.; Crosby, 2014, pp.96f.; 本書結章第2節）、翌年のミッドウェー海戦を経て連合国が優勢になり、アメリカ軍の爆撃機（Bomber）のB-17、B-29やイギリス軍のランカスター爆撃機（Lancaster Bomber）等に代表される大型爆撃機の展開が、枢軸国に壊滅的打撃を与え（cf.山本, 1999, p.88; 小川, 2004, pp.148ff.; ホワイトマン, 2013, pp.106ff., 166f.; ニッコリ, 2013, pp.106ff., 116ff.）、1945年8月のアメリカ軍による広島、長崎への原子爆弾投下は日本を終戦へと至らせた。ちなみに、ゼロ戦の「ゼロ」は、ゼロ戦が採用された皇紀2600年（＝1940年）の末尾のゼロに由来している（竜口, 2018, pp.68f.）。

　戦中から戦後の重要な軍用機の技術革新は、プロペラ機からジェット戦闘機への移行であり、ジェット機はすでに第二次世界大戦中盤からドイツ、イギリス、アメリカで、戦後にはソ連で製作され、1956年にアメリカはジェット爆撃機B-52からの原子爆弾投下実験に成功した（cf.ホワイトマン, 2013,

pp.177, 184, 284f.; ニッコリ, 2013, p.161）。1947 年からの西欧諸国とソ連・
東欧諸国の冷戦構造の中で、両陣営のジェット機による広範囲の偵察活動が活
発化すると、ソ連の領空侵犯をしたアメリカ偵察機U-2（Utility-2）がソ連軍
に撃墜されるという事件が 1960 年に起きた（cf.ホワイトマン, 2013, p.229）。
1962 年にキューバにおけるソ連の建設支援によるミサイル基地の証拠写真
撮影をしたのもこのU-2であり、以後は人工衛星が情報収集の主要な役割を
担っている。最初の人工衛星スプートニク（Sputnik）を 1957 年にソ連が打ち
上げた後は（cf.本書結章第 1 節）、アメリカがコロナ（Corona）偵察衛星によっ
て対抗し、他国も追随し始めた。

　ヘリコプターはすでに第二次世界大戦において登場していたが、本格的に
活用されたのは 1950 年代初頭の朝鮮戦争やその後のベトナム戦争の時期で
あり、アジアの凹凸地で例えばアメリカの汎用ヘリコプター UH-1（Utility
Helicopter-1）イロコイは攻撃だけでなく、軍隊の輸送や傷病者の撤退等の
役割も担った（cf.ホワイトマン, 2013, pp.192ff.; ニッコリ, 2013, pp.176f.,
237）。特にベトナム戦争においてソ連製地対空ミサイルで多くの軍用機を
失ったアメリカでは、レーダーによる探知捕捉を回避できるステルス機の開発
が本格的に推進され、1989 年の冷戦終結と 1991 年のソ連邦の解体以後、各
国の軍備拡張競争は宇宙の領域へと進展し、その後は偵察だけでなく攻撃も可
能な無人機の開発、運航が現実となっている（ホワイトマン, 2013, pp.236f.,
273, 286f.; ニッコリ, 2013, pp.306ff., 324ff.）。

　軍用機の技術的発展は、平時において主に旅客と貨物を商用で輸送する民
間機の拡充に寄与した（Griffin, 2002, a, pp.183ff.; Griffin, 2002, c, pp.692ff.）。
第一次世界大戦中の病理である「戦争熱」は、1920 年代から 1930 年代の前
半に渡る平和的な「航空熱（airmindedness）」へと昇華されていったのである
（cf.高田, 2020, pp.1ff.; 小野塚, 2020, pp.39f.）。

　1914 年のベノイスト（Benoist）小型飛行艇は、フロリダ州タンパ（Tampa）
と対岸セントピーターズバーグ（Saint Petersburg）間の 35 キロメートルを
20 分で、世界初の定期旅客輸送便として 1 日 2 往復運航したことで知られて
おり、最高速度 100 キロメートル、全長 8 メートル、乗員 1 人、乗客 1 人、

運賃は乗客の体重で決められたという（cf.山本, 1999, p.43; ホワイトマン, 2013, p.42; 稲本, 2017, p.15）。第一次世界大戦後には民間機の運航が本格的に検討され、1919年、ドイツ航空輸送社（Deutsche Luft Reederei）がベルリンとライプチッヒやワイマールとの間の運航を開始し、フランスのファルマン社（Farman Company）が第一次世界大戦後に秋扇となったゴリアト爆撃機をパリ－ロンドン間の民間機に改造し（cf.サム上 17:1-58; 山本, 1999, p.47; ニッコリ, 2013, pp.68f.）、夏には毎日運航させて民間人の旅行を活性化させた。

　創設時と同じ名称で営業する航空会社として最古のオランダ航空（KLM, Koninklijke Luchtvaart Maatschappij）は、創設翌年の1920年にイギリス航空会社と共同でアムステルダム－ロンドン間を就航した。1920年代、30年代に創設された航空会社は、国防の観点からも国産飛行機を購入したが、私有経営であったスイス航空（Swissair）は、ヨーロッパでアメリカ製飛行機を購入した最初の航空会社である。アメリカでは当初、飛行機の運営に関する国家的政策がなかったために個々人の飛行家が活躍し、1920年代後半に漸く、国内の航空産業や航空会社への支援が検討され始めた。

　当時の国際線は、イギリス、フランス、オランダが植民地路線を開拓したことにより拡大し、イギリスのインペリアル・エアウェイズ（Imperial Airways）は地中海や中東だけでなくインドやオセアニアに、フランスはアフリカやマダガスカル、オランダはインドネシアへの路線を確保した。しかし、1930年代当時の商用飛行でのノンストップ飛行最長距離は800キロメートルほどであったため、太平洋や大西洋の横断飛行は不可能であり、例えばパン・アメリカン航空（Pan American Airways）は中米や南米への路線網を、植民地を失ったドイツは南米の特にコロンビアへの路線網を張り巡らせた（cf.ガン, 1961, p.218）。

　当時はまた、長距離飛行のための大型機に必要とされる滑走路の問題を解決するために、滑走路建設を必要としない水上飛行機（Seaplane）も開発され、機体の大型化は効率の良い郵便配達のためにも推進された。この郵便航路の獲得競争はアメリカの大規模な航空会社を生み、第一次世界大戦中は木材業者としてトウヒで飛行機を製造していたボーイングや、同時期にすでにプロペラ

3発機を製造していたフォードや、ユナイテッド・エアラインズ（United Air Lines）の前身2会社等がアメリカの各々の航路を確保した。

　1929年には飛行機の運航方法に関する転機が到来した。1920年代の航空界は、夜間飛行（night flying）と高高度（high altitude）飛行の問題を抱えていたためである。

　＊1920年代の航空界の問題点
　（1）夜間飛行は視界が極端に限定されるため危険であった。
　（2）例えばアメリカでは、飛行機が平均標高1キロメートルほどのアパラチア山脈を越えることは可能であったが、その倍以上の標高のロッキー山脈や西海岸の山脈を越えることは飛行機の運航能力を超えていた。

　しかし、1929年にトランスコンティネンタル・エア・トランスポート（Transcontinental Air Transport）は、例えばニューヨークとロサンゼルス間において鉄道路線と航路を巧みに連携させて、これら二つの問題点を回避する旅程を編み出した。特に、商用として最初の近代的飛行機とされている1933年のボーイング247は操作し易く、航空エンジンの性能も年々向上し、左右2列10客席が設置されていた。

　1930年に、トランスコンティネンタル・エア・トランスポートとウェスタン・エア（Western Air）が合併して生まれたトランスコンティネンタル・アンド・ウェスタン・エア（Transcontinental and Western Air）が、このボーイング247の購入を拒否されたため（cf.本書第2章第6節, 第3章第6節）、ダグラス社（Douglas Aircraft Company）に同様の飛行機製造を依頼すると、DC-1からDC-2を経て改良された3列21客席のDC-3が製造されるに至った。

　このDC（Douglas Commercial）機の中でも（ニッコリ, 2013, p.78, cf.Mannikko, 2002, p.172）、1936年運用開始のアルミニウム製双発機DC-3は、その後10年に渡りアメリカ航空界の比類なき主要機種となったことで歴史に名を残している（Clouatre, 2002, a, pp.205ff.; Clouatre, 2002, b, pp.429ff., cf.山本, 1999, pp.76f., 95, 106, 115, 122, 124, 133；ホワイトマン, 2013,

pp.87ff., 118ff., 161, 206, 249; ニッコリ, 2013, p.79; 本書第 3 章第 3 節)。

＊ダグラス社旅客機の主な変遷（1967 年以降マクダネル・ダグラス社）

名称	初飛行年	全長	乗務員	乗客定員	最高時速
DC-1	1933 年	18.29m	2-3 人	12 人	322km
DC-2	1934 年	18.09m	2-3 人	14 人	297km
DC-3	1935 年	19.65m	2 人	21 人	309km
DC-4	1942 年	38.6m	4 人	44-86 人	365km
DC-6B	1951 年	32.18m	3 人	54-102 人	507km
DC-7C	1955 年	34.21m	4 人	60-105 人	571km
DC-8-10	1958 年	45.87m	4 人	120-176 人	964km
DC-8-63	1967 年	57.1m	3 人	259 人	959km
DC-10-63	1972 年	55.35m	3 人	255-380 人	924km

　1940 年になると、アメリカでは天候の影響を被りにくいとされていた高度 4 キロメートルの場合には、時速 320 キロメートルで飛行する四発機で与圧システムを塔載した 33 客席のボーイング 307 ストラトライナー（Boeing Stratoliner）が就航したが、アメリカが第二次世界大戦に参戦すると軍用機として徴発された。

　1944 年 11 月に、連合国アメリカ、イギリス、ソ連の嚮導の下、イリノイ州シカゴで開催された通称シカゴ会議（Chicago Conference）においては、シカゴ条約とも呼ばれる国際民間航空条約（Chicago Convention, Convention on International Civil Aviation）によって締約国の領空主権が承認され、国際定期便で締約国の領空を飛行する場合には、その国の許可が必要と規定された（cf. Rhoades, 2002, a, pp.37f.; 本書第 3 章第 2 節）。そして、国際民間航空の安全や秩序を促進するために国際民間航空機関（ICAO, International Civil Aviation Organization）が、カナダのモントリオールを本部とする国連専門機関として 1947 年に正式発足し、世界各国が加盟する中、日本はサンフランシスコ講和条約の発効による主権回復の翌年、1953 年に加盟申請が承認された。

　戦後は、民間機とされたボーイング 307 や DC-4 が長距離航路に復帰して太平洋や大西洋を横断し、DC-4 の対抗機として 1940 年代のロッキード・コン

ステレーション（Lockheed Constellation）や、1950 年代のロッキード・スーパーコンステレーション（Lockheed Super Constellation）が登場し、速度や乗客数や利便性を競い合った（McCoy, 2002, a, pp.420ff., cf.山本, 1999, pp.77, 83, 94, 107, 115, 133; ホワイトマン, 2013, pp.87, 129, 155ff., 207, 228f.; ニッコリ, 2013, pp.144ff.）。特に、コンステレーションはコニーという愛称でも知られている。

＊ロッキード社旅客機の主な変遷

名称	初飛行年	全長	乗務員	乗客定員	最高時速
10-A	1934 年	11.76m	2-3 人	10 人	306km
14-WF62	1937 年	13.51m	2-3 人	12 人	346km
18-56	1940 年	15.19m	3 人	15-18 人	322km
749	1947 年	29m	4 人	44-81 人	526km
1049G	1954 年	34.62m	4 人	63-99 人	491km
1011	1970 年	54.17m	3 人	256-400 人	964km

　民間機のいっそうの進展はジェット機の登場によるものであり、1949 年初飛行の世界初のジェット旅客機であるイギリスのデハビランド社製DH106 コメット（De Havilland 106 Comet）は、金属疲労による 1950 年代前半の連続墜落事故により「空飛ぶ棺桶」と称されて製造が中止されたが（山本, 1999, pp.110f., cf.ホワイトマン, 2013, p.160; ニッコリ, 2013, p.147）、ジェット旅客機ボーイング 707 は極めて経済的でもあったため、1958 年にパン・アメリカン航空の名機DC-3 による定期便は、ボーイング 707 に変更されたほどである。

　その後もボーイング社は、100 名以上の乗客を収容できるボーイング 727、737 と進化し、1970 年就航のジャンボジェット 747 では 400 人以上の乗客輸送が可能になった（Hodge, 2002, b, pp.594ff.; Johansen, 2002, a, pp.154ff., cf.山本, 1999, pp.61, 75, 85, 114, 120, 123, 132; ホワイトマン, 2013, pp.67, 87, 160f., 176f., 179, 206, 248; ニッコリ, 2013, pp.256ff.; 本書第 3 章第 6 節）。

＊ボーイング社旅客機の主な変遷

名称	初飛行年	全長	乗務員	乗客定員	最高時速
80A	1928 年	17.22m	2-3 人	18 人	201km
247D	1933 年	15.72m	2-3 人	10 人	304km
307	1938 年	22.66m	5 人	33 人	357km
707-120	1957 年	44.04m	4 人	121-179 人	919km
720B	1960 年	41.5m	4 人	165 人	973km
727	1963 年	40.59m	3 人	131 人	917km
737-200	1967 年	30.48m	2 人	115-130 人	927km
747-200B4	1970 年	70.66m	3 人	348-447 人	980km

　このように、旅客機の性能は日進月歩で加速度的に上がり、さらに英仏共同開発による 1969 年初飛行のコンコルド（Concorde）が、超音速旅客機としては 1976 年に初の定期便旅客機となって時速 2,000 キロメートルを優に超えるマッハ 2 で運航されたものの、種々の問題点が浮上して 2003 年に商用運航に終止符が打たれた（Shuman, 2002, b, pp.190ff., cf.山本, 1999, pp.126ff.; 鈴木, 2009, pp.128ff.; ホワイトマン, 2013, pp.208ff.; ニッコリ, 2013, pp.254f.）。

＊コンコルドの問題点
(1) 機体の構造上、乗客は 100 名程度に限られた。
(2) 例えばボーイング 747 の 3 倍もの機体維持費と 1.5 倍もの燃料費がかかり、運賃は他機のファーストクラス通常運賃の 2 割増しにもなった。
(3) 騒音や排気ガスによる大気汚染を引き起こした。
(4) 2000 年 7 月 25 日のパリ発ニューヨーク行きエール・フランス便が、離陸直後に墜落して 113 人の死者を出した。

　ただし、アメリカのブーム・テクノロジー社（Boom Technology, Inc.）は 2020 年代半ばまでに燃費や衝撃波の問題を改善したマッハ 2 以上の超音速旅客機の実現を企図している（井上, 2019, p.5, cf.小野塚, 2020, p.35; 本書序章第 2 節）。また、有限な化石燃料への依存からの脱却を実現できるスイスの太陽光飛行機ソーラー・インパルスが脚光を浴びており、その 2 号機は 2015 年

から翌年にかけて、17 回の離着陸を経て世界 1 周を実現している（小野塚，2020, p.42）。

　アメリカでは 1970 年代前半に、国際的にも非難を浴びたベトナム戦争の終焉とニクソン大統領が関与したウォーターゲート事件を経て政府に対する不信感が募り、航空界では 1978 年に航空規制緩和法（Airline Deregulation Act）制定への道を開いた（Kaye & Kamph, 2002, pp.72ff.; Schiavo, 2002, b, pp.245ff., cf.Rhoades, 2002, a, pp.37f.）。

　航空産業の興隆と共に航空界の安全性と経済性を管理するために、1938 年の民間航空法（Civil Aeronautics Act）によって民間航空庁（Civil Aeronautics Authority）が創設されると、多くの喫緊の課題を担うこの機関は 1940 年に、安全規則と事故調査、飛行経路の認定、航空運賃の統一化、飛行会社の合併の承認、不当競争の規制等の権限を持つ民間航空委員会（Civil Aeronautics Board）と、航空交通管制、操縦士や機体の認定等に責任を持つ民間航空管理局（Civil Aeronautics Administration）に分割された。第二次世界大戦中は航空技術が急速に進展するが、1950 年代に民間航空機事故が連続すると、1958 年に連邦航空機関（Federal Aviation Agency）が設立され、徐々に民間航空庁と民間航空委員会の役割を継承し、さらに 1966 年創設のアメリカ合衆国運輸省（Department of Transportation）下の連邦航空局（Federal Aviation Administration）が連邦航空機関に取って代わった。この連邦航空局は主として 3 つの機能を掌握している（Schiavo, 2002, b, pp.245ff.）。

　＊連邦航空局の主要 3 機能
　(1) 航空交通管制と航法。
　(2) 民間航空安全（safety）規則に基づく航空会社や機体の認可、操縦士や整備士等の認可。
　(3) 民間航空保安（security）規則に基づく空港、機体、乗務員、乗員の保安。

　アメリカでは、続く 1960 年代後半から 1970 年代初期にかけてハイジャックが深刻な問題となるが（本書第 3 章第 2 節）、1978 年の航空規制緩和法（Airline Deregulation Act）制定によって航空運賃や航空経路の自由化が進み、

連邦航空局は航空界に経済的規制を課せるのが困難になり、飛行の安全性の確保と利便性の拡張の均衡が重要な課題となっている。

　日本では、二宮忠八が陸軍従軍中の 1891 年に、ゴム動力によるプロペラ付き模型飛行器の飛行に成功しており（徳川, 1964, p.35, cf.山本, 1999, p.24）、陸軍軍医でもあった文学者の森鴎外は、1901 年 2 月に飛行機の開発を志していた青年が訪ねて来たこととの関連で、3 月 1 日に恐らく歴史的に初出の「飛行機」という日本語を記している（森, 1901, p.359）。

　有人動力飛行は、徳川好敏と日野熊蔵が陸軍大尉であった 1910 年に各々フランス製ファルマン複葉機、ドイツ製グラーデ単葉機を現在の代々木公園である代々木練兵場において操縦したことに遡及される（徳川, 1964, pp.46f., 67ff., 71ff., cf.航空情報, 1980, p.17; 山本, 1999, pp.33f.; ニッコリ, 2013, pp.44f.; Melzer, 2020, pp.29ff.）。翌年には日本初の飛行場である所沢飛行場が作られ、民間航空の父と称せられる奈良原三次が、そこで日本初の国産機である奈良原式 2 号での初飛行に成功している（徳川, 1964, p.48, cf.山本, 1999, p.40; 松崎, 上, 2004, pp.10ff.）。

　日本最初の定期航空輸送は、1922 年に日本航空輸送研究所が海軍から払い下げられた水上機による貨物輸送を中心に展開した瀬戸内海運航であり、堺と徳島との間から開始され、翌年には朝日新聞社と提携した東西定期航空会が新聞販売促進のために東京と大阪の間で、川西機械製作所が自社機による瀬戸内海運航を繰り広げた（ANA 総合研究所, 2017, pp.6f.; 井上, 2019, p.30）。

　これらの運航は航空事業の国策化の過程で 1939 年までに解消されるが、1928 年設立の日本航空輸送株式会社は翌年の東京と大連間の運行を皮切りに、30 年代は中国との戦渦の拡大と共に日本国内と大陸間の輸送も増強され、1939 年に日本航空輸送株式会社に取って代わった大日本航空株式会社は、40 年代にアジアの各地への軍用路線での輸送任務を課せられた（ANA 総合研究所, 2017, pp.7ff.; 井上, 2019, pp.31f.）。

　戦後日本では、「ゴム紐で飛ばせる模型飛行機より大きい物体を飛ばすことは一切禁止する」という 1943 年のローズヴェルト大統領の発言にもあるように（坂本, 2003, p.5）、アメリカの対日占領地政策によって 1951 年までは航空

関連の全事業の停止を余儀なくされ、「7年間の空の空白」と呼ばれる期間を経ることになる（井上, 2019, p.33, cf.坂本, 2003, pp.25f.; 本書第3章第6節）。

第2節　空港と空路

　20世紀は航空産業の発展と共に空港と空路が世界的に増加し、この2つを連携する航空交通管制の役割も増大してきた。「空港（airport）」とは文字どおり「空（air）」の「港（port）」であり（竹林, 2002, pp.53, 55, 1920, cf.日本航空広報部, 2014, pp.358f.)、用途や規模に応じて「軍用飛行場（airfield）」「飛行場（aerodrome）」「離着陸場（landing strip）」という表現の仕方もあるように、種々の役割を担ってきた（Quilty, 2002, pp.92ff.)。

　一般に、警察、消防、海上保安庁等の公的機関や軍の特殊用途の飛行場を除けば、飛行場には大きく分けて「一般航空の飛行場（general aviation airport）」と「商用サービスの飛行場（commercial service airport）」がある。前者は、比較的小規模の社用飛行、遊覧やスカイダイビング等のレジャー飛行、訓練飛行、写真撮影や薬剤散布等の飛行の離着陸地である。後者は、概して比較的大規模の旅客や貨物の輸送事業用の飛行場であり、乗客の集中する空港がハブ（hub）空港と呼ばれるのは、車輪の軸であるハブとそこから輪に向かって放射状に伸びるスポーク（spoke）のように、ハブ空港がスポークの先の各都市を結び付ける乗り換え拠点となっているからである。

　ただし、1980年代後半以降に普及したこのハブ・アンド・スポーク（hub & spoke）のシステムは、航空会社にとって経済効率性の観点から有益であるが、乗客の立場に立てば途中のハブ空港で乗り継ぐ必要が生じる点で不便であり、近年では小型機や中型機の活躍と共に目的地に直行するポイント・トゥ・ポイント（point to point）のシステムが急増している（中脇, 2020, a, p.93, cf.伊藤, 2007, pp.23ff., 124ff.)。

　空港の離着陸主要施設は、滑走路（runway）、誘導路（taxiway）、駐機場（parking area）である。初期の滑走路は路面が芝生や土の広場のようなものであったため、現代のものと比較すれば、小型飛行機は様々な風向きに合わせて

離着陸できたが、機体の大型化と共に複数の舗装された長い滑走路が、風向き
に合わせて必要となった。第二次世界大戦中に造られた滑走路は、どの風向き
にも適応できるように三角形状のものが多かったが、現在の滑走路の形態には
単路型（single）、離着陸分別可能な並行型（parallel）、風向きに適応可能なV
字型（V-shaped）や交差型（intersecting）のものがあり、ジェット機の離着
陸のためには数キロメートル以上の滑走路が必要とされるようになり、同時に
乗客や貨物の増加はターミナルや関連施設の拡充も随伴させた。このターミナ
ルの駐機場であるエプロン（apron）や待機場としての駐機場までの経路が誘
導路であり（cf.本書第3章第4節）、機体の翼長や重量に合わせて設定されて
いる。

　航空交通管制（ATC, air traffic control）は、空路と空港で航空機の安全を
確保して効率の良い輸送事業を維持する役割を担っている（Singer, 2002, a,
pp.59ff.）。特にこの管制が重要なのは、航空機の大型、高速、高所という飛行
特質が、大事故を惹起しかねないためである。航空交通管制は今や、1920年
代初期の信号旗の手動から最新の科学技術機器と専門的な訓練を経た管制官に
よって維持される体制にまで進展している。

　空港管制塔（air traffic control tower）は、地上と担当空域のすべての動き
を監視下に置いて許可や指示を出すが、特に重要なのが離着陸許可、上昇や下
降のルートの確定、空港での誘導の指示である。管制塔は出発便の目的地空港
における着陸予定時刻に着陸体制が整っていることを確認してから離陸許可を
出すため、機体はしばしば誘導路で待機するが、それは空中よりも地上におい
て機体の安全性を最大化し、燃料を節約するためでもある。自動化ターミナル
管制情報処理システム（ARTS, automated radar terminal system）は、管制塔
のモニター画面に飛行機の便名、対地速度、高度等を表示し、機体同士の安全
や離着陸時の安全をいっそう確実なものにしている。

　また、機体の安全性を維持するために、整備計画がその製造会社によって定
められており、日々の飛行前の点検、週ごとの点検、更に長期に渡る点検があ
る（Fogleman, 2002, pp.433ff.）。この長期の点検は、例えば90日ごとにタイ
ヤ、システムの動作、全般的な機体の状態等を調べ、5、6年ごとに何か月も

かけて胴体全体、エンジン、付属機器の総検査を実施するというものである。

　このように、航空界においては安全性が取り分け重要な課題となっている（Cote, 2002, pp.576ff.）。アメリカではすべての航空関連事故の「8割近く」が（Rohacs, 2015, p.251, cf.杉江, 2000, pp.209ff.）、機長、航空交通管制官、空港従業員等による人為的ミス（human error）であり、そのほとんどが連続する未修正のミスである。このミスは業務上の手順の意図的な無視であることはほとんどなく、業務に圧倒されている状況や能力不足に起因するため、業務の遂行に影響を与える職務経験、労働条件、労働環境、技量、体調等の要因が検討されなければならない。しかし、個々人の感情、意識、感覚、判断等の精神状態は最も計測困難であり、ミスの原因は完全には除去されえない。

　このこととの関連でしばしば引用されるのが、ハインリッヒの法則とリーズンのスイスチーズ・モデルである（cf.池内, 2005, pp.62ff.; ANA総合研究所, 2017, pp.103f.; 井上, 2019, pp.139ff.）。1929年にアメリカの損害保険会社のハインリッヒは労働災害の実例に基づいて、1件の「重い傷害（major injury）」の背後には29件の「軽い傷害（minor injuries）」があり、さらにその背後には300件もの「傷害のない災害（no-injury accidents）」があるというデータを紹介し（ハインリッヒ, 1931, p.59）、後にこれがハインリッヒの法則と呼ばれて有名になった。例えば、これを航空機事故に応用すれば、墜落、衝突、火災、爆発等の「航空機事故（aircraft accident）」の背後には、事故には至らなかったものの事故発生の虞のあった幾つもの「重大インシデント（serious incident）」があり、さらにその背後には重大インシデント以外の運航の安全に関する多くの「イレギュラー運航（irregularity）」があると言えるだろう（cf.日本航空広報部, 2014, p.459; 青木, 2015, pp.20ff.）。

　リーズンが紹介する危機管理に関するスイスチーズ・モデルとは、チーズフォンジュ等に用いられるスイスチーズのスライスを無作為に何枚も重ねると、各々の気孔の位置が異なるため、全体を通して気孔が揃う可能性は低くなるが、確率的に偶然揃う可能性もある。つまり、抜けている所が各人で異なる様々な人間のミスは、多くの人々の協力で減らすことができるものの、皆が同じ所で失念や失敗を犯して重大な事故を惹起させてしまう可能性も否定で

きないというものである（リーズン, 1997, pp.11ff.; リーズン 2008, pp.116ff., cf.稲本, 2017, pp.129ff.; 鈴木, 2017, pp.189f.）。

　民間機時代の初期は、軍用機の機長が戦後に民間機の機長となったために（本書第3章第1節）、機長以外の従属的な乗務員が、命令の指揮系統の頂点にいる機長に対して自己主張できなかったことが、事故に至る未修正のミスの連鎖を切断できなかったことと関係している。こうした経年因襲を打破するために、クルー・リソース・マネジメント（crew resource management）として知られる新しい取り組みがユナイテッド・エアラインズによって採用されたのは、実に1980年代になってからである。これによって意思決定が、機長や、機長と副操縦士との協力関係であるコックピット・リソース・マネジメント（cockpit resource management）だけでなく（Wilkerson, 2002, a, p.181）、客室乗務員等も含むすべての乗務員によって、さらには様々な地上勤務員も含む関係者から構成されるチームワークによって遂行され始めた。

　1977年に乗務員と乗客583名の死者を出した20世紀最悪の飛行機事故であるテネリフェ空港ジャンボ機衝突事故の原因が、不明確な交信を含むように、特に慎重を期する必要があるのはコックピットと管制塔との交信である（Wilkerson, 2002, b, pp.187ff., cf.Cote, 2002, p.579; Howell, 2002, p.566; Irons-Georges, 2002, p.894, cf.杉江, 2000, pp.256ff.）。例えば連邦航空局の航空情報便覧（AIM, Aeronautics Information Manual）では、「ファイブ（five）」と「ナイン（nine）」が雑音や騒音の中では聞き分けにくくなるため、「ファイブ（five）」を「ファイフ（fife）」、「ナイン（nine）」を「ナイナー（niner）」と発音して差異化を強調することや、「フィフティーン（fifteen）」と「フィフティ（fifty）」を各々「ワン・ファイフ（wun fife）」「ファイフ・ゼロ（fife zero）」と発音すること等が定められている。

　また、短い「イェス（yes）」や「ノー（no）」の代わりに、明快な「アファーマティブ（affirmative）」や「ネガティブ（negative）」が用いられ、単に通信音声を聞き終えたことのみを意味する「ラジャー（Roger）」とは別に、聞いた通信内容を理解して合意したことを表す「ウィルコウ（Wilco）」という表現もある。「ラジャー（Roger）」は「受信した（Received）」のRを頭文字と

して恣意的に付けた男性名に由来し、「ウィルコウ（Wilco）」は「私は同意する（I will comply）」という文の省略形である（竹林, 2002, pp.2131, 2819）。

　このような総合的なマネジメントが、乗務員や地上勤務員によって確立されなければならないのと同様に、悪意ある乗客によって引き起こされるハイジャックやテロに対する対策も必須の課題である（Rourke, 2002, pp.336ff.）。つまり、エアライン関係者は、安全の問題と同時に保安の問題にも取り組まなければならないということである。安全と保安は次のように定義される（Rohacs, 2015, p.250）。

　＊安全と保安の定義
　(1) 安全（safety）とは、無秩序に発生するシステムの不確実性や誤りや失敗によって引き起こされる緊急事態を回避すること。
　(2) 保安（security）とは、権限のない人物の不法行為、つまり脅威によって引き起こされる緊急事態を回避すること。

　アメリカでは、1960年代後半から1970年代初期にハイジャックが深刻な問題となると、連邦規則集（Code of Federal Regulations）において空港保安をいっそう厳格に定め、アメリカの航空会社に登録されている飛行機のハイジャック件数を1969年の40件から1973年の1件に激減させた。国際的にも国際民間航空機関が、1944年採択の国際民間航空条約に対する1975年発効の附属書17においてハイジャック等の不法妨害行為（unlawful interference）の防止対策を規定し（cf.本書第3章第1節）、翌年にはハイジャック件数が2件になったものの、1980年までは特にアメリカの航空機を含むハイジャックが再び増加し、18件を記録した1983年以後は減少した。

　しかし、2001年9月11日、アメリカ史上最悪のテロと称せられる事件が発生した。ハイジャックされた4機の民間機のうちの2機は、ニューヨークの世界貿易センター（World Trade Center）ビルに、1機はワシントンD.C.の米国国防総省ペンタゴン（Pentagon）に、もう1機はペンシルベニア州ピッツバーグ（Pittsburgh）郊外に墜落し、3,000人以上の死者を出した。これに対してアメリカ政府は、実行者であると特定したアル・カーイダ（al-Qaeda）を

保護するアフガニスタンのターリバーン政権への軍事攻撃を展開した。

　特に、飛行機がテロの標的となるのには幾つかの理由が考えられる（Givan, 2002, pp.661ff.）。

　＊飛行機がテロの標的となる理由
　(1) 飛行機はそれが帰属する国の象徴であり、その国の関係者も多々利用するため、飛行機に対する攻撃はその国に対する攻撃の代替作用をもたらす。
　(2) 飛行機の帰属する国以外の乗客の国が自国の国民を救うために、標的国に対してテロリストの要求を受容させる圧力が働く。
　(3) 飛行機は相当な高度を相当な速度で飛行するため、僅かな爆発に対しても脆弱である。
　(4) 飛行機の乗務員と乗客を人質にして目的地に移動することもできる。
　(5) 飛行機自体を武器とすることもできる。
　(6) 「テロ（terrorism）」の語源「恐怖（terror）」という表現どおり、テロ集団に対する恐怖や危険性を広範囲に周知させることができる。

　このように空港や航空機の安全を危険に晒すのは、気象や技術の問題、人為的な機能不全だけでなく、意図的なテロの場合もあるため、空港での様々な保安検査が今後もますます必須の課題となる（Singer, 2002, b, pp.88ff.）。

　近年の空港に関するもう1つの課題は民営化であり、ロンドン・ヒースロー空港を含む7つの主要空港を保有していた英国空港公団（BAA, British Airports Authority）が、1987年に民営化されたことを嚆矢として、ヨーロッパ他にも波及し、経営の効率化や政府・自治体の財政支出の削減が図られ、日本に100近く存在する空港でも、関西国際空港、大阪国際空港、仙台空港、福岡空港等、徐々に各地で民営化が推進されているが、航空交通管制は国が運営管理を継続している（ANA総合研究所, 2017, pp.78ff.; 井上, 2019, pp.162ff.）。また、近年の日本の管制業務は各空港ごとではなく、関西空港を初めとして、羽田空港や中部国際空港といった代表的空港が、周辺空港を含めて一括で管制する広域管制を導入している（中脇, 2020, a, p.132）。

　航空機の飛行方式には、操縦士の目視によって地形や目標物を確認しながら飛行する有視界飛行方式（visual flight rules）と、操縦室の計器に示される情

報と地上の管制官の指示に基づいて飛行する計器飛行方式（instrument flight rules）があり、空港の管制塔最上階の管制室においては、空港から周囲 9 キロメートル、高度 900 メートル以内の管制を主として目視で行う飛行場管制、管制塔内のターミナルレーダー管制所において空港から 100 キロメートル、高度 4,300 メートル以内の管制を行うターミナルレーダー管制、札幌・東京・福岡・那覇にある航空交通管制部によって航空路の航空機の管制を航空路監視レーダーで行う航空路管制の 3 領域が連携して、航空機の安全な運航を確保している（井上, 2019, pp.183ff.）。

　また、空港では防衛省の自衛官、警視庁や道府県警の警察官、市町村の消防官と共に、規模や性質に応じて実に多くの人々が各省管轄の公務員として各々の業務に日夜携わっている（稲本, 2017, pp.34, 38ff., 143f.; 川本, 2020, pp.74ff.）。

　　＊空港の公務員（その主な業務）
　（1）財務省管轄：税関職員（外国から日本への輸入品に対する課税、徴収。覚醒剤や拳銃等の社会悪物品、偽ブランド商品等の知的財産権侵害物品、野生動植物保護のためのワシントン条約該当物品等の日本への密輸阻止）。
　（2）法務省管轄：入国審査官（国際空港の出国・入国審査場でパスポートや査証の有効性の審査。不法就労外国人、国際指名手配犯の入国阻止）。入国警備官（入国管理法違反の容疑者である外国人の調査、収容、送還）。
　（3）厚生労働省管轄：検疫官（感染症の疑いのある人に対する検査、隔離、停留、健康監視等による病原菌の侵入防止）。食品衛生監視員（食品衛生法に基づく輸入食品の安全監視と指導）。
　（4）農林水産省管轄：家畜防疫官（国内に持ち込まれるペットや肉製品等の検査による動物の病気の侵入防止）。植物防疫官（植物の病原体や病害虫の国内侵入防止のための輸入検疫、国外輸出防止のための輸出検疫、国内での蔓延防止のための国内検疫）。
　（5）国土交通省管轄：航空局職員（日本の空港の整備、航空交通の安全確保、利用者利便の向上と航空運送事業の発展、航空大学校におけるパイロット養成）。地方整備局職員（現場での空港建設や整備）。気象庁職員（空港の航空地方気象台や航空測候所における気象観測や予報情報提供）。航空管制官（札

幌、東京、福岡、那覇の航空交通管制部や空港の管制塔とレーダー管制室における飛行機の安全迅速な運航管理。特に飛行機の離着陸や飛行経路の指示）。

　航空会社やそのグループ企業は、各種のグランドハンドリングを担当しており、空港で到着機をパドルやライトスティックで駐機場に誘導するマーシャリング、ハイリフトローダー車で貨物室にコンテナを搭降載する手荷物・貨物の搭降載、航空機を駐機場から牽引車で後進させるプッシュバック、駐機場に停止した航空機に車輪止めをはめるブロックイン、コントローラーによってターミナルビルと航空機を旅客搭乗橋（passenger boarding bridge）で結ぶPBB装着・着脱、手荷物を機内に搭載したり機内から取り下ろしたりする手荷物受託・引き渡し、エンジン停止後の航空機に地上電源車（ground power unit）で電源供給を行うGPU接続、到着機が出発するまでの短時間に行われる機内清掃、乗務員と乗客の降機後に主翼内のタンクへ地下配管からジェット燃料補給する給油等の業務がある。

　さらに、セキュリティチェックにおけるX線機器での手荷物チェック等を行う警備会社の保安検査や、チェックインカウンター、航空会社や空港関連企業オフィス、旅行・保険会社オフィス、役所出先機関、ショップ、レストラン、クリニック、駐車場等が入居する空港ビルの管理会社の業務もある（川本, 2020, pp.63ff.）。

　空路は正式には航空路（airway）と呼ばれ、一定の幅を持つ空中の飛行経路であり、航空保安無線施設を結んで設定される日本国内航空路の8割以上は、全幅約14.8キロメートル（＝8海里）であり、洋上の国際航空路は無線施設の援助が限定されるため、全幅約90キロメートル（＝50海里）や全幅約180キロメートル（＝100海里）のものがあり、各々最低安全高度が定められている（日本航空広報部, 2014, pp.326f.）。

　航空機が自機の現在位置を測定した上で目的地に至る進行方向を維持して飛行することが、航法（navigation）である。歴史的には、操縦士が航空用地図に基づいて地上の海岸線や鉄道線路等を視認しながら飛行する地文航法、風向と風速を考慮に入れて基点から目的地に至る方位と距離を計算して飛行する推

測航法、太陽や月、惑星や恒星等の天体の位置に基づいて現在位置を確認する天測航法がある。その後、地上からの無線電波を利用して自機の現在位置を知る無線航法、北極圏飛行用のグリッド航法、航空機から地面に発射した電波が戻って来る時の周波数差に基づくドップラー航法、航空機の加速度を積分して得た速度をさらに積分して移動距離を得る慣性航法、さらには地球を周回する幾つもの衛星から信号を受信して位置を確認する全地球航法システム（GPS, Global Positioning System）とも連携された広域航法が活用されている（日本航空広報部, 2014, pp.311ff., cf.本書第3章第4節）。

　空港から空路に向かう現代の飛行機は、一見何もない空で様々な制約を被っている（Schiavo, 2002, b, pp.245ff.）。古代のローマ法においては、土地の所有者がその土地上の空域の所有者であるとされていたが、20世紀に入って飛行機が飛び交うようになると、空の支配権は海の支配権と同様に特定個人の所有物ではなく、すべての人のものであるという法的概念が浸透していった。

　しかし、第一次世界大戦の終焉までに、国家の空域が防衛と繁栄の観点から重視されると、1919年には1945年設立の国際航空運送協会（IATA, International Air Transport Association）の前身である国際航空運輸協会（IATA, International Air Traffic Association）が設立され、民間航空機の平和と安全と効率を図るために列強各国がパリで集まり、各国の領空主権を明確にしたパリ国際航空条約（Convention Relating to the Regulation of Aerial Navigation）が調印され、航空交通管制や安全に関する一般的な規則の最低基準が提示された。

　第二次世界大戦後は、国際民間航空機関がその役割を継承しており（cf.本書第3章第1節）、この機関の背景にあるシカゴ条約と呼ばれる国際民間航空条約の附属協定として、「5つの自由の協定」である国際航空運送協定（International Air Transport Agreement）や、より限定的な「2つの自由の協定」である国際航空業務通過協定（International Air Services Transit Agreement）が作られ、各国がいずれかの協定を選択して加入することになったが、現在、日本を含む112カ国が加入している国際航空業務通過協定が多国間協定として実効性を有している（井上, 2019, pp.170ff., cf.坂本, 1999, a, pp.20ff.;

Weber, 2017, pp.10f.）。

　＊定期航空運送の5つの自由

（1）相手国の領空を無着陸で横断飛行する領空通過権。

（2）輸送以外の給油や整備等の目的で相手国の領域に着陸する技術着陸権。以上の2つの権利が国際航空業務通過協定である。

（3）自国の領域で積み込んだ乗客や貨物を相手国の領域で下ろす運送権。

（4）相手国の領域で積み込んだ乗客や貨物を自国の領域で下ろす運送権。

（5）相手国の領域とその以遠の第3国の領域との間で乗客や貨物を積み込んだり、下ろしたりする以遠権。以上の5つの権利が国際航空運送協定である。

　さらに、この（3）と（4）の自由を中心とする2国間協定の基本的モデルとなったのは、アメリカが1946年にイギリスとの間に結んだ第1次バミューダ協定であり、規制緩和の流れの中でアメリカは（本書第3章第1節）、この（5）の自由をも含む2国間でのオープンスカイ政策（open sky policy）と呼ばれる空の自由化を特に1990年代以降、世界各国と推し進めた。例えば、日本とアメリカの2国間では、2010年に日米オープンスカイ協定締結に署名がなされ、自国内地点、中間地点、相手国地点とその以遠地点のいずれについても自由に路線を設定できるようになり、こうした傾向は世界的な潮流となっている（稲本, 2017, pp.20ff.; 井上, 2019, p.115; 中脇, 2020, a, pp.90f.）。

第3節　乗客と貨物

　機体に有償で入る有償重量（pay load）には、乗客や貨物や郵便があり、広義で貨物に郵便を含めると、乗客と貨物である。乗客は言わば生きた貨物であり（cf.Mannikko, 2002, p.172）、貨物は言わば動かぬ乗客である点で通底している部分があるが、この2つの視点から機内を検討してみよう。

　乗客には、安全で快適な旅を実現するために遵守しなければならない規則があり、主として3つの目的を内包している（Schiavo, 2002, d, pp.501f.）。

　第1に、乗客が守らなければならない規則は、航空機の安全な運航と緊急時の乗務員の業務が確保されるために設けられている。アメリカでは航空機

内や空港の一定区域内にいる乗客は、それ以外の場所では享受されている権利が、連邦規則集（Code of Federal Regulations）内の連邦航空規則（Federal Aviation Regulations）によって制限され、違反者には罰金や投獄等の罰則が課せられる。例えば、乗客はシートベルトの着用、テーブルや背凭れの位置、カバンの収納等に関して乗務員の指示に従う必要があり、誰に対してであれ、他者へのエアレージ（air rage）と呼ばれる粗暴言動も処罰の対象となる（cf. 本書第 3 章第 5 節）。

　第 2 に、アメリカ合衆国運輸省の管轄下にもあるこの規則は、消費者としての乗客を守るためのものでもある。例えば、乗客には状況に応じて航空券の払い戻し、廉価な空席の利用、賠償の請求、代替便の利用等の権利が定められている。

　第 3 に、この規則は体の不自由な乗客の利用を保証している。これに基づいて、乗客の必要とする車椅子、介助犬、医療器具等は乗客と共に機内に差別なく受容しなければならず、他の公共交通機関においても同様の措置が講じられなければならない。

　しかし、航空会社や航空券の種類によっては便のキャンセルや遅延、預けた荷物の紛失や毀損等、こうした規則では保護されなかったり、訴訟を起こしても割に合わなかったりする場合が多いとされている。

　航空機に預けた荷物と同様に、航空機で送った荷物も紛失や毀損を完全には免れえないが（cf.Singer, 2002, b, pp.91f.）、航空機はアメリカの郵便配達に甚大かつ迅速な貢献をしてきたことも事実である（Ferrara, 2002, a, pp.75ff.; Ferrara, 2002, b, pp.81ff., cf.Rhoades, 2002, a, pp.35f.）。

　初期の飛行家カーチスは、1910 年に非公式に郵便物を飛行機で運んでおり（cf.本書第 2 章第 5 節）、翌年には操縦士のオビントンが、ニューヨーク州のガーデンシティー（Garden City）から近郊のミネオラ（Mineola）まで、1 週間で 4 万通もの郵便配達を飛行機によって初めて公式に行った（cf.本書序章第 2 節, 第 2 章第 6 節; ホワイトマン, 2013, p.19）。飛行機の有用性を確信した郵便局は、実験的な航空便実現のために議会に申請した政府歳出予算を 1916 年に獲得し、1918 年に定期航空便の運航を軍人操縦士によってカーチス

社の改造飛行機で実施し、ワシントンD.C.とフィラデルフィアとニューヨークの間を結んだ。郵便局が正式に独自の操縦士を立てて航空郵便事業を開始したのは、同年8月のことである。

　その後は航空便の路線が拡大され、1920年にはニューヨークとサンフランシスコを結ぶ大陸横断路線が確立し、シカゴから南北へと幾つもの支線が生まれたが、最初の10年で200回の墜落と80人以上もの操縦士の死亡や怪我という甚大な犠牲が払われた。1920年代後半から事業は民営化が進められ、1930年代には当時の大手航空会社のみが優遇されていた事態を受けて、1934年にローズヴェルト大統領は航空便をすべて軍隊の管理下に移したが、操縦士の事故死等も重なって頓挫し、以後は新興の航空会社の参入を促進させる方針を取り入れ、戦後1953年から第一種航空郵便物（first-class mail by air）は、定期便の空き具合に応じて郵送するという形に合理化された。1970年代後半からは航空便という設定がなくなり、既存の最速の手段が利用されるようになったが、大方は航空会社の貨物便が利用されている。

　実に、アメリカの貨物便の歴史は種々の飛行機の歴史でもある（Mannikko, 2002, pp.172ff.）。初期の航空貨物は「オニオンスキン（onionskin）」と呼ばれる航空便箋や医療品等の比較的小さな郵便物であったが、機体の大型化に伴い、物資や兵隊や旅客を運ぶ輸送機とは別に、ダグラス社のDC-1が1925年に最初の貨物機となり（cf.本書第3章第1節）、6人分の座席を設置すると兵隊の輸送も可能であった。また、1936年運用開始のDC-3は、以後10年間で民間機数の9割を占めていたことで知られている（本書第3章第1節）。このような機内構造を背景として戦後の民間機は、客室後部の隔壁を可動式として、乗客と貨物の量に応じて柔軟に対応する仕組みとなった。

　日本のジェット旅客機の場合、客室の下部前方と後方に貨物室があり、乗客の手荷物や貨物・郵便が搭載され、貨物専用機の場合は客室の部分が主貨物室となり、これらの貨物室では、貨物空間に応じて詰め込む、ばら積み方式（bulk loading）、パレットと呼ばれる台の上に貨物室の形状に荷物を積み上げてネットで固定するパレット・ローディング方式（pallet loading）、貨物室の形状に合ったコンテナに荷物を搭載するにコンテナ・ローディング方式

(container loading) がある（日本航空広報部, 2014, pp.427ff.）。

　こうした航空貨物を安全、確実、迅速に取り扱うのは、航空会社の航空貨物部門と各種物流系の会社であり、冷凍・冷蔵貨物、危険物、貴重品、生体等に分類される貨物が航空機に積まれる前に積荷目録を税関に提出する業務や、航空運送状の内容と貨物内容との照合や貨物の計量、到着先で利用者に貨物を引き渡す搬出カウンターの業務もある（川本, 2020, p.71）。

　国の相違を問わず、貨物には乗客と比較していくつかの顕著な特徴がある（稲本, 2017, p.101）。

　　＊航空貨物の特徴
　　⑴　片道のみの輸送。一般に乗客は往復旅行であるのに対して、貨物は片道輸送である。
　　⑵　柔軟な輸送経路。乗客は快適に短時間で目的地に到着する必要があるのに対して、貨物は所定の時間に確実に荷受人に届く限り、貨物の経路や乗り継ぎは二次的要素となる。
　　⑶　地上輸送との連携。乗客は空港から空港まで輸送すれば終了するのに対して、貨物は荷送人から荷受人までの地上輸送との連携が必要とされる。

　こうした航空貨物の特徴は、例えば往路と復路では貨物量に偏向が出るという点では課題を生み、冷凍・冷蔵貨物、危険物、貴重品、生体等に分類される貨物の取り扱いや地上輸送との連携には、いっそうの慎重さと正確さが必要とされるという特殊性も現れる。また、航空事業自由化の潮流の中で（本書第 3 章第 2 節）、自社機で空港間の貨物輸送を行う日本航空、全日本空輸、日本貨物航空（Nippon Cargo Airlines）等のキャリア（carrier）と、荷送人や荷受人とキャリアとの間で貨物の配送や諸手続きをする日本通運、近鉄エクスプレス、郵船ロジスティクス等のフォワーダー（forwarder）とを構造的に一体化したインテグレーター（integrator）が躍進しており、例えばアメリカのフェデックス（FedEx Corporation）やユナイテッド・パーセル・サービス（UPS, United Parcel Service Inc.）やドイツのDHL（DHL International GmbH）は、自社機を所有するキャリアでありつつフォワーダーの業務も遂行している（稲本, 2017, pp.104f.）。

第4節　機長と副操縦士

　「操縦士、パイロット（pilot）」とは、もともと「舵（G.pêdon）」を操作する人のことであり、「ファースト・オフィサー（first officer）」とも呼ばれる「副操縦士（copilot）」は、「操縦士」と「共に（co-）」操縦する人を指すが（竹林, 2002, pp.479, 549, 1872）、特にこの副操縦士と区別された「機長（pilot-in-command）」という表現がある（池内, 2018, p.60, cf. 木村, 1959, p.198）。また、「操縦室（cockpit）」には「航空機関士（flight engineer）」が乗務する場合があった。英米で1920年代後半から、旅客機の機長の制服の袖に4本の金あるいは銀のストライプが巻かれるようになったが、それは三等航海士、二等航海士、一等航海士を統括する船長の制服の袖の4本のストライプを踏襲したものである（青木, 2014, pp.263f., 278; 古庄, 2019, pp.22f.）。

　まずは、アメリカにおける操縦士養成の経緯を確認しておこう（Barnhart, 2002, b, pp.676ff.; Beckman, 2002, pp.265ff.; Clark, 2002, c, pp.507ff.）。

　20世紀アメリカ航空史の揺籃期は、1908年にオーヴィル・ライトがアメリカ陸軍中尉を飛行機に同乗させて操縦方法を教え（本書第2章第5節）、1930年には同様にしてリンドバーグが妻に操縦方法を教えていたように（本書第2章第6節）、飛行機の操縦方法は、試行錯誤に基づく実験や他者の模倣によって体得するほかなく、アメリカ政府が民間輸送のための航空学校の認可を初めて授けたのは、ミズーリ州セントルイスのパークス・カレッジ（Parks College）に対してであり、それは1929年の出来事である。

　しかし、同年秋に世界恐慌が始まり、第二次世界大戦に備えてアメリカ議会が1939年に全米400以上もの大学に操縦士訓練課程を創設するまで、操縦士養成は停滞していた。戦争末期1944年に復員兵救護法（Government Issue Bill of Rights）が制定されると、その支援を受けて数千人もの復員兵が学生として操縦士訓練課程に入った。現在の操縦士訓練は連邦航空局（Federal Aviation Administration）の管理下にあり、その諸規則（Federal Aviation Regulations）によって操縦士や機体の認可、航空運営の組織が定められてい

る。

　航空学校には受講生の目的に応じて、運航支援事業（Fixed Base Operator）、大学の航空課程、航空専門学校、軍隊の操縦士養成課程の 4 種類が存在する。

　＊航空学校の 4 種類

(1)　空港を拠点とする運航支援事業は航空機の貸し出し、整備、燃料補給、航空機関連部品販売等と共に操縦士養成事業も行っている。この受講生は、レジャーや個人事業等で必要とされる航空機の操縦を目指す。資格に必要な年齢制限はその種類にもよるが、大方 10 代後半である（cf.古庄, 2019, pp.52f.）。

(2)　大学の航空課程の学生は、民間機の操縦士の資格や操縦教官の資格取得を目指し、整備、気象、空気力学、航空運営等、飛行に関する種々の領域の学問も修める。

(3)　航空専門学校の学生も、民間機の操縦士の資格や操縦教官の資格取得を目指すが、1980 年代後期から主要航空会社が操縦士の資格として 4 年制大卒を必要条件としたため、多くの航空専門学校は大学と提携している。

(4)　軍隊の操縦士養成課程は、アメリカ陸軍、空軍、海軍、海兵隊、沿岸警備隊の航空機の操縦士を目指すためのものであり、基本的な操縦方法だけでなく、種々の航空機の操縦訓練を各地で行う。軍隊の操縦士の資格として 4 年制大卒が必要条件とされるが、人材が払底している時期にこの条件は緩和されることがある。

　操縦士の占める操縦席とその計器類も、歴史的変遷を経てきた（Inman, 2002, c, pp.370ff.; Wilkerson, a, 2002, pp.180f.）。操縦席を意味する「コックピット、コクピット（cockpit）」という表現は、初期の飛行機の操縦士が機体を安定させようとして操縦桿と格闘する姿が、世界各地の古代社会に存在していた「闘鶏場（cockpit）」で賭博に熱狂する人々の姿を彷彿させることに由来するとされている。このように動物の様態から人間の活動領域に転用された代表的な単語として、「牛の囲い場、球場のブルペン（bullpen）」「猫歩き、ファッションショーの舞台（catwalk）」という花形業界用語もあれば、「犬の喧嘩、空中戦（dogfight）」「キツネの穴、たこつぼ壕（foxhole）」という軍事用語もあるが（竹林, 2002, pp.337, 402, 718, 967）、コックピットは歴史的にこれら

2種類の領域を兼備した場であると言えるだろう（cf.本書第3章第1節）。

　当初、機上においてライト兄弟は、操縦士として機体中央にうつ伏せになっていただけであり（本書第2章第5節）、計器類は1911年頃まで装着されておらず、ライト兄弟の刺激を受けたサントス-デュモンが、箱型の動力飛行機を造ってヨーロッパ初の公開飛行を1906年にパリ郊外で実現した時、操縦士の彼は起立していた（cf.本書第2章第2節）。最初期の計器はエンジン回転速度計と燃料計であり、第一次世界大戦までに戦闘機は着座式の操縦席に操縦桿や方向舵ペダル、コンパスや傾斜計や高度計等の計器も装備された。1920年代には飛行機のコックピットは密閉式が顕著になり、1929年には主として計器類に基づく離着陸が実演された。1930年代に入るとコックピットは計器類で複雑化し、1940年代に漸く操縦士の効率性が重視されるに至った。

　戦後はこの効率性が進展し、操縦士は基本的に操縦席からすべての機器や計器やその表示板に手が届き、操縦席自体も離着席しやすい構造になり、シートベルトは乱気流の時にも操縦士の体を充分に固定するものの、非常時には解放し易く、迅速な脱出を可能にするものとなった。また、20世紀終盤からはコックピットに人間工学の技術が導入された。「人間工学（ergonomics）」とは人体の「働き（G.ergon）」を「経済的（economic）」に活用する工学であり（竹林, 2002, p.825）、人間の骨格や筋肉の特性に応じた設計が研究され、気温や明暗の変化への対応、衝突や墜落時の残存率の最大化といった観点も考慮されている。

　コックピットに乗り込んだ操縦士が向かう先は滑走路であるが、滑走路までの往復の誘導路を飛行機が自力で走行することを「タキシング（taxiing）」と言う（Wilkerson, 2002, e, pp.658ff., cf.本書第3章第2節）。大地を足で蹴って離陸したリリエンタールのグライダーや、レール状の板から飛び立ったライト兄弟の飛行機械は、タキシングが想定されていなかった（cf.本書第2章第4節, 第5節）。しかし、1909年のブレリオの車輪付き単葉機は、離陸前と着陸後に人々が機体を押し転がしており（cf.本書第2章第5節）、1910年代には一般に飛行機は機体の大型化と共に橇状の板が車輪になり、車輪の1つは機体が進む方向を操作できるものとなった。

　その後、1930 年代の機体では、それまでの尾輪式から、平坦地の滑走路が増えると共に機首の下に装着される前輪式になり、機首を比較的低位置に設計できる機体の操縦席からは視界前方が確保され、着陸時の前のめり事故も回避でき、現在に至るまで標準型となっている。

　滑走によって飛行機が向かい風を最大限に活用するのは離陸の時であり、機体は飛行速度に達すると、滑走面との適正角度とエンジン出力によって離陸するが、離陸には 3 つの基本的な方法がある（Wilkerson, 2002, d, pp.655ff.）。ただし、民間機は通常、（1）であり、軍用機ではいずれの方法もありうる。

　　＊離陸方法の 3 種類

　（1）通常離陸（normal takeoff）。これは滑走路が充分な距離を備え、その表面が
　　　　堅固な場合である。

　（2）短距離離陸（short-field takeoff）。これは機体が離陸に通常必要とする滑走距
　　　　離未満の滑走路の場合であり、風向、風速、温度、機体重量、滑走面の勾配
　　　　や状態等が勘案された上で、操縦士はブレーキをかけたままエンジン出力を
　　　　最大値まで上げてからブレーキを外し、機体を必要な対気速度まで滑走させ
　　　　て離陸させる。

　（3）不整地離陸（soft-field takeoff）。これは滑走路に小さな瓦礫が散乱していたり、
　　　　路面が雪や草や泥で覆われていたり、軟弱であったり、場所によっては家畜
　　　　や野生生物も闖入する可能性のある場合であり、操縦士は特に前輪が損傷を
　　　　被らないように、通常離陸や短距離離陸の時よりも遅い速度で離陸する。

　アメリカの地方小規模空港では、鹿、牛、コヨーテ等と機体との衝突が毎年報告されており、空港の規模にかかわらず鳥との衝突（bird strike）はどこでもありうるものであり、特にエンジンに吸い込まれた場合は、鳥だけでなく機体にも深刻な事態を引き起こしかねない。

　巡航中の機体の操縦は、補助翼と方向舵と昇降舵の 3 点に対する操作が現代に至るまで基本であるが（Regan, 2002, pp.259ff.）、アメリカのカーチスが既存の方向舵と昇降舵に加えてライト兄弟のたわみ翼に代わる補助翼を 1909 年に使用していたことは、航空史上の重要な一局面である（本書第 2 章第 5 節, 第 3 章第 3 節）。補助翼と方向舵と昇降舵に対する操作は主操縦（primary controls）と呼ばれ、地面に対する機体の角度を変えるためのものであり、各々横揺れ、偏揺れ、縦揺れに対する調整である（cf.日本航空広報部, 2014, pp.68ff., 127）。

＊主操縦

	位置	操作対象	操作方向
補助翼 （aileron）	主翼後縁	横揺れ （rolling）	胴体を機首から機尾まで縦に（longitudinally）貫く直線軸に基づく動き
方向舵 （rudder）	垂直尾翼後縁	偏揺れ （yawing）	機体の重心を上下垂直に（vertically）貫く直線軸に基づく動き
昇降舵 （elevator）	水平尾翼後縁	縦揺れ （pitching）	機体の重心から両翼に向けて横に（laterally）結ぶ直線軸に基づく動き

　主操縦に対して、主翼後縁にあるフラップ（flap）や昇降舵後縁の可動翼に対する操作は二次操縦（secondary controls）と呼ばれ、フラップは特に低速度の際に機体の揚力を維持し、昇降舵後縁の可動翼は機首を上げて上昇するために昇降舵を上向きにする場合に逆に下向きにすることで、コックピットにある昇降舵の操縦桿にかける力を低減することができる。このような往時の可動翼は補助翼にも方向舵にも見られたが、現代では油圧で舵が動かされている。

　さらに、近年は電気操縦装置（fly-by-wire）に基づき、巡航や着陸は手動に基づく自動操縦（autopilot）による操縦がほとんどの天候の下で可能であり、無線標識を結ぶ航法より直線的で経済的な広域航法（RNAV, aRea NAVigation）が、全地球航法システム（GPS, Global Positioning System）と連動して採用されている（小林, 2019, pp.58f.; 中脇, 2020, a, p.134, cf.Inman, 2002, a, pp.120ff.; Inman, 2002, b, pp.122ff.）。

　航空界の警句に、「離陸は選択できるが、着陸は必須である（although takeoffs are optional, landings are mandatory）」とあるように、飛行機は一旦飛び立てば、いつかはどこかに必ず安全に着陸する必要があり、着陸は安全の観点からも最も慎重な操作を含むものの1つである（Wilkerson, 2002, c, p.407）。

　かつて、グライダーで飛んだリリエンタールは、大地に足で着地し、初期の
ライト兄弟は、車輪ではなく橇を装着した飛行機械で砂地に着陸し（本書第 2
章第 4 節, 第 5 節）、1910 年代に車輪が一般化して現代に至るが、舗装された
滑走路が 1950 年代以降に一般的になり、最悪の場合には主翼の一方が滑走路
に接触する横揺れを引き起こしかねない横風（crosswind）や、機体全体に対
する急激な下降気流（downburst）は、依然として深刻な課題である。離陸と
同様に、着陸にも 3 つの基本的な方法がある（Wilkerson, 2002, c, pp.408f.）。

　ただし、民間機は通常、（1）であり、軍用機ではいずれの方法もありうる。

＊着陸方法の 3 種類

(1) 通常着陸（normal landing）。これは滑走路が充分な距離を備え、その表面が
　　堅固な場合である。操縦士は機体に損傷を与えないために、最小限度の下降
　　率で着陸するが、対気速度が遅すぎれば機体を制御できず、速すぎれば滑走
　　路を過走（overrun）させてしまう場合がある。

(2) 短距離着陸（short-field landing）。これは機体が着陸に通常必要とする滑走距
　　離未満の滑走路の場合であり、操縦士は対気速度を最小限にして着陸し、主
　　輪と前輪のすべてが接地した後に、車輪のディスクブレーキ、主翼の阻害板
　　（spoiler）、エンジンの逆噴射を総動員して機体を減速する。

(3) 不整地着陸（soft-field landing）。これは滑走路が平坦でなかったり、強度差
　　がある場合であり、着陸に困難を伴うのは、機体が水平に滑走路に進入し、
　　着陸しても、左右の主輪への加重が不均衡であったり、片方に不均衡な抗力
　　が発生したりするためであり、前輪に損傷を与える場合もある。

　最近の空港と機体の技術的進歩は目覚しく、雲底の高さがゼロ、滑走路視距
離もゼロという「ゼロ・ゼロ状態（zero-zero conditions）」でも着陸できるよ
うになっている（Quilty, 2002, p.96）。

　日本において民間航空会社の操縦士になるにはまず、日本航空や全日本空輸
等の大手航空会社で自社養成パイロットの道を進むか、唯一の国立養成期間で
ある航空大学校あるいは私立の 4 年制大学操縦コースに入学するか、民間の
パイロット養成学校に通って航空無線通信士資格、航空英語能力証明、航空身

体検査証明と共に事業用操縦士の資格や計器飛行証明等を取得するかの主として４通りの方法がある。

　ある意味で操縦士の資格は、学歴に無関係の実力主義に基づくが（cf.古庄, 2019, pp.16f.）、いずれにしても狭き門であり、例えば、日本航空や全日本空輸の自社養成パイロットへの応募は４年制大卒者だけでなく、大学院修士課程、博士課程修了者にも開かれており、この修了とは各々修士号（Master's degree）、博士号（Doctor's degree）の取得を指すとされている（川本, 2020, p.45）。

　定期航空会社の機長は、定期運送用操縦士の資格や乗務する航空機の型式限定の資格を持ち、出発前は運航管理者と飛行計画を打ち合わせ（briefing）、正操縦士として飛行機を操縦するだけでなく、機内の最高責任者として副操縦士や客室乗務員に対する指揮監督を行い、機内での犯罪に対してはその予防や処置の強制力がゆだねられている（池内, 2018, pp.227ff.）。副操縦士は、事業用操縦士の資格や乗務する航空機の型式限定の資格を持ち、機長を補佐し、地上の管制施設との無線交信も行う（日本航空広報部, 2014, p.445）。日本航空の場合は標準的な訓練として、第１に、航空力学や航空法や英語等の座学、単発機や双発機の飛行訓練、シミュレーター訓練を含む基礎訓練、第２に、シミュレーターと実機による社内審査や路線審査等を経て副操縦士に任命され、離着陸の訓練、故障時や緊急時の操作訓練等からなる昇格訓練を経て機長となるが、ここに至るまでに一般の大卒後最短でも十数年かかり、第３に、機長、副操縦士共に、他機種に移行する際に機種移行訓練があり、その後も定期訓練がある（日本航空広報部, 2014, pp.446ff.）。

　こうして機長と副操縦士は、離陸、上昇、巡航、降下・進入、着陸からなる運航に従事する。まず、機長は運航管理者と飛行計画を打ち合わせた後、飛行機のコックピットに荷物を置き、機体の周囲を前輪から１周して目視による外部点検（exterior inspection）を行い、その間に副操縦士はコックピットのスイッチやレバーの位置を確認、計器やディスプレイの情報を把握し、運転制御装置であるコントロール・デバイス・ユニット（control device unit）に目的地空港までの必要なデータを入力すると共に、コックピットに備えられてい

る各種証明書や飛行日誌の確認も行い（cf.池内, 2018, pp.162f., 233f.）、コックピット・プレパレーション（cockpit preparation）を終える（中脇, 2020, a, pp.144f., cf.杉江, 2015, a, pp.132ff.; 横田, 2019, pp.148ff.）。

　特に安全性が重視される輸送機では、離陸滑走中に複数のエンジンのうちの1つが停止した場合を想定して性能が設定されており、エンジンやその他の重大な故障のゆえに離陸操作を停止するか続行するかの分岐点となる離陸決定速度（V1）、機首を引き起こす時のローテーション速度（VR）、離陸面上の高度10.7メートル（＝35フィート）地点での安全離陸速度は（V2）、例えば747-400で離陸重量363トン（＝80万ポンド）、主翼後縁の高揚力装置であるフラップ20度、海面上標準大気状態（＝高度ゼロ、気圧1,013ヘクトパスカル、温度15度）であるなら、各々153ノット、169ノット、181ノットとなる（日本航空広報部, 2014, pp.292ff.）。1ノットとは、1時間に地球上の緯度1分（＝1度の60分の1）に相当する距離である約1,852メートルを進む速度である。旅客機の場合、出発空港からの出発時刻とは、エプロンに駐機していた機体の前輪から車輪止め（choke）が外された瞬間の時刻を指す（小林, 2019, p.73, 中脇, 2020, a, p.146, cf.中村, 2010, p.98）。

　機体は地表を離れた後、直ちに車輪を引き上げ、一定の高度に達してから機首を下げ、上昇率を抑えて加速しながらフラップを引き上げる。こうして、機体は更に上昇して巡航に至り、飛行時間が概して1時間半以上の長距離線では、10キロメートル程度以上の高度を時速800キロメートルから900キロメートル辺りで飛行する（日本航空広報部, 2014, pp.293, 297ff., 301f.）。水平飛行と言っても、実は機体は最適な揚力を発生させるために、機首を2.5度から3度上げて飛行しており、機内のテーブルはこの傾斜角に合わせて使用時に水平になるように設計されている（古庄, 2019, pp.70f.）。

　目的地に近づいた航空機が、巡航高度から最終進入高度あるいは空中待機空域まで飛行する段階が降下であり、飛行場への着陸操作開始から滑走路端末上の高度15メートル（＝50フィート）地点までの飛行段階が進入である。旅客機は通常、計器飛行方式によって進入するが、これには計器進入と、視界良好時に飛行場を視覚で確認して進入する目視進入（contact approach）および

視認進入（visual approach）があり、目視進入はノンレーダー空港において、視認進入は空港におけるレーダーによる進入管制下で行われる（日本航空広報部, 2014, pp.304f., 330ff.）。

　進入後の着陸とは、航空機がフラップを部分的に下げた状態から車輪を下げ、続いてフラップを着陸状態（＝フル）に下げ、通常は2.5度から3度の進入角を維持しつつ、このような着陸形態の失速速度の1.3倍以上の速度で高度15メートル（＝50フィート）地点を通過し、滑走路に接地して停止するまでの行程である。カテゴリー・ワン（CAT I）と分類される進入方式の場合、地表からの高度60メートル（＝200フィート）地点において、飛行機や滑走路の状態や気象状態が着陸に不適当と判断された場合には、進入復行（missed approach）を行う（cf.日本航空広報部, 2014, pp.306ff.）。なお、現在では離陸から着陸までの飛行過程において、フライト・マネジメント・システム（fight management system）が、航法、操縦、推力調整に関する主要な役割を果たしている（cf.日本航空広報部, 2014, pp.211ff.）。旅客機の場合、到着空港への到着時刻とは、機体が着陸してエプロンに到着した後に前輪に車輪止めがはめられた瞬間の時刻を指す（小林, 2019, p.80, cf.中村, 2010, p.98）。

　機内のパイロットに対して、「地上のパイロット」とも呼ばれるのが運航管理者（dispatcher）であり（川本, 2020, p.66, cf.サワムラ, 2016, p.30）、飛行機の出発前に気象情報や航空情報、使用機材や有償重量に基づいて安全と効率を考慮した飛行計画（flight plan）を作成し、飛行機の目的地到着まで運航を監視するが、飛行コースや飛行高度だけでなく、代替飛行場や搭載燃料の量も含まれる飛行計画を打ち合わせ（briefing）において機長も合意して初めて飛行が管制塔を通して承認される（日本航空広報部, 2014, pp.335ff., 455f.）。

　運航管理者になるには、運航管理の業務のアシスタントとして1年以上の実務経験を経て、航空工学、航空保安施設、通信、気象、空中航法および法規の6科目からなる学科試験と、運航管理に関する実地試験に合格して国家資格を取得し、経験を積んで社内審査に合格して初めて一人前の運航管理者となる（日本航空広報部, 2014, p.456）。

　機内のパイロットや地上のパイロットに対して、「航空機のドクター」とも

言うべき役割を果たしているのが整備士である（cf.サワムラ, 2016, p.102）。整備士の法定資格としては航空機整備作業の確認や運航のための署名を行う一等航空整備士、主として航空機の到着から出発までの整備作業に従事する一等航空運航整備士、機体や原動機やその他の装備品を整備する航空工場整備士の資格があり、各航空会社による社内資格もある（日本航空広報部, 2014, pp.452f.）。

　整備には、日常的運航の合間に実施されるライン整備、一定期間ごとに実施されるドック整備、エンジンや電子機器等を取り外して実施されるショップ整備等があり、二等航空整備士や二等航空運航整備士は主として小型機対象の資格である（川本, 2020, pp.58f.）。整備士になるには、民間航空機の整備の場合、航空会社の技術部門に入るか、航空会社グループの整備専門会社に入るか、または航空整備コースのある大学や専門学校からその道に進むこともできる（川本, 2020, p.59）。

第 5 節　客室乗務員と地上勤務員

　エアライン用語に、「エアサイド、出国ゲートの向こう側（airside）」と「ランドサイド、出国ゲートのこちら側（landside）」という表現がある（高橋, 2012, pp.49, 1335）。前者は空港・航空会社の職員と、パスポート審査を経た乗客だけが入れる領域であり、そこから飛行機の乗務員と乗客が空へと旅立つ。後者はそれ以前の領域である。ここで、こうした表現に基づいて便宜上、航空会社の業務を乗客に対する機内の客室での業務と、機外の地上での業務に分け、まずは客室での業務を概観してみよう（Davidson, 2002, pp.256ff.; 山口, 2020, pp.14ff.）。

　1910 年からヒンデンブルク号の大惨事の起こった 1937 年まで（cf.本書第 2 章第 2 節）、ヨーロッパの飛行船の豪華な食堂や個室では「男性乗客係（steward）」が給仕をしていたが、飛行機会社が「客室ボーイ（cabin boy）」として知られる「男性乗客係（steward）」を雇ったのは、1922 年イギリスのダイムラー・エアウェイズ（Daimler Airways）が最初であり、小柄な少年た

ちが民間航空機草創期の勇敢な乗客に安全と安心を提供する役割を担っていたが（cf.本書第3章第1節）、当初は軽食のサービスはなかった。

アメリカでは1926年以後、後にユナイテッド・エアラインズとなるスタウト・エア・サービシーズ（Stout Air Services）や後にトランス・ワールド・エアラインズ（Trans World Airlines）となるトランスコンティネンタル・エア・トランスポートが、3発機に投資家の息子たちを男性「航空添乗員（aerial courier）」として搭乗させたが、これは航空職の階梯の第1段として準備されたものである。

1928年には、ウェスタン・エアラインズ（Western Airlines）の前身であるウェスタン・エア・エクスプレス（Western Air Express）がロサンゼルスとサンフランシスコ間で、ルフトハンザ（Lufthansa）がベルリンとウィーン間で昼食を提供する「男性乗客係（steward）」や「給仕係（waiter）」を採用した。当時、しばしば小柄な少年が採用されたのは、厨房が機体後方の狭隘なテールセクションに位置していたためである。

こうして、航路の長距離化と共に食事の提供が必須になり、1930年にはニューイングランド・アンド・ウェスタン・エアウェイズ（New England and Western Airways）が、初めてアフリカ系アメリカ人を「接客係（attendant）」として雇用し、同年5月30日にはボーイング・エア・トランスポート（Boeing Air Transport）が、世界で最初の「女性乗客係（stewardess）」8人を採用したが、これにはその中の1人の看護婦であったチャーチが後にユナイテッド・エアラインズとなるこの会社の意に反して、自分を含む看護婦有資格者8人を女性乗務員として採用することを会社に納得させたという経緯があり、乗客の好評を博した（cf.青木, 2009, pp.108f.; ニッコリ, 2013, p.73）。

当時の「女性乗客係（stewardess）」は「スカイ・ガール（sky girl）」とも呼ばれており、機体はボーイング社最初の旅客機ボーイング80の1928年改良型ボーイング80Aであり、時速200キロメートル、全長17メートル、乗客18人に対して2～3人の「女性乗客係」が搭乗していた（cf.山本, 1999, p.61）。機体構造の都合も含めて、女性乗客係の資格には数々の制約があった（cf.古庄, 2019, pp.42f.）。

＊女性乗客係の制約

(1) 機体は天井が低いため、身長は 162.56 センチメートル（5 feet 4 inches）以下。

(2) 機体は通路が細いため、体重は 52.16 キログラム（115 pounds）以下。

(3) 25 歳 以 下、 か つ 既 婚 不 可（Stewardesses could not be married were age twenty-five or less.）。

(4) 32 歳に達するか、結婚すれば退職すること（Stewardesses had to retire at age thirty-two or when they got married.）。

　女性乗客係の仕事は小柄と若さを要求する制約とは裏腹に、機内での仕事以外にも、機体への燃料補給や荷物の上げ下ろし、機体をパイロットと共に格納庫にまで押して運ぶ作業等の重労働があり、同世代の女性労働者よりはかなり待遇は良く、月給は 125 ドルであった（生井, 2018, p.116）。

　当初の女性乗客係は看護婦であることが必要条件であったが、アメリカが 1940 年代に第二次世界大戦に参加すると、看護婦は健常な男性と共に多くが従軍したため、専ら一般の女性が数々の航空会社の乗客係となり、戦後は空の旅の顔となって広告や宣伝でも活躍するようになった。日本においても 1930 年代、ダグラス DC-2 に乗務する「エアガール」と呼ばれる女性乗客係には（本書第 3 章第 1 節）、募集の際に看護婦の資格が必要とされたという（近藤, 2017, pp.33f.）。

　アメリカの 1964 年の公民権法（Civil Rights Act）は、黒人差別の撤廃だけでなく、例えば雇用における性差別の是正も含んでおり、その後の平等性の原則の重要な根拠となったが（cf.Tushnet, 2001, p.124）、1 人の女性乗客係がブラニフ・エアラインズ（Braniff Airlines）に対する訴訟を起こして初めて男性乗客係と同様に結婚ができるようになったのは、1967 年のことであり、男性乗客係と同様に子どもを持てるようになったのは、1970 年代になってからである。こうして、性別に基づく差異が年齢による制限と共に制度上は廃止されたため、「男性乗客係（steward）」や「女性乗客係（stewardess）」という表現は廃れて、「飛行乗客係（flight attendant）」や「客室乗務員（cabin crew）」という性別に無関係な呼称が一般的になり（竹林, 2002, pp.355, 933, cf.池内, 2018, p.61）、「客室乗客係（cabin attendant）」という表現も使用されるよ

うになった（Clark, 2002, a, p.1; Clark, 2002, c, p.509; Davidson, 2002, p.257; Weber, 2017, p.14, cf.古庄, 2019, pp.46f.）。また、機体の大型化に連れて逆に最低身長要件が付されるようにもなった。

　客室乗務員の最重要任務は乗客の安全確保であるが、アメリカでは具体的には1966年に、運輸省の一局として設置された連邦航空局の定める要求事項であるシートベルトの装着、電子機器の使用方法、禁煙等の指導、また安全装置の確認、機内持ち込み手荷物の収納、出口や酸素マスクや救命胴衣に関するアナウンス、乗客の急病や怪我や逸脱行為への対応、機内飲食物の提供等も含む（cf.Schiavo, 2002, b, pp.245ff.）。1960年代と70年代は、民間航空委員会が航空運賃を規制したため、各航空会社は機内食や座席環境で他社との差異化を図ったが、1978年の航空規制緩和法は、航空運賃や航路や機内サービスの自由度を増大させたため（本書第3章第1節）、熾烈な競争が倒産や新規航空会社参入や労働強化等の問題も生み出し、さらにはLCC登場の伏線を敷くことにもなった（Ferrara, 2002, a, p.80, cf.本書第3章第6節）。

　航空会社の機外の地上での業務にも種々のものがあるが、乗客の視点に基づけば航空券の入手が旅行準備の最初に行うことの1つである（Young, 2002, b, pp.672f.）。

　アメリカの初期の民間機航空券は、鉄道切符を模したものであり、航空会社やその支部あるいは空港の発券所で購入された航空券は、実際の搭乗時に回収された。当初は乗客数も運航便数も比較的少なく、乗り換えが必要な時にはその時点でもう一度航空券を購入していたが、特に戦後になって民間航空産業の拡充と共に乗客数と運航便数と運航経路が増大すると、乗客の苦情に対応するためにも1960年代半ばからコンピューター予約システム（Computer Reservation System）が導入され、1990年代後半からは横断的販売網（Global Distribution System）が活用され始めたことで、航空券は紙媒体のままであったものの、複雑な旅程も最初の発券時に効率良く組めるようになった。

　航空券と搭乗手続きの簡素化は、1993年にモリス・エアラインズ（Morris Airlines）が航空券無しの旅行を開始したことに始まり、ユナイテッド・エアラインズはホテルやレンタカーの予約手続きに準じて、座席の予約を購入する

人にその確約番号を与える選択肢を与えた。こうして90年代にはEチケットと呼ばれる電子航空券（electronic ticket）が各航空会社で遍満し、業務が大幅に合理化された。現在ではスマートフォンでインターネットを活用した発券や搭乗も可能になっており、座席や機内食（cf.Johansen, 2002, b, p.281）、旅程や手荷物に関する乗客の様々な要望にも速やかに対応できるようになってきた。

　手荷物が大型の場合には、チェックインカウンターでの搭乗手続きにおいて預けることになるが、この取り扱いに関して「安全（safety）」と「保安（security）」の観点から種々の課題が挙げられている（Oppermann, 2002, a, pp.125ff., cf.本書第3章第2節）。

　特にアメリカでの2001年9月11日の同時多発テロを契機としていっそう厳格になったものの1つは（本書第3章第2節）、チェックインカウンターの職員による手荷物の確認であり、職員は手荷物を預けるすべての乗客に対して、見知らぬ人から何かを飛行機で運ぶようにと頼まれていないか、手荷物は自分で梱包してから自分の手元にあったかについて尋ねなければならないことになっている。この手続きの合言葉として「尋ねて、荷札を付けて、そして、告げる（Ask, Tag, and Tell）」というものがある。

　＊職員による手荷物のチェックイン手続き
　（1）乗客に最終目的地と預ける手荷物数を「尋ねる（Ask）」。
　（2）預かる手荷物すべてに最終目的地の記された「荷札を付ける（Tag）」。
　（3）「そして（and）」すべての手荷物に乗客の名札があることを確認する。
　（4）乗客に最終目的地まで預けられた手荷物数を「告げる（Tell）」。

　こうして、手荷物はベルトコンベヤーを通して機体に格納される。これらの手続きの流れと前後として、手荷物はエックス線検査が厳重に施されるが、航空会社には手荷物受付指針（Baggage Acceptance Guidelines）が定められている。

＊手荷物受付指針

(1)「受付可（Acceptable）」とされるのは、乗客の旅行の目的に必要な個人の衣類や靴、仕事で必要とされる物等。

(2)「条件付き受付可（Conditionally Acceptable）」とされるのは、代替不能な物、脆弱な物、腐敗し易い物が入っている場合、また梱包方法が不完全であったり、手荷物自体に充分な耐久性のない場合。

(3)「受付不可（Unacceptable）」とされるのは、乗客や乗務員や機体自体に危険を及ぼす虞のある物。

　また、保安上の観点から、受け入れられた手荷物が持ち主である乗客の搭乗後に機体に搬入される仕組みも、ほとんどの国際線で取り入れられている。

　搭乗手続きは、乗客が正しい時間にゲートを通って機体に入り、座席に着く行程であるが、これに付随する幾つかの手順がある（Oppermann, 2002, b, pp.153ff.）。出発便には他の空港から到着した飛行機が、続けてその目的地に向かう場合と、その空港を起点として目的地に向かう場合があり、乗客には旅行を開始する地元の乗客、他の便で到着して旅行を継続する乗り継ぎの乗客、同じ便で旅行を継続する乗客がいる。ゲート担当職員は乗客の搭乗に際して便名、目的地、出発時刻を掲示しアナウンスするが、出発時刻の変更は気象、航空交通量、機体整備、乗務員の都合等によって起こる。次のアナウンスは優先搭乗案内であり、最後に全乗客の搭乗になるが、混雑緩和のために中型機や大型機の場合には機体後部座席の乗客からの搭乗になる。

　乗客の搭乗直前にしばしば混乱を極めるのは、予約過多（overbooking）の問題であり、これは乗客のキャンセル率を見込んで航空券を座席数よりも多く発券するために発生する現象である（Oppermann, 2002, c, pp.490ff.）。

　この場合、担当職員はまず超過乗客数を確定し、次に可能な限り同じ航空会社の後続代替便を手配し、最後にこの後続の別便を自発的選択する乗客に対する補償金を金券（voucher）や後日の無料航空券の配布という形で支払う。しかし、実際にはこれらの手続きを踏んでも予約過多が解消されないことがあり、例えば、搭乗手続きの遅かった乗客が不本意に搭乗を拒否される場合（involuntary denied boarding）もあり、乗客の様々な不満は空港でのグランド

レージ（ground rage）や機内でのエアレージ（air rage）と呼ばれる粗暴言動を引き起こすこともある（Shuman, 2002, a, pp.54ff.）。特に、機内は上昇と共に気圧が下がるため、酔いが急速に回ると、エアレージを加速させることもある（cf.本書第3章第3節）。

　日本においても客室乗務員は、機内で乗客の安全を確保する保安要員と快適な空の旅を提供する接客要員という役割を担い、乗客20名以上50人以下で客室乗務員1人、以後乗客50名単位で客室乗務員も1人ずつ増員することが定められているが、中型機や大型機の場合には、非常時に備えて最低必要人員だけでなく、ドアの数に合わせて客室乗務員を配置したり、国際線大型機においては、休憩時交代要員やサービス拡充のためにそれ以上の客室乗務員数になる場合もある（日本航空広報部, 2014, p.457; 古庄, 2019, pp.18f.; 川本, 2020, p.114）。したがって、調布空港をベースに伊豆諸島路線を運航する新中央航空は、19人乗りのコミューター機であるため、客室乗務員は乗務しない（中脇, 2020, a, p.71）。また、客室乗務員は、「保安要員」と「サービス要員」という役割だけでなく、「セールス要員」として乗客の要望をサービスに直結させるマーケティングの役割も果たしている（ANA総合研究所, 2015, pp.81, 97ff.）。

　アメリカにおいて平等性の原則が客室乗務員に適用されていったように、例えば日本航空においても、女性客室乗務員は結婚と出産に伴って乗務ができないという規定が改善され、1974年から「ミセス・クルー」が、1981年からは「ママさんクルー」も乗務できるようになり（日本航空広報部, 2014, p.458, cf.山口, 2020, p.130）、1999年4月施行の改正男女雇用機会均等法によって、性別を区別して客室乗務員を採用することが禁止され、旧来の女性名詞「スチュワーデス（stewardess）」は使用されなくなった（川本, 2020, p.48）。

　日本における客室乗務員の呼称は、最初期においては1931年の和製英語「エアガール」や、イギリスあるいはヨーロッパで使用されていた「エアホステス（air hostess）」や、アメリカで使用されていた「スチュワーデス」があったが、1950年代前半には「スチュワーデス」に一本化され、1988年に全日本空輸が国際化に向けて、「スチュワーデス」を「キャビン・アテンダント（cabin attendant）」に変更し、日本航空が1996年に「スチュワーデス」を「フライト・

アテンダント（flight attendant）」に、さらに2011年に「キャビン・アテンダント」に変更して（山口, 2020, pp.2, 46ff., 81, 129, 182, 196, cf.鈴木, 2009, pp.28ff.; 山口, 2019, pp.18, 46）、今や航空業界全般で、「キャビン・アテンダント」、つまり、CAが主流になっている。「客室乗務員」という名称は、航空法には定義されていないが、航空法施行規則第163条、第165条等では使用されている（池内, 2018, pp.61, 364, 368）。

　「スチュワーデス」という職業は、当初から憧れの的とされており、特に巷間に周知されたのは、1983年から放映されたテレビ番組「スチュワーデス物語」を通してであり（cf.山口, 2020, pp.133, 143ff.）、1980年代後半に元長野県知事で作家の田中康夫が流行させた「スッチー」という略称によるが、当時のこれらの表現だけでなく、募集要項に当然のように表記されていた「容姿端麗」という言葉も時代を感じさせる（谷川, 2019, p.62, cf.山口, 2020, pp.36, 42, 107）。

　日本の航空会社と同様に日本人客室乗務員も世界で活躍しているが、この客室乗務員には体力も必要とされる。過去5年間に日本人客室乗務員採用実績がある主要外資系航空会社27社の応募資格のうち、3分の1は泳げることを掲げており、その中の5社は50メートル以上泳げることを条件に入れているが、更にその中の1社は「用具を使用せずに」と厳格に規定しており、別の1社は200メートル以上泳げることを条件に入れている（川本, 2020, p.51）。

　日本において地上勤務員であるグランドスタッフは、乗客の搭乗手続きを行うチェックイン業務、搭乗ゲートで搭乗誘導を行うゲート業務、到着地空港で荷物に関する諸問題を取り扱うバゲージクレーム業務、担当便の乗客数や個別サポートの必要な乗客の確認をするオフィス業務、未搭乗の乗客を探すトラフィック業務、運航を地上から支援するオペレーション業務等がある（川本, 2020, p.54）。

　また、地上で行われるエアライン関連業務には、企画と調製をした機内食だけでなく、免税品、機内誌、医療器具等の機内消耗備品の搭載も行うケータリング、電話やインターネットで受け付けられる航空券の予約・案内・発券、顧客の利便性向上のために総合サポートを行う航空IT（information technology)、ツアー企画や販売を手掛ける旅行会社等がある（川本, 2020, pp.67ff.）。このような様々な地上での業務は、航空会社によっては部分的に系列会社や関連会社に委託されているが、すべてを統括するのが航空会社の総合職であり、事務系なら、旅客や貨物の事業、販売や人事の業務、技術系なら、機体整備、運航整備、航空機やエンジンのメーカーとの交渉が中心となる（川本, 2020, pp.36ff.）。

第 6 節　フルサービス航空会社とエコサービス航空会社

　航空会社は主として航空運賃を指標にするなら、大手のレガシー・キャリアであるフルサービス航空会社（FSC, full-service carrier）と新興の格安航空会社（LCC, low-cost carrier）に二分することができるだろう。フルサービス航空会社は、荷物預かりサービス、座席指定サービス、機内サービス、遅延時の乗り継ぎサービスといった付帯的なフリルサービス（frills）を運賃に含めているが（cf.Ferrara, 2002, a, p.80）、概して格安航空会社はこうしたフリルサービスを追加課金で提供することによって経費削減を図っている。

　しかし、格安航空会社の使用機体や操縦士の基準は、フルサービス航空会社とほとんど同じである点等を考慮すると（cf.古庄, 2019, pp.38f.）、「格安」という表現は語弊を呈しているかもしれない。したがって、本書ではフルサービス航空会社に対して格安航空会社を「エコサービス航空会社（ESC, eco-service carrier）」と呼ぶことにする。「レガシー・キャリア（legacy carrier）」に対して、「エコ・キャリア（eco carrier）」と呼ぶこともできるだろう。

　ここで、この「エコ（eco）」には、「経済的な、節約になる（economical）」という意味と「環境保護意識をもった（ecological）」という 2 つの意味が込められている（cf.高橋, 2012, p.738）。エコサービス航空会社では、1 機種の運航機材で稼働率を上げる等（cf.赤井, 2011, pp.86ff.; 井上, 2012, pp.70ff.; 杉浦, 2012, pp.29ff.; 杉浦, 2014, pp.37ff.; 中条, 2014, pp.22ff.; 丹治, 2019, pp.11ff.; 中脇, 2020, a, pp.102f.）、乗客にとっては運賃が、会社にとって必要経費が「経済的」で「節約になる」だけでなく、例えば機内で使い捨て用品を無償で

使用しない形で「環境保護」が「意識」されていると言えるだろう。もっとも近年、日本ではリサイクル関連法が整備されていった 1990 年代以降、航空会社に限らず、あらゆる業種で環境保護が何らかの形で意識されているはずである（cf.ANA 総合研究所, 2017, pp.106ff.; 稲本, 2017, p.50; 中村, 2017, pp.102ff.）。

＊エコサービス航空会社の原則的な特徴
(1) 航空連合であるエアライン・アライアンスに非加盟で、マイレージはない。
(2) インターネットによる予約・購入中心で、シンプルな価格設定をする。
(3) チェックイン荷物は有料であり、乗り継ぎや荷物の引き継ぎサービスはない。
(4) 専用ターミナルや地方空港を活用し、ポイント・トゥ・ポイントの 2 地点間を短・中距離で運航する（cf.本書第 3 章第 2 節）。空港サービスはない。
(5) ボーイング 737 やエアバス 320 といった単一機材を高稼動させる。客室乗務員が機内清掃や地上業務を行う等、従業員が複数の業務を担当する。他社便に振り替えはない。
(6) 機内では飲食サービスは有料であり、エンターテイメントはなく、エコノミークラスのみの高密度な座席配置をする。

　また、ネットを駆使するならフルサービス航空会社の便に格安で搭乗できる場合があること、フルサービス航空会社の日本航空は、ジェット機に搭載した機器で成層圏の二酸化炭素量の計測をしていること（Hodge, 2002, a, p.374）、1970 年代初頭にエコサービス航空会社として出発したサウスウエスト・エアラインズが、今や主要（major）航空会社と見なされていること（Ferry, 2002, p.609）、ビジネスクラスの座席を備えた便を運航しているエコサービス航空会社があること（古庄, 2019, pp.220f.）、逆にフルサービス航空会社にもエコノミークラスの座席があること、ミドルコストキャリア（MCC, middle-cost carrier）と呼ばれる中間的航空会社もあること等を勘案すると（cf.稲本, 2017, p.146; 井上, 2019, p.80）、フルサービス航空会社とエコサービス航空会社の厳密な区別は難しくなるだろう。さらに、近年は各社で二酸化炭素排出量が少なく環境に良いジェット燃料（SAF, Sustainable Aviation Fuel）の普及が進んでいる（『朝日新聞 2020 年 11 月 7 日［土］14 版 経済』p.6）。

　飛行大国アメリカでは「大規模航空会社の分類（Large Air Carrier Classifications）」の中に、更に「主要（Majors）」「全国（Nationals）」「広域地方（Large Regionals）」「中域地方（Medium Regionals）」という区分があるが（Ferrara, 2002, a, p.79）、これらの航空会社が使用する機体の製造会社の代表としてはボーイング社が有名である（Johansen, 2002, a, pp.154ff., cf.本書第3章第1節）。

　ウィリアム・ボーイングは幼少期から飛行機旅行に興味を持ち、イェール大学工学部を出た後、1916年にパシフィック・エアロ・プロダクツ・カンパニー（Pacific Aero Products Company）を立ち上げ、翌年にはボーイング・エアプレーン・カンパニー（Boeing Airplane Company）と改名した。第一次世界大戦中に会社は、海軍練習機や飛行艇の製造販売で財をなし、1920年代には郵便配達にも積極的に従事し、他社との合併や分割を経た。第二次世界大戦中はボーイング社の爆撃機が米軍に貢献し、戦後は社長が代わり、ジェット爆撃機の技術が民間機に応用された。

　また、ボーイング社の機体は米国政府要人専用飛行機としても使用され、後に米国大統領専用飛行機は、エアフォース・ワン（Air Force One）として人口に膾炙した（本書結章第2節）。さらに、ボーイング社は1960年代からは米国航空宇宙局（NASA, National Astronautics and Space Administration）のアポロ計画に参画し、宇宙船や月面車（LRV, Lunar Roving Vehicle）を製造し、1970年にジャンボジェット747は、それまでのどのジェット機よりも2倍以上の乗客の搭乗可能な機体を就航させ、1997年にはマクダネル・ダグラス社を吸収合併している。

　アメリカのボーイング社に比肩するヨーロッパの機体製造会社は、本社を南フランスのトゥールーズに置くエアバスである（Flouris, 2002, pp.63ff.）。「エアバス（airbus）」とはもともと、中・近距離用のジェット機を意味したが（竹林, 2002, p.53）、それを会社名にして1970年に、フランスと西ドイツの共同出資で乗客定員300人のA300製造を目的として設立され、後にスペインとイギリスも参加した。

　当初はこれらの各国の工場で機体の各部分が製造され、最終的にトゥールー

ズやドイツのハンブルクで組み立てられたが、操縦桿やペダルに対する操作を
ケーブルや油圧装置によって昇降舵や補助翼に機械的に作用させる旧来の方
式は、そのような操作を電気信号に変換して機体を操縦する電気信号操縦装
置（fly-by-wire）に取って代わり、例えばA320の操縦訓練を受けた操縦士は、
これと同系統のA318、A319、A320、A321、A330、A340の操縦も可能にな
り（Flouris, 2002, pp.63ff., cf.山本, 1999, pp.133f., 146f.; ホワイトマン, 2013,
pp.207, 212f., 249, 262f., 280, 296; ニッコリ, 2013, pp.301ff.)、こうした通有
性は操縦訓練費用の大幅な節減や乗務員の生産性向上にも貢献している。ま
た、2005年にはスーパージャンボと称される大型2階建てのA380が初飛行
している。

＊エアバス社旅客機の主な変遷

名称	初飛行年	全長	乗務員	乗客定員	最高時速
A300	1972年	53.62m	3人	232-331人	887km
A310	1982年	46.66m	2人	210-280人	875km
A320	1987年	35.57m	2人	164-179人	897km
A340-300	1991年	63.65m	2人	263-303人	897km
A330-300	1992年	63.65m	2人	335-440人	895km
A321	1993年	44.51m	2人	186-200人	805km
A319	1995年	33.84m	2人	138人	980km

　機体の製造会社と緊密な連携を築きつつ、1990年代までにアメリカ航空産
業の6割を担っていたのが、アメリカン・エアラインズ、ユナイテッド・エ
アラインズ、デルタ・エアラインズの「ザ・ビッグスリー（the big three)」で
あり（Ferrara, 2002, a, p.80)、これらは今や、「3大メガキャリア」とも呼ば
れている（井上, 2019, pp.6, 150)。
　1979年に本部をニューヨークからテキサス州ダラスのフォートワース
（Fort Worth）に移したアメリカン・エアラインズ（American Airlines）の歴
史は、チャールズ・リンドバーグにまで遡る（Rhoades, 2002, b, pp.101ff.,
cf.本書第2章第6節)。1926年にリンドバーグは、ミズーリ州のロバートソ
ン・エアクラフト・コーポレーション（Robertson Aircraft Corporation）の操

縦士として郵便輸送便を操縦していたが、この会社と他の幾つもの会社が合併して、1930 年にアメリカン・エアウェイズとなってアメリカ大陸横断定期便も運航開始し、1932 年には他社に先駆けて頻用者のための割引制度を導入した。1934 年の現社名への変更後は、空港に VIP ラウンジを創設する等、アメリカの航空界を嚮導し、戦争中は軍隊に協力しつつも、1942 年にはスカイシェフ（Sky Chefs）という機内食の系列会社を創設した。

　戦後もアメリカン・エアラインズは、1949 年までに全機種に与圧システムを搭載することによって、悪天候の稀な高度を効率良く運航する航路を開拓し、50 年代から予約システムを改善し、60 年代から IBM 社と提携して電子座席予約システムを開始した。同社は 60 年代末からの低迷期と 70 年代の石油危機を経て、70 年代末には航空規制緩和法によって航路の拡大に努め（本書第 3 章第 1 節）、1999 年にはブリティッシュ・エアウェイズ（British Airways）等を中心とするワンワールド（oneworld）に加盟して顧客便宜も図り、2001 年にはトランス・ワールド・エアラインズ（Trans World Airlines）を買収するに至ったが（cf. 本書第 3 章第 5 節）、同年 9 月 11 日の同時多発テロの被害 4 機の中にアメリカン・エアラインズ 2 機が含まれていたことは、同社にも激烈な衝撃を与えた（本書第 3 章第 2 節）。

　イリノイ州シカゴに本部を置くユナイテッド・エアラインズ（United Air Lines）の歴史も、アメリカン・エアラインズと同様に 1926 年にまで遡る（Ferrara, 2002, c, pp.720ff.）。1925 年の航空郵便法（Air Mail Act of 1925）が成立すると、米国郵便局は幾多の民間航空会社と契約を結んで事業を展開し、その中の 1 つであるバーニー・エアラインズ（Varney Air Lines）が 1926 年に設立され、他の 3 社と合同して 1931 年にユナイテッド・エアラインズが発足した。この 3 社の 1 つであり、1929 年にボーイング・エア・トランスポート（Boeing Air Transport）から名称変更したユナイテッド・エアクラフト＆トランスポート・コーポレーション（United Aircraft & Transport Corporation）が合同を促進し、ボーイング 247 によって 1934 年の DC-2 登場まで航空界で優位に立ったのである（cf. 本書第 3 章第 1 節）。さらに、1934 年の航空郵便法（Air Mail Act of 1934）によって、機体の製造と乗客や郵便の輸送の事業が分

離されると、ユナイテッド・エアラインズはボーイング機ではなくダグラス社のDC-3を購入できるようになり、乗客輸送事業も成長した。

　戦時中のユナイテッド・エアラインズは、兵員・兵器の輸送によって米軍に貢献し、戦後1946年には与圧システムを塔載したDC-6、1955年にジェット機DC-8を注文する等、新機種の導入や路線拡大を続け、1961年には264機体、3万人以上の従業員、世界118都市を結ぶ世界最大の航空会社となった。1963年に注文されたボーイング737は、航空機関士席がなくなってコックピット乗務員席が2席になり、合理化を進める経営者側と安全確保を訴える操縦士組合との争いは法廷にも持ち込まれ、1960年代末からは技術革新によってボーイング747やDC-10といった広胴型ジェット機が活躍した（cf.本書第3章第1節）。

　1978年の航空規制緩和法以後の1980年代、ユナイテッド・エアラインズは各地にハブ・アンド・スポークのシステムを確立して（cf.本書第3章第2節）、太平洋航路の拡大も進め、1997年にはルフトハンザドイツ（Deutsche Lufthansa）等とスターアライアンス（STAR ALLIANCE）を組んで技術、機器、施設の共有も図った。しかし、他方で1990年代は、燃料費高騰、低価格競争、テロの脅威、労使対立等が募り、2001年9月11日の同時多発テロで同社2機が失われ、その後の利用者減を招いた。

　1941年からジョージア州アトランタに本部を置くデルタ・エアラインズ（Delta Air Lines）は、1945年に現社名となったが、もともとは1924年からジョージア州メーコンで農薬散布に従事したハフ・ダランド・ダスターズ（Huff Daland Dusters）社に由来し、デルタという名称は、後に運営拠点が置かれたミシシッピ川最下流域のミシシッピ・デルタのデルタから取られている（Cramer, 2002, pp.208ff.）。1929年からこの会社はデルタ・エアサービス（Delta Air Service）として、テキサス州ダラスとミシシッピ州ジャクソンの間で乗客輸送を開始し、1934年からは航空郵便にも参入した。1929年秋からの世界恐慌の中で事故を起こしつつも着実に成長を続け、戦時中も人的・物的資源の払底する中で米軍に協力しつつ事業の拡大に努めた。

　戦後1945年にデルタ・エアラインズはシカゴ－マイアミ路線を獲得し、

1953 年にはシカゴ−ニューオリンズ路線を持つ航空会社と合併し、以後はハブ・アンド・スポークのシステムやジェット機 DC-8 の導入に至った（cf. 本書第 3 章第 1 節, 第 2 節）。また、農薬散布の事業は 1966 年に終えたものの路線は拡大し、1970 年代はノースイースト・エアラインズ（Northeast Airlines）との合併等で合衆国東部全域に路線を敷いた。ただし、ノースイースト・エアラインズとの合併がデルタ・エアラインズの種々の機種をいっそう複雑にしたことで、事故を招くこともあった。1978 年の航空規制緩和法以後も、デルタ・エアラインズは合併や路線拡大が続き、1998 年には年間 1 億人を超える乗客を搭乗させる記録を作り、エール・フランス（Air France）等と共に 2000 年に設立されたスカイチーム（SKYTEAM）の中心的航空会社となっている。

　このように、ビッグスリーとも呼ばれるアメリカン・エアラインズ、ユナイテッド・エアラインズ、デルタ・エアラインズは、フルサービス航空会社として大規模事業を展開してきたが、主として 1990 年代は格安運賃の新興航空会社との熾烈な競争、2001 年からは同時多発テロ後の利用者減等の煽りも受けて経営破綻した。アメリカン・エアラインズは 2011 年に、ユナイテッド・エアラインズは 2002 年に、デルタ・エアラインズは 2005 年に、日本の会社更正法に相当するアメリカの連邦破産法 11 条の申請を各々経ており（cf. 井上, 2019, p.177）、アメリカン・エアラインズは経営体質を改革しつつ事業を継続し、ユナイテッド・エアラインズは 2006 年に、デルタ・エアラインズは 2007 年に経営再建している。

　こうした航空会社と今や肩を並べてアメリカ航空界を牽引しているのが、サウスウエスト・エアラインズ（Southwest Airlines）である（Ferry, 2002, pp.609ff.）。1971 年に本拠地であるテキサス州のダラスと、ヒューストン、サンアントニオを結ぶ便で事業を開始したサウスウエスト・エアラインズは、乗客の利便性を重視した経営方針で空港整備や路線拡大をし、1979 年にはテキサス州以外では最初の都市、ルイジアナ州ニューオリンズへの便を確保した。1980 年代に同社は 22 機目のボーイング 737 を購入すると、西海岸やシカゴ、ミズーリ州セントルイスへの便も作り、1990 年代にはその増収益から「主要（major）」航空会社と認知され、アメリカ東部へも進出し、紙媒体ではない E

チケットも 1995 年から開始した（本書第 3 章第 5 節）。こうして運航便はアメリカ全土に拡大され、ネットを駆使した合理的で安定的な販売戦略が確立されている。

日本のフルサービス航空会社である日本航空（Japan Airlines）は、1951 年に民間航空会社として設立された（Hodge, 2002, a, pp.373f.）。最初の便は機体マーティン 202（Martin202）も乗務員もアメリカから借りており、ノースウエスト・エアラインズ（Northwest Airlines）の乗務員が操縦して（cf.山本, 1999, p.97）、東京－大阪－福岡間を就航した。1952 年に日本航空は自社機を購入して乗務員の養成をし、1953 年には資本金の半額を日本政府が負担する半民半官の会社となり、1954 年には最初の国際線をホノルル経由でサンフランシスコに就航させた。

1960 年にジェット機DC-8 が導入されると、日本航空の路線はヨーロッパにも拡大され、アメリカの西海岸からニューヨークまでの便も敷かれ、特に 1974 年に開始された中国との往復便は、共産圏と西側諸国との間の旅行と通商の架け橋として重要な役割を果たした。また、同社は 1987 年に完全に民営化されると経営多角化を推し進め、旅行やホテル、系列会社による事業を展開し続けてアジア最大の航空会社となったが、経営が悪化して 2010 年には会社更生法の適用を申請し、経営体制を改善した。

もう 1 つの日本のフルサービス航空会社である全日本空輸（All Nippon Airways）は、1952 年設立の日本ヘリコプター輸送が、1957 年に商号変更されたものであり、翌年には 1952 年設立の極東航空を統合し、一九五九年からは国内幹線でも定期運航を開始した。1960 年代に入り、藤田航空、中日本航空、長崎航空を統合して急成長すると共に、輸送機設計研究協会の設計に基づいて、「輸送（Yusou）」と「設計（Sekkei）」の頭文字と、機体「1」号とエンジン「1」号からYS-11 と命名された戦後初の日本製輸送機が 1962 年に初飛行されると、全日本空輸はこのYS-11 で 1964 年の東京オリンピックの聖火を日本全国に空輸した（ANA総合研究所, 2017, p.66, cf.鈴木, 2009, pp.72ff.; 杉浦, 2003, pp.70, 80, 95; 松崎, 下, 2004, pp.144ff.; 夫馬, 2018, pp.8ff., 248ff.）。

1970 年代前期は、昭和 45 年に閣議了解、昭和 47 年に運輸大臣通達を経

て、日本航空が国際定期便と国内の千歳・羽田・伊丹・福岡・那覇を結ぶ幹線
を、全日本空輸が国内幹線とローカル線および近距離国際線チャーター便を、
東亜国内航空が国内ローカル線と一部の国内幹線を運航するという「45/47体
制」や「航空憲法」と呼ばれる規制が敷かれていた中で、全日本空輸は多角経
営を展開していった。1985年に日本がアメリカとの交渉を通して規制を緩和
すると、その翌年に全日本空輸は初の国際定期便を成田とグアム、さらにロサ
ンゼルス、ワシントンとの間に就航させ（ANA総合研究所, 2017, pp.11ff.）、
以後も航路を拡大させていき、イギリスのエアライン調査会社スカイトラック
ス社（Skytrax）から、日本航空と同様に近年極めて高い評価を得ている。

　規制緩和の潮流の中で、2000年に日本の航空法が航空会社経営合理化と利
用者利便性向上のために改正され、航空事業への参入が路線ごとの免許制から
事業ごとの許可制になり、運賃や運行計画は許可制から事前届出制になったこ
とや、2007年の日本の「アジア・ゲートウェイ構想」の冒頭に「航空自由化（ア
ジア・オープンスカイ）」が掲げられたことも背景にして（ANA総合研究所,
2017, pp.15, 228ff.）、LCCと呼ばれるエアラインが興隆した。2012年は航空
業界では「LCC元年」と言われ（稲本, 2017, p.152）、ピーチ・アビエーショ
ン（Peach Aviation）やジェットスター・ジャパン（Jetstar Japan）が運航を開
始した（川本, 2020, p.52）。

　このようなエコサービス航空会社もフルサービス航空会社も、概して実機を
ボーイングやエアバス等から購入しており、日本には防衛関連か宇宙衛星に関
する航空宇宙関連メーカーが100社以上もあるものの、民間旅客機を専門に
扱っているのは三菱航空機のみである（cf.青木, 2020, p.268）。日本の航空技
術という点では、アメリカのホンダエアクラフトカンパニー（Honda Aircraft
Company）が、アメリカにおいて製造した小型ジェット機ホンダジェット
（HondaJet）の初号機を2015年に引き渡している（ANA総合研究所, 2017,
pp.68ff., cf.中村, 2017, pp.5, 16f., 193）。日本において航空関連商品を扱う商
社としては、総合商社の航空部門、航空に特化した専門商社、エアライン系商
社の3種があり、商社は航空機と共に計器、部品、関連商品も取り引きして
いる（川本, 2020, pp.72f.）。

　世界の航空会社を連携する組織は様々な形で展開されており、3つの大規模な航空連合であるエアライン・アライアンス（airline alliance）がある（cf. ANA総合研究所, 2017, pp.118ff.; 稲本, 2017, p.57; 川本, 2020, p.110; 中脇, 2020, a, pp.94f.）。

　＊3大アライアンス
　（1）スターアライアンス（STAR ALLIANCE）。1997年にルフトハンザドイツ（Deutsche Lufthansa）、ユナイテッド・エアラインズ（United Airlines）、エア・カナダ（Air Canada）、スカンジナビア・エアラインズ・システム（Scandinavian Airlines System）、タイ・エアウェイズ・インターナショナル（Thai Airways International）を中心に発足して、1999年には全日本空輸（All Nippon Airways）も加盟し、現在の加盟社数は26社である。
　（2）ワンワールド（oneworld）。1998年にアメリカン・エアラインズ（American Airlines）、ブリティッシュ・エアウェイズ（British Airways）、後にエア・カナダに吸収されたカナディアン・エアラインズ（Canadian Airlines）、キャセイパシフィック・エアウェイズ（Cathay Pacific Airways）、カンタス・エアウェイズ（Qantas Airways）を中心に発足して、2007年には日本航空（Japan Airlines）も加盟し、現在の加盟社数は13社である。
　（3）スカイチーム（SKYTEAM）。2000年にデルタ・エアラインズ（Delta Air Lines）、エール・フランス（Air France）、大韓航空（Korean Air）、アエロメヒコ（Aeroméxico）を中心に発足して、現在の加盟社数は19社である。

　こうしたアライアンスは、加盟他社が運航する共同運航便（code sharing）を活用して、自社便名を掲げた加盟他社便により路線を拡張でき、チェックイン業務の共通化や乗り継ぎの効率化やマイレージの共有化といった利用者の利便性に資するだけでなく、燃料・部品の共同調達や整備作業の協力や空港ラウンジの共有等を通して、航空会社経営合理化にも貢献している。リピーター獲得手段であるマイレージは、1981年にアメリカン・エアラインズが、フリークエント・フライヤーズ・プログラム（FFP, Frequent Flyers Program）として開始したものである（中脇, 2020, a, p.170）。
　最近ではアライアンスからさらにジョイントベンチャー（Joint Venture）へ

と進展し、例えば 2010 年に日本とアメリカがオープンスカイ協定を締結後、日本航空とアメリカン・エアラインズ、全日本空輸とユナイテッド・エアラインズのように、参加企業によって収入や利益を分配するジョイントベンチャーが興隆している（稲本, 2017, p.59; 井上, 2019, pp.101ff.）。また、これらのアライアンスに加盟することなく独自に他社と提携してグローバルな事業展開を行っているエミレーツ航空（Emirates）等、中東の航空会社の躍進も顕著である。

結　章

エアラインの世界

　人間が空を飛ぶということは感覚的には自然の法則に反することであり、人間が飛翔する敢行の歴史は大部分が言わば逆風の中での歩みであったが、気球と飛行船の時代を経て20世紀からは実際に逆風を科学的に活用して飛翔し、戦争の時代は航空技術が進展し、戦間期は郵便や貨物および旅客を輸送する民間機が活躍した。

　このように、軍用機もあれば民間機もあり、貨物輸送もあれば旅客輸送もあり、空港で働く人もいれば空路で働く人もいるということは、飛行機に両翼が備えられていることと象徴的な類比関係にあるように思える。「翼という福音」は「戦争熱」を経て「航空熱」となり（cf.本書序章冒頭,第3章第1節）、諸刃の剣の役割を果たしてきたとも言えるだろう。この結章では、このような歴史を築いてきた主人公たちの紡いだ言葉に耳を傾け、それを画像で思い描き、実際のエアラインのおもてなしを追体験してみよう。

第1節　エアラインの文学

　チャールズ・リンドバーグの『翼よ、あれがパリの灯だ（*The Spirit of St. Louis*）』（1953年）は、1927年5月20日から史上初の大西洋横断無着陸単独飛行を完遂した経緯を詳細に物語っている（cf.本書第2章第6節）。

　この歴史的な年の前年春に開通されたセントルイスとシカゴ間の航空郵便空路を複葉機で結ぶ民間航空会社に属する操縦士3人の内の1人が主任リンドバーグであり、当時の彼は無名の青年であった。経営の苦しい会社は、陸軍の払い下げ軍用機を改装して使用しており、夜間や悪天候時に機体の位置を示す翼端燈も、着陸場所を示す帰投標識燈も、夜間や悪天候時に空中から地面を照

明する予備吊光弾もない飛行状態であり、リンドバーグは視界がほとんどゼロの濃霧中の着陸を断念してトウモロコシ畑にパラシュート降下をし、機体を墜落させたこともある（リンドバーグ, 1953, pp.8ff.）。生死の境界と隣接しつつ生きる彼の心には（cf.リンドバーグ, 1953, pp.47, 50）、何かが働きかけ始めていた。

> 空の孤独の中で、私は何か超然たるものを心に感ずる。水晶のような大宇宙が私だけのものになった。どうして私は地上にもどらなければならないのだろう。私は永遠に飛べるのだ……（リンドバーグ, 1953, p.11）。

彼にとって問題は自分ではなく機体である。新式高性能の機体で充分な燃料搭載さえできれば、「ニューヨーク＝パリ間をノンストップで飛べるかもしれない —— 考えただけでも私の心はおどる」と彼は思い巡らし、周辺環境さえ整えば、「私は一人で飛んでやる」と意気込んでいる（リンドバーグ, 1953, pp.12, 14）。彼はこの夢を実現させてくれると見込んだエンジン1基のベランカ機（Bellanca）を入手するために（cf.山本, 1999, p.60）、大都市セントルイスの銀行家や保険会社社長、その他の大君や軍人から資金と賛同を得る計画を立てると、皆一様にして故障した場合を考慮してエンジン1基に異を唱えたが、彼は値段がベランカ機の3倍の3万ドルもするエンジン3基のフォッカー機（Fokker）がいっそう安全とは限らず（cf.ホワイトマン, 2013, pp.28, 66; 山本, 1999, p.55; ニッコリ, 2013, p.71）、1つでもエンジンが止まると残りの2基での帰還も不可能であると反論した（リンドバーグ, 1953, pp.16ff., 26, 30f.）。「一」に対する彼の思いは一貫している。

＊「一」に対するリンドバーグの思慕
(1) 大西洋をノンストップで飛ぶとは、一路を一気に途中着陸なしで飛ぶことである。
(2) 1919年にイギリスの軍人2人が1機に乗り、カナダのニューファンドランド島（Newfoundland）からアイルランドのクリフデン（Clifden）まで大西洋横断飛行を成功させているが（Griffin, 2002, b, p.683）、リンドバーグの試行は1人での飛行である。

　(3)　リンドバーグは 1 基のエンジンにすべてを賭けている。3 基エンジンの問題
　　　点は彼によると、第 1 に複雑な構造で余計に事故を招来し、第 2 に機体に場
　　　所を取る分、燃料を搭載できなくなり、第 3 に製造時間も費用も余計にかか
　　　り、第 4 に大型になるほど、機体は悪天候時に扱いにくい点にある（リンド
　　　バーグ, 1953, p.31）。

　(4)　空気抵抗と重量の点で効率の悪い複葉機ではなく、単葉機が使用された。

　リンドバーグにとってこの「一」は他方で、彼の「私たち（We）」というお
気に入りの表現が示唆しているように、多くの支援者との一体を示す表現であ
り（cf.本書第 2 章第 6 節）、「ノンストップ飛行の世界記録を打ち立てなけれ
ばならない飛行機は、一グラムの重さでも減らすべきだ」という決意や（リン
ドバーグ, 1953, p.14, cf.リンドバーグ, 1953, pp.68, 85）、1926 年秋、ベラン
カ機を保有しているニュージャージー州「パターソンのライト航空会社の工場
にはいったときは、約束の時間より一分早かった……」という意識に見られる
ように（リンドバーグ, 1953, p.25）、彼の厳格な性格を象徴している。

　最終的に、リンドバーグは銀行家の経済的支援や友人たちの厚情に支えら
れ、1927 年 2 月から熱意と誠実さを兼ね備えたカリフォルニア州サンディエ
ゴのライアン・エアロノーティカル社との交渉に入り、合間には店で大西洋の
海図を探し、公立図書館で球面幾何学の教科書を活用して航路の策定を行う
中、何人も軍人が大西洋横断飛行に向けて名乗りを上げては事故を伴っていた
（リンドバーグ, 1953, pp.32ff., 41, 45, 47ff., 50, 52, 56, 68）。

　4 月下旬にリンドバーグは、完成したスピリット・オブ・セントルイス号
に試乗し、翌月には同機でセントルイスに向かって後援者たちに会い、ニュー
ヨークへ移動した（リンドバーグ, 1953, pp.57ff.）。ニューヨークで機体は航
空各社の整備士や熟練工の手当てを受け、リンドバーグは報道陣に囲まれ、
ホテルで天気予報の確認等、飛行準備を着々と進めていた（リンドバーグ,
1953, pp.63ff., 67ff.）。彼にとってローズヴェルト飛行場を離陸するタイミン
グは、「風、天候、馬力、積荷」という要素よりは、むしろ「飛行の無形の要
素——経験と本能と直観——」である（リンドバーグ, 1953, p.76）。

　5 月 20 日の朝、リンドバーグは意を決して離陸、地形と地図と計器に留

意しつつ1時間ごとに航空日誌に記録するが、昨夜一睡もしてない彼は離陸後数時間で疲れを覚え始め、6時間後には、「疲労は飛行機に対する空気の抵抗のように、倍加するものであることを忘れてはならない。もし二倍の速さで飛ぶなら —— 二倍の時間を眠らずに行くなら —— 四倍の空気の抵抗に会う —— そして数倍疲れるだろう」と飛行家らしい仕方で吐露し、8時間目には時間を超越した現実に触れている（リンドバーグ, 1953, p.91, cf.リンドバーグ, 1953, p.84）。

> 日誌にまた数字を書きこむ時間だ。八時間目が過ぎた。パリまでもう何時間だろう？　そこには越えなければならない永遠のチャスム（広い深い割れ目）があるのだ。こうして私は今『セントルイス号』に乗っているが、それはとうてい時間などでは測ることのできない、時間と空間の機構のなかに私は生きているのだ（リンドバーグ, 1953, p.92）。

　大西洋横断無着陸単独飛行を完遂してパリに到着するという前人未到の出来事は、新たな歴史の幕開けであり、次の時代の開始である点で確かにその前後では永遠の断絶があると言えるだろう。この断絶を飛翔して飛躍する飛行家となることを後押ししたのは、5年半前、彼の大学中退を引き止めなかった母の言葉である。「本当に飛びたいならそうなさい。自分の人生は自分で開きなさい。私はあなたを引きとめることはできません」（リンドバーグ, 1953, p.93）。彼自身の機上での思いは、かねてから地上の母に充分に通じている。「私はこの飛行が安全だから飛び立ったのではなかった。地上の何ものよりも、空と、飛ぶことを愛するがゆえに、ただそれだけの理由で飛んでいるのだ」（リンドバーグ, 1953, pp.98f.）。

　しかし、彼は出発前夜に一睡もできなかっただけでなく、気圧の低い上空では酸素不足で意識が薄れるため、連続で数十時間も起き続けていると、「眠るためなら、生命のほかは、どんな代償を払ってもいい」という思いが彼の頭をよぎった（リンドバーグ, 1953, p.114, cf.リンドバーグ, 1953, pp.84, 107, 126）。このような限界状況の中では、「さながら私自身が単なる一個の魂と化して無限の空間にひろがっていくように、私はしばしの間、自らの肉体から遊

離したかのように思われ」「目をあけたまま眠っている」という（リンドバーグ，1953, pp.116, 125）。

　離陸して丸 1 日がたち、リンドバーグは漸く幻覚から解放されて正気を取り直し、航空日誌の記入や航路の確認作業が可能となった（リンドバーグ，1953, pp.136ff., cf. リンドバーグ，1953, pp.127, 135, 148）。そしてついに、彼がアイルランドを眼下に見つけてから、イギリス海峡を見つけた時は 30 時間目であり、33 時間目には「星空の下に星の輝く大地のひろがり ── パリの灯だ ── 光の直線、光の曲線、光の方形」が繰り広げられ（リンドバーグ，1953, p.153, cf. リンドバーグ，1953, pp.148ff.）、目的地ル・ブルジェ空港に着陸した時に彼が目にしたものは、もはや海の大波ではなく、「人の大波」であった（リンドバーグ，1953, p.158）。

　2 人のフランス人飛行家の誘導で格納庫に匿われたリンドバーグは、群衆の蝟集するスピリット・オブ・セントルイス号が気がかりであったが、査証を受けていなかったことも気にして、税関と入国手続きについて真面目に尋ねたので、彼らの笑いを誘った（リンドバーグ，1953, p.161）。こうしたリンドバーグの真剣な問いかけは、後に飛行機自体に対しても向けられている。

　　文明によって創造された航空機が、今日では文明を破壊していることを私たちはまのあたりに見ている。ロケットや原子力が、無防備の肉体や精神や霊魂を冒す作用について、われわれは驚畏の念をいだきはじめている。われわれ人間の創造力というものを、いかに人間それ自身の利益のために役立たすべきかと言う、根本問題に直面している（リンドバーグ，1953, p.164）。

　リンドバーグのこのような先鋭化された意識は、1 つのものに対する思慕に象徴的に見られたが、このことは 19 世紀前半に真理から疎遠な群衆とは対蹠的な「単独者」の存在を重視した実存哲学の先駆者キルケゴールの有名な言葉を想起させる（cf. キルケゴール，1847, pp.5, 203ff., 212）。

　　心の純潔とは、一つのものを願うことである（Purity of heart is to will one thing.）（キルケゴール，1847, p.36）。

　キルケゴールの場合、「一つのもの」とは、報いへの期待や罰への恐怖とは無関係に求める「善」そのものであり（キルケゴール，1847, pp.38, 54f., 59, 64, 71ff., 123ff.）、「一つのものを願うということは、心から善を願うということであり、単独者として神との合一を願うことであり、これはすべての人間にとって無条件に可能であって、これがすなわち心を一つにすることである」と説かれているように（キルケゴール，1847, p.231）、究極的には「善」である神を意味するが（キルケゴール，1847, pp.35, 38, 192, cf.マタ 5:8, ルカ 10:42, ヤコ 1:8, 4:8）、リンドバーグの場合、それは彼自身によって明示されていない。

　しかし、「疲労と苦難は人格の真の試練である」と説いて聖書と親和性のある内容に理解を示し（リンドバーグ，1953, p.131, cf.マタ 4:1-11, ヘブ 2:18, 4:15, ヤコ 1:2, 12）、大西洋横断無着陸単独飛行の直前に、ローズヴェルト飛行場へトラックで後ろ向きに引っ張られて行くスピリット・オブ・セントルイス号を見て、「そのありさまは、パリへの飛行のはじまりというよりは、葬式の行列によっぽど似ている」と漏らして死をも覚悟し（リンドバーグ，1953, p.72）、実際の飛行中の断末魔には、「神様、どうか力を与えたまえ」と真剣に願ったことを考慮すると（リンドバーグ，1953, p.136）、リンドバーグの「一つ」のものも究極の限界状況では神に収斂していったと言えるだろう。

　『運命とのたたかい（Fate is the Hunter）』（1961 年）を著したガンは、1910年に米国ネブラスカ州に生を授かり、陸軍士官学校を卒業してイェール大学で美術を学び、世界放浪の後、サーカスの一座に入って曲芸飛行を覚え、民間航空会社の操縦士になった。太平洋戦争中は輸送機の操縦士となり、1939 年からは作家活動を開始した。『運命とのたたかい』は著者が民間航空会社の 12 トンの DC-2 の副操縦士として、ニュージャージー州ニューアーク（Newark）とエリー湖南岸にあるオハイオ州クリーヴランド（Cleveland）の間を機長のロスと飛ぶ 1930 年代修業時代以降の回想録である（cf.ガン，1961, pp.168, 510）。

　こうした経歴が示唆しているように、『運命とのたたかい』では、遺憾なく発揮された彼の絵心と文才が共鳴している。彼は機上から一望できる風光明媚

な大地を、キャンバスに絵を描くように紙上に言語化しつつ、「山のどてっ腹
に傷のようにあいた坑道」も見逃さない（ガン, 1961, p.171）。この傷は、憧
憬を抱いた飛行生活において有能な完璧主義者である機長ロスから受ける暴力
的言動を象徴している。ロスは強い横風の中でも着陸を辞さない自信家であ
り、ガンの操縦士としての微細なミスにも激怒する（ガン, 1961, pp.170ff.）。
ロスの罵声はガンの夢の中まで追い掛けて行き、ロスが「手をぶらぶらさせて
おいて時々がんと撲るのはいわば毒舌の句読点だったのである」（ガン, 1961,
p.173）。当時の機長と副操縦士の間は1例ではあるものの、天と地の懸隔に
近い。

> スチュワーデスが箱入りの昼食を二つ操縦席へもってくる。彼女は一つをあけ
> てロスの膝の上に置く。もう一つは迷子の犬にでもやるように床に置く（ガン,
> 1961, p.171）。

　しかし、自分が操縦した方が安全だとばかりにガンから貴重な経験を奪うこ
とを決してせずに、適確な助言だけをするロスにガンは一目置いており、オー
ルバニ（Albany）からニューアークへ向けての飛行中に雷雨前線突破という
危険な経験も共にした（ガン, 1961, pp.174, 178, 191）。また、ある冬の夜、
テネシー州ナシュヴィル（Nashville）からニューヨークへガンがヒューン機
長と向かった時、方向舵を含む機体への大量着氷でナシュヴィル（Nashville）
に引き返そうとするが、そこも悪天候であったため、残りの燃料で辛うじて
傾斜旋回飛行によってオハイオ州シンシナティ（Cincinnati）に緊急着陸した
こともあった（ガン, 1961, pp.192f., 202, 209, 214f.）。この時の翼やエンジン
カバー等には、「厚さ十二センチ」メートルもの着氷があったという（ガン,
1961, p.216）。
　1930年代にドイツが南米でも勢力拡大を企図していた頃は（本書第3章第
1節）、指揮官のパークと彼は、ブラジルの航路確立のため、米国政府からリ
オデジャネイロ（Rio de Janeiro）に飛行機を運ぶ仕事を委任されていたこと
もあった（ガン, 1961, pp.218, 222）。
　第一次世界大戦後に民間航空会社が急成長したように（cf.本書第3章第1

節）、第二次世界大戦後も航空界は大変容を遂げた。

> ヘルメットに厚いガラスの眼鏡をかけて素朴な郵便飛行機を操縦していた人間が
> そのまま、こんどはもっとも近代的な定期航空機を操縦するということになった
> のだった。その人たちはまだ大部分は中年になるかならないかの年だったから、
> ここ数年は不幸にでもであわないかぎり飛行機から降りる理由はなさそうだ（ガ
> ン，1961, p.238）。

　ガンの意識もある種の変貌を遂げていたかもしれない。かつては、因習に縛
られた「スチュワーデス」に邪険にあしらわれた副操縦士であったが（ガン，
1961, p.171）、今や副操縦士らを従える機長として、ホノルルからカリフォル
ニア州のバーバンク（Burbank）へ向け、33 人の乗客を載せて巡航高度に達
すると、いつもの如くコックピットから出て客室に顔を出し、尾部の調理場で
「スチュワーデス」の愚痴や夢に耳を傾けていた（ガン，1961, pp.243f.）。
　しかし、この時は、あるスチュワーデスが後部の微妙な異常震動を彼に報告
し、後にも彼女はコックピットに入って来てガンの袖を引っ張り、異常震動を
再報告した（ガン，1961, pp.244, 249）。飛行機は自動操縦状態に入っていたた
め、ガンはペダルを便利な足台にしていると異常震動はペダルにも感じられた
が、バーバンクに無事到着した（ガン，1961, pp.251, 255）。地上整備員らの協
力で異常震動の原因は、第 2 エンジン排気装置の締金の破損だと判明し、21
人の乗客が降りてから、ガンは残りの乗客と共にカリフォルニア州のオークラ
ンド（Oakland）へ向かうと、例のスチュワーデスが再びコックピットに入っ
て来たが、今度は煙草を所望しに来ただけであった（ガン，1961, pp.255f.）。
　オークランドで一夜を過ごした翌朝、ガンは整備士長から自分の操縦してき
た機体の左昇降舵の外の蝶番のボルトが外れていることが震動の真の原因だと
告げられ、3 週間の休暇後に、テスト・パイロットで同機の異常を検査したハ
ワードからは、昇降舵の安定が失われていたために失行による墜落の危険性が
あったにもかかわらず、それを知らずに巡航速度を落とさずに飛び続け、オー
クランドへ向かう時も一刻も早く休暇を取ろうと自動制御装置に頼らずに手動
操縦によって最大巡航速度を出していたことによって失行を免れたのだと教え

られた（ガン, 1961, pp.256ff., 259ff.）。

　このように、ガンの操縦に対して「運命」の女神が頬笑んでいたのは、ガンが客室で女神となりうる「スチュワーデス」を含む乗務員や乗客との極力対等な人間関係を築いて頬笑んでいたためなのかもしれない。コックピットや客室でのこのような関係は、後に航空界でクルー・リソース・マネジメントという取り組みとして安全な運航のために重視されるようになる（cf.本書第3章第2節）。

　米国イリノイ州で1936年に生まれたバックは、大学も空軍生活も中途で切り上げ、郵便飛行操縦士や航空雑誌記者を務め、世界的ベストセラー『かもめのジョナサン（Jonathan Livingston Seagull）』（1970年）の著者として広範に知られるようになったが、デビュー作品はジェット機の操縦と飛行の様態を緻密に記録する『夜と嵐をついて（Stranger to the Ground）』（1963年）である（cf.バック, 1963, p.511）。

　空軍中尉バックは、ヨーロッパ中で宣戦布告のない平和な夜、上司の空軍司令官に機密書類を空輸するために、イギリスのウェザーフィールド（Wethersfield）空軍基地からフランス北部のアブヴィル（Abbeville）を経て、最終的に迂回路でショーモン（Chaumont）へ向かう（バック, 1963, pp.265, 277ff.）。彼のジェット戦闘爆撃機はリパブリックF-84Fサンダーストリーク（Republic F-84F Thunderstreak）であり（バック, 1963, pp.268, 273）、「実戦配備に向けた量産が開始されたのは1954年になってから」であるから（ニッコリ, 2013, p.141, cf.Knaack, 1978, pp.38ff.; Winchester, 2018, p.45）、この作品の時代設定は1950年代半ば以降である（cf.バック, 1963, p.304）。彼の飛行機愛が彼の生涯を次々と導いて行ったように、その熱い思いは機上でも彼の思索を次々と引き出す。

　戦時中に「敵」となった「相手もじつは男であり、人間である」ことに変わりなく、ヨーロッパで出会った操縦士たちは、ただ「飛行機を操縦するのがひたすら好きなために飛行機に乗る」のであり、「国籍こそちがえ、航空機のパイロットは同じ言葉を話し、同じ無言の言葉を理解する……。彼らは同じ逆風、同じ嵐に直面する」（バック, 1963, pp.277f.）。ただ政治的要因に基づく戦

争目的で戦闘機に乗る時に、パイロットは相手に対して殺人鬼となるが、愛機に対しては恋人のようなものである。

> F-84とわたしとは、戦闘機のパイロットとその搭乗機としては、考えてみると長いあいだいっしょに飛んだものだ。わたしたちはおたがいに相手を知るまでになった。この戦闘機は、手袋をはめたわたしの手が触れると、息をふきかえし、生命の恩人に対するそのお返しとして、わたしの期待にこたえ、いろいろとつくしてくれる。それが彼女の愛情である（バック, 1963, p.287, cf.バック, 1963, p.384）。

そして、彼はこの愛機と飛ぶ根源的な理由について自問自答する。

> なぜなら、わたしは自由だから。わたしの精神は八二キロの体に閉じこめられていないから。わたしは愛機といっしょになれば、神のみがもつ力がもてるから。……わたしが大昔に発見したこの真理を下界の人間に教えてやることができるからだ。人間はなにも地面の上だけを歩いたり下界の掟だけに従ったりしなくてもいいという真理である。人間は環境を支配し、長いあいだ主人であった誇り高き大地に君臨する、自由な存在なのだ（バック, 1963, p.288）。

　愛するものとの究極的な関係は自由にほかならない。愛は自由の領域を拡大し、自由は愛の価値を高める。逆に憎しみは相手を隷属させようとし、強制は愛の価値を貶めるからである（cf.宮平, 2017, p.227）。

　バックが駆け巡っているのは、幼少期に「天国」と呼んでいた雲の上であり（バック, 1963, p.323）、神のみがいたはずの場であるため、彼は今や神のような自由を享受しているのである。さらに、彼の「親友」は愛機F-84Fの操縦と操作のすべてを解説する「技術指令書」であり、彼によると、「わたしは神学生が聖書の勉強をするように、このフライト・ハンドブックを学ぶ。そして、神学生がくりかえしくりかえし詩編にもどるように、わたしも第三部の赤くふちどられたページになんどかもどる」（バック, 1963, p.362）。「赤くふちどられたページ」は緊急事態の際の手順解説であり（バック, 1963, p.362）、旧約聖書の中心を占める詩編はたびたび窮地に陥ったユダヤ民族や、紀元前10世

紀頃のダビデ王の嘆きを含んでいるため、両者には確かに通底する所がある。

　ユダヤ教に限らず、ユダヤ・キリスト教の伝統における人間の自己理解の１つとして寄留者意識を挙げることができる。ユダヤ人の代表的父祖アブラハムは、神に導かれて故郷を旅立ってからエジプトや、パレスチナの地中海沿岸に寄留し（創世 12:10, 21:34, 23:4, 26:3, 28:4）、その後のユダヤ人たちはエジプトやバビロンで隷属や捕囚を経験し（出エ 1:1-14, 歴代下 36:11-23）、キリスト教の創始者イエスは天からこの世に来たものの本来は天に属する者であり（ヨハ 1:14, 3:31, 8:23）、このイエスを救い主と信じるキリスト者も「私たちの本国は天にあります」と考え（フィリ 3:20, cf.コリ二 5:8, ペト一 1:1, 2:11）、この世を一時的な仮住まいと見なしている。これは基本的に自らが天に属し、この世においては一時的な旅人として生活しているため、いずれは天に戻ることになるという帰巣本能のようなものである。したがって、この世に対しては根源的な違和感があり、こうした意識を持たない人々との間に生まれる葛藤に苦悶し、事あるごとに天を仰いで神に嘆き声を祈りとして、感謝の気持ちを喜びとして表現するのである。

　バックの『夜と嵐をついて』の英語原題が、『この地ではよそ者（Stranger to the Ground）』であることは極めて興味深い。バックは自分を指してこう呼んでいるが、新約聖書のヘブライ人への手紙では、信仰の父祖たちは「自分たちがこの地ではよそ者であり、寄留者であると告白しました」と記しており（ヘブ 11:13, cf.ヘブ 11:16）、「この地ではよそ者であり」をギリシャ語原語から英語に直訳すると、「strangers …… on the earth（G.xenoi …… epi tês gês）」となり、バックの原題と同意義である。ユダヤ・キリスト教の伝統を継承する人々が自分たちの本国は天にあり、この世を異国だと思って暮らしているように、バックも自分の本来の居場所は空であり、この地は異国なのである。ある意味でバックの世界観は、ユダヤ・キリスト教の世界観の世俗化されたものであると言えるだろう。

　『地球は青かった』（1961 年）は、人類初の宇宙飛行を実現したソ連の空軍飛行士ガガーリンによる作品であり、1961 年 4 月 12 日にボストーク（Vostok）１号で地球を１時間 48 分かけて１周した。1934 年に現在のロシア連邦西部の

スモレンスク（Smolensk）の農村に生まれたガガーリンは、小学校時代には
2年間戦争を身近に体験し、モスクワでの職業学校を経て、17歳でヴォルガ
川中流部右岸のサラトフ（Saratov）にある中等工業学校に入学し、航空クラ
ブの一員となった（cf.ガガーリン，1961，pp.435f., 511f.）。こうして空は彼の
生きる場となり、1957年に彼は、ウラル山脈南西のオレンブルグ（Orenburg）
の航空士官学校を卒業したが、この年の10月にはソ連が世界初の人工衛星ス
プートニク1号を打ち上げ、1959年にはソ連初の無人探査月ロケットが打ち
上げられた（cf.ガガーリン，1961，pp.435f.;アンダーソン，1997，pp.566f.）。

　この1959年は米国に先駆けてソ連の宇宙ロケットが月の裏側の写真を撮る
等、宇宙に対する人々の夢を限りなく奮い立て、ガガーリンは宇宙飛行士候補
者となるための志願書を空軍の所属部隊に提出し、こうして彼は綿密な身体検
査を受けたが、最も重要な検診は心臓に対するものであったという（ガガーリ
ン，1961，pp.437ff.）。上背にも筋肉にも自信のなかったガガーリンは、余暇に
はシェークスピアやユゴーの作品を味読し、次の検査のための召集を待ってい
たが、彼の異変に気付いた妻は医者らしく検温を勧めた（ガガーリン，1961，
p.440）。

> 私はおとなしく体温器をわきの下にさしこむが、水銀柱は三十六・六度の線をか
> たくなにこえようとしなかった。しかし、それでも私は病んでいたのだった。医
> 学には病名のない病気 —— 宇宙へのあこがれという病気に、私はとりつかれて
> いたのだ。そして私は、どんな医者も私のこの病気をなおせないことを知ってい
> た（ガガーリン，1961，pp.440f.）。

　最終的にガガーリンが宇宙飛行士候補者の1人となったことが示している
ように、彼は「熱烈な情熱」だけでなく、宇宙飛行士のその他の条件である「鋭
敏な頭脳、強靭な神経、不屈の意志、持久力、快活さ、楽天性」も備えていた
のである（ガガーリン，1961，pp.441f.）。これらの特質は、宇宙空間で人間の
生体組織が直面する要因を克服するために最低限必要なものである（ガガーリ
ン，1961，pp.445f.）。

＊宇宙空間で人間の生体組織が直面する 3 要因

(1) 事実上の真空状態、急激な温度変化、放射能や流星の危険性という宇宙の物理的特性。

(2) 騒音、震動、強烈な加速度、無重力状態というロケット飛行の特質。

(3) 人工大気、限定的空間、特殊服による拘束という宇宙船内の環境。

　このような前人未到の経験に対する人間の反応は、二律背反的である。ガガーリンが簡潔に表現しているように、「人間は変化をおそれる、それでいて変化をこのんでもいる」（ガガーリン, 1961, p.448, cf. ガガーリン, 1961, pp.457, 469f.）。こうした微妙な状況を克服するには、パラシュート降下、遠心力や振動の訓練といった日々の肉体的、精神的訓練が必須である（ガガーリン, 1961, pp.449ff.）。遠心力装置の訓練では体重が何倍にも感じられ、「キャビンの座席に押しつけられたようになり、指を動かすこともできず、目がかすんだ」という（ガガーリン, 1961, p.452）。

　こうした訓練と共に、最新の科学技術の習熟という超エリート教育の中でガガーリンは、試乗した宇宙船には、「全人民の莫大な資金と力が注ぎ込まれていること」に想到し、熱気室での訓練中には、同胞との連帯の気持ちを心に刻んでいた（ガガーリン, 1961, p.459）。

> ソヴェトの人間は火もまた恐れない。現に何万人かの労働者が高炉、平炉、転炉、圧延機を相手に労働している。ひとり熱気室にすわり、話し相手もいないままに、私は、地獄のような暑気のなかで取入れの麦束を受け渡ししている農民たち、精鋼炉のなかで耐火レンガの修理をしている工場労働者たち、わが国の働く人たちのことを幾度となく思いやった。あの人たちのほうが、あるいは私より苦しい思いをしているかもしれない。彼らは、これ以上にはげしい熱気のなかで働いているにちがいないのだ。要するに、すべては火によってきたえられる。私たちもまたそれによって鍛えあげられた、ということだ（ガガーリン, 1961, p.460）。

　1960 年夏、2 匹の犬のみを乗せたソ連の宇宙船が人工衛星の軌道に乗り、地球を 18 周して無事に地球に戻って来た時は、この 2 匹もガガーリンらにとって「特別に親しい存在」となった（ガガーリン, 1961, p.462）。この年の年末には、別の 2 匹の犬等を乗せた宇宙船が軌道をそれて消滅したことも

あったが、宇宙船による飛行によって宇宙や生命の起源が解明されることや、確率的に地球と同様の生命体が存在する数百万もの遊星といずれ誰かが邂逅する可能性に対するガガーリンの期待もあった（ガガーリン, 1961, pp.467, 472）。

　こうして、ガガーリンは現在のカザフスタン共和国の中央に位置するバイコヌール宇宙基地（Baikonur Cosmodrome）からボストーク1号で出発し、日に照らされたシベリアの川や島を見下ろして、「なんという美しさだろう！」と叫び、無重力状態に入って落ち着くと、このような偉業を実現した「ソヴェト連邦のように美しい国はどこにもない」と賞賛している（ガガーリン, 1961, pp.489f., 492）。大気圏を抜けて宇宙空間に至り、300キロメートルの高度からの地球観測も彼の任務の1つである。

> 地平線をのぞむと、明るい地球の表面からまっ黒な空へかわる、するどく対照的な移りゆきが見られた。地球はみずみずしい色調にあふれて美しく、薄青色の円光にかこまれていた。この薄青色の層はしだいに暗くなり、トルコ玉のような空色から、青色、すみれ色とかわり、ついには石炭のような漆黒になっていく。この変化は実に美しく、目をたのしませた。（ガガーリン, 1961, p.493）。

　このような観察は後に、「地球は青かった」という簡潔かつ有名な言葉で伝えられている。そうこうしているうちに地球への帰還準備が迫って来ると、ガガーリンは「高くのぼってしまうと、降りるのも一仕事だ」と思いつつ、サラトフに無事パラシュート帰還した。集まって来た人々の中には兵士たちがいて、自分を「少佐」と呼ぶので、ガガーリンは国防省の裁量で自分が宇宙飛行中に2階級特進したことを知り（ガガーリン, 1961, p.500）、その後、特別機でモスクワの赤の広場に戻ったガガーリンは、フルシチョフ首相や大挙した人波の大歓待を受けた（ガガーリン, 1961, pp.503ff.）。

　ガガーリンの生涯を一瞥すると、「火」というものの役割が際立っているように思える。彼はモスクワでの職業学校で鋳物工となるための教育を受けるが、工場での実習において、「火は強い、水は火より強い、土は水より強い、しかし人間はなにより強いんだ！」と教えられたことを心に銘記している（ガ

ガーリン, 1961, p.475, cf. ガガーリン, 1961, p.435)。確かに、火は物を燃やし
尽くし、水はその火を消し止め、川の流れは土手によって制御され、この土手
を作るのは人間である。

　しかし、熱気室での訓練から生まれた、「すべては火によってきたえられる。
私たちもまたそれによって鍛えあげられた」という熱い思いは（ガガーリン,
1961, p.460）、工場において金属を鋳型に流し込む前に、火で金属を溶かして
不純物を除去し、金属の純度を高める工程を充分に想起させるものである。火
による精錬が金属の純度を上げるように、燃えるような熱い訓練によって宇宙
への純真な思いが明確にされるのであり、ガガーリン自身は宇宙飛行士の任務
を「試練」と呼んでいる（ガガーリン, 1961, p.475, cf. コリ一 3:13, ペト一 1:7,
黙示 1:15, 3:18）。

　この試練で運命を共にする「ボストーク」号は「東（Vostok）」という意味
であり、ガガーリンは、「太陽は東からのぼり、昼の光は徐々に東から夜の闇
をせばめて行く、命名のいわれはそんな意味合い」だと理解している（ガガー
リン, 1961, p.476）。これは、自然界最大の火が闇夜を東から明るく暖めるよ
うに、この宇宙船に代表されるソ連の最新科学技術が、東側の国から西側の国
へとその成果を徐々に均霑（きんてん）させるという矜持だと考えられる。事実、ガガー
リンの友人の1人は、ソ連と同様に宇宙開発を進める競争相手の米国を意識し
て、「東のほうが西よりも太陽に近いんだぞ」と冗談を飛ばしている（ガガー
リン, 1961, p.471）。

　こうして、ガガーリンは宇宙飛行の先鞭を付けたものの、1968年にジェッ
ト機での訓練飛行中に34歳の若さで事故死したことは、ソ連中を大きな悲嘆
で包み込んだ。

第2節　エアラインの映画

　映画は文学と、文学は歴史と深く関与していることは、例えば本書におい
てもリンドバーグが歴史の重要な一齣（ひとこま）であり（本書第2章第6節）、文学の秀
逸な題材であるだけでなく（本書結章第1節）、『翼よ！　あれが巴里の灯だ』

（1957 年）という映画になっていることからも明白である。本節で取り上げる映画も文学的作品であり、程度の差はあれ何らかの点で歴史的背景を揺曳しているため、現実的に極めて重要な趣意を内包していると言えるだろう。

　ペーターゼン監督『エアフォース・ワン』（1997 年）は、米国大統領専用機エアフォース・ワン（Air Force One）に焦点を当てたアクション映画である。米国とロシアの合同特殊部隊が、もともとソ連に属していたカザフスタンの大統領宮殿から反民主主義の独裁的指導者イワン・ラデク将軍の拘束に成功した所から物語は始まる。3 週間後、米国大統領ジェームズ・マーシャルは、モスクワでのロシア政界との祝賀会の後、エアフォース・ワンで空港から妻と 12 歳の娘、政府要人、報道陣らと共に搭乗するが、離陸後にロシアの報道陣を装っていた幾人かのロシアの国粋主義テロリストたちにハイジャックされ、ドイツのラムシュタイン空軍基地への緊急着陸の試行はテロリストたちに阻止される。テロリストたちは米国の傀儡政権となったロシアの再統一や、クレムリンから資本主義者たちの駆逐、そして何よりもラデク将軍の解放を米国政府に要求するが、かつてベトナム戦争で救助ヘリのパイロットとして活躍した戦闘のプロであったマーシャル大統領は、勇気と機転を活かし、テロに屈することなく機内で果敢に戦う。

　しかし、同乗していた 12 歳の娘の命が脅かされると、機内から電話でロシアの大統領にラデク将軍の釈放を持ち掛けることを余儀なくされた。その頃、ワシントンの政府閣僚らは構成員過半数の署名を集めて、大統領から 1 人の父親となったマーシャルを大統領職から解任しようとするが、副大統領がサインを逡巡し、最終的に落下傘や救援輸送機による救助によって大統領は何人もの同僚を失いながらも家族と共に助かる。この最後の場面で、大統領は機内にテロリストたちを入れたのは米国側シークレットサービスの 1 人の裏切り行為によるものだと知るが、大統領はすでにハイジャックの前から、ある意味で 1 人の同僚を失っていたという現実的な政治世界を如実に描いているとも言えるだろう。

　大団円において、救援輸送機リバティー（Liberty）24 にエアフォース・ワンのボーイング 747 から脱出した大統領が搭乗すると、この救援輸送機が呼

出符号（call sign）をエアフォース・ワンに変更したことが明示しているように、エアフォース・ワンとは機体名ではなく、大統領の搭乗する空軍機を指す（Schiavo, 2002, a, pp.50ff.）。独立した米国空軍（United States Air Force）が正式に組織されるのは 1947 年であり、1933 年にローズヴェルト大統領を搭乗させた最初の大統領専用機は、海軍に属するダグラス社製飛行機であったため、仮に現在と同様の呼称が使用されるなら、「ネイビー・ワン（Navy One）」と呼ばれることになるだろう。映画に脚色は付き物であるが、「空飛ぶホワイトハウス（Flying White House）」とも呼ばれる実際のエアフォース・ワンには、映画で見られたような大きな会議室、武器庫、緊急脱出ポッドは存在しない（Schiavo, 2002, a, p.52）。

　飛行機による出張とホテル暮らしに明け暮れるアメリカの独身ビジネスマンを描いたのが、ライトマン監督『マイレージ、マイライフ』（2009 年）であり、主人公ライアンの仕事は従業員を解雇する予定のある会社に出向いて、「かつて大帝国を築いた人や、歴史を変えた人はみんな、今のあなたと同じ経験をしています（Anybody who ever built an empire or changed the world sat where you are now.）」という殺し文句で、会社に代わってその従業員に解雇通告をすることである。出張の先々では、「バックパックの中身は（What's In Your Backpack?）」という謳い文句で合理的ライフスタイルを主題にした講演会を催す人気講師でもある。

　彼の生き甲斐は、マイレージを実に地球 400 周に相当する 1,000 万マイル貯めることであり、ヒルトンホテルのバーで知り合った女性アレックスと親しくなるが、社員が数十人程のライアンの会社に優秀なナタリーが入社すると、出張費の 85 パーセントを削減し、パソコン画面による解雇通告をする合理的システムを案出して社長を説得してしまう。しかし、ナタリー自身が携帯メールで彼氏から、「俺たち、そろそろ別れよう（I think it's time we c other people.）」と簡潔に関係解消を告知され意気消沈する。

　ライアンは妹の結婚式当日になって結婚に怖じ気づいた相手の男性に対して、「君の人生で楽しかった思い出、最高の時は一人だったか？　人生には連れがいたほうがいい。みんなコーパイを必要としている（your favorite memories, the most important moments in your life, were you alone? Life's better with company. Everybody needs a co-pilot.)」と咄嗟の説得をするが、この言葉はこれまでに家族への熱い思いを切々と語ってきた多くの解雇対象者たちの言葉と共に自分に突き刺さって来る。こうして、ライアンはアレックスに振られた後、皮肉にも搭乗した飛行機で 1,000 万マイルの最年少記録を達成、機内で機長、客室乗務員らに祝されるが、自分には共に喜ぶ連れがいないことに漸く気付く。

　この映画では、「人生には連れがいたほうがいい。みんなコーパイを必要としている（Life's better with company. Everybody needs a co-pilot.)」という台詞が、最も印象的である。英語のカンパニーには「連れ（company）」という意味と「会社（company）」という意味があるが、「会社」人間のライアンには「会社」はあっても「連れ」がいなかったのである。「会社」を「連れ」にすることは決してできないというレトリックが、ここに落とし込まれているのではないだろうか。

　また、「コーパイ（co-pilot）」という表現は日本語では「副操縦士」と訳されるが、英語では直訳すれば「同席（co-）操縦士（pilot）」であり、対等な関係を示唆しうる（cf.本書第 3 章第 4 節）。ライアンのような会社人間は、多くの「シンポジウム（symposium）」に招待されて、シンポジウムの語源どおり、「共に（G.syn）」「飲むこと（G.posis）」のできる仲間はいても、カンパニーの語源どおり「共に（L.cum）」「パン（L.panis）」を食べる「連れ」がいなかったのである（cf.竹林, 2002, pp.509, 549, 2489）。

　実話に基づく近年のエアライン映画としては、イーストウッド監督『ハドソン川の奇跡』（2016 年）が著名であり、2009 年 1 月 15 日午後のニューヨーク・ラガーディア（LaGuardia）空港発のシャーロット（Charlotte）行き US エアウェイズ 1549 便が、離陸後間もなく両エンジンにバードストライクによる損傷を受け、ベテラン機長の判断でハドソン川に不時着水したという歴史的出来事に由来する（cf.杉江, 2016, pp.204ff.）。幾人かの負傷者が出たものの、機長、副操縦士、3 人の客室乗務員、155 人の乗客全員が奇跡的に生還したが、機長と副操縦士は国家運輸安全委員会（National Transportation Safety Board）

の事故調査委員会から、左エンジンは動いていたため、ラガーディア空港に無事引き返せたはずだとシミュレーションに基づいて詰め寄られる。

このように、機長は一部の航空関係者らからは犯人扱いされたり、世間からは英雄視されたりする中で、ジョギングによって体調を維持しつつ、記憶している事実を誠実に整理した結果、最後の公聴会ではシミュレーションと事故当日のコックピットの音声確認後、近隣空港への緊急着陸は無理であり、川底から発見された左エンジンも損傷していたことが判明した。機長が、シミュレーションの設定内容から人間的要素が排除されていたため、事実と異なる事故調査委員会の見立てが作り出されたことを冷静に忍耐強く説明すると、事故調査委員会の1人は、この機長の人間的判断がなければ機体は墜落していただろうと締め括るが、機長は自分だけの判断ではなく、副操縦士や客室乗務員の協力、全乗客、救助に来た人々、管制官たち、通りかかったフェリーや警察官たち、皆の力が全員生還に導いたことを諄々と諭した。

この機長の姿勢こそ、クルー・リソース・マネジメントを凌駕するオール・ヒーマン・リソース・マネジメント（all human resource management）とも言うべき人的資源総活用の精神であり（本書第3章第2節）、主としてソフトに基づく事後検証シミュレーションのように、ソフト・リソース・マネジメント（soft resource management）に最も欠落しているものである。

番外編のインタビューにあるように、一躍英雄となった機長の家には、ヨーロッパから「英雄、操縦士、アメリカ（Hero, Pilot, USA）」という住所だけで賞賛の手紙が届けられたらしいが、機長はリーマン・ショック翌年の出来事に、人々が何らかの希望を求めていただけではないかと、あくまで謙虚である。大量の最新ソフト機器が装備されている飛行機には、それ相応の、いやそれ以上の人間力の漲る人員も必要であることをこの出来事は物語っている。

全日本空輸の協力による矢口史靖監督『ハッピーフライト』（2008年）は、コメディ的要素を織り交ぜながら、機長、副操縦士、整備士、客室乗務員、グランドスタッフ、バードパトロール、運行管理や管制塔の職員の業務を離陸前の打ち合わせ（briefing）や機体整備から丁寧に追っている。機長と副操縦士は別々の機内食を取ることや（cf.稲本, 2017, p.126; 古庄, 2019, pp.34f.）、飛

行機の巡航高度が1万メートルの場合、外気圧は地上の5分の1、外気温はマイナス50度であり、10年かけて訓練されたパイロットの操縦する飛行機に毎日1回乗ったとしても事故確率は400年に1回程度といった基本的なことから、機体関係では、しばしばエンジントラブルの原因となるバードストライク、流速計であるピトー管、積乱雲や横風の危険性、滑走路面に横溝を刻むグルービング、客室やグランド関係では、緊急時を含む乗客対応やオーバーブッキング対応を取り扱っている。

　この映画の大尾で示唆されているように、若い時に実際に客室乗務員に接した乗客が後にこの仕事に就くという話は、現実味がある。また、画像や音声では「右（R）」「左（L）」という表現も出て来る（cf.日本航空広報部, 2014, p.428; 本書エアライン英語）。一般的に、地上走行や操縦（Pilot Flying）を行う機長とチェックリストの確認や管制・地上との交信（Pilot Monitoring）を行う副操縦士との間の「アイ・ハブ（I have)」「ユー・ハブ（You have)」というやり取りは、「私が操縦します（I have control)」「あなたに操縦を任せます（You have control)」という意味であり、業務の交替時に役割を明示する表現である（cf.杉江, 2015, a, p.256; 日本航空, 2020, pp.88, 97）。

　ちなみに、バードストライクを回避するには、一般的に煙火や散弾銃の空砲が使われるが、ドイツのデュッセルドルフ空港では、鷹匠が鷹を放って鳥を追い払っており（齊藤, 2017, p.133）、最近の飛行機事故確率は、毎日1回乗ったとしても2000年に1回くらいであるため、空港に向かうまでの自動車事故を心配したほうがいいかもしれないと言われている（古庄, 2019, pp.136f., cf.鈴木, 2014, p.2）。

　宮崎駿監督『風立ちぬ』（2013年）は、大正から昭和にかけて日本の航空機事情に焦点を当て、ゼロ戦製造の背景を個々の生き様と綯い合わせながら精妙に描いている作品である（cf.ANA総合研究所, 2017, pp.16f.）。主人公堀越二郎は、少年時代から飛行機に憧れ、現在の小学校の職員室に相当する「訓導控所」で飛行機「カプローニ30（Caproni 30)」の写真が表紙に掲載されている英文雑誌『週刊　航空機ジャーナル　1918年2月14日号　15セント（Aircraft Journal　February 14, 1918　Aviation　Issued Weekly　Price 15

Cents)』を借りて読みながら、自分の夢を重ね合わせていく。

　夢の中ではイタリアの航空機設計士カプローニと対話し、近眼の自分も日本の飛行機設計士を目指せると激励される。この雑誌によると、1918年の第一次世界大戦終盤までの約4年間で世界の航空機は増加し、フランスは6万8,000機、イギリスは5万6,000機、ドイツは4万8,000機、イタリアは2万機、アメリカは1万5,000機を製造しているが、日本は10年も20年も遅れて後塵を拝している。1人の下級生が数人の上級生にいじめられているのを放っておけない二郎は、貧しく弱い日本の将来も懸念しているのだろう。

　カプローニの夢が、戦後に「カプローニ輸送機（Transport Caproni）」で爆弾の代わりに100人の客を乗せて大西洋を飛ぶことであったように、二郎はただ美しい飛行機を造ることに憧れ、東京での学生時代には食堂で鯖の骨を見ては翼の湾曲に思いを馳せ、名古屋の三菱内燃機で働き始めてからも、「飛行機は戦争の道具でも、商売の手だてでもないのだ。飛行機は美しい夢だ。設計家は夢に形を与えるのだ」との思いを貫こうとする。

　後に二郎は、かつて汽車で偶然知り合った菜穂子と、上司の黒川による配慮で簡単な結婚式を挙げたものの、自らの死期を感じていた結核の菜穂子は、二郎の設計したゼロ戦完成を見計らって、山の療養所に1人静かに戻るが、「（菜穂子は）美しい所だけ、好きな人に見てもらったのね」と呟く黒川夫人の言葉は、夢と仕事を1つにして二郎が設計したゼロ戦が、戦争で美しい勇姿を見せて飛び立ち、大空に、大海に、吸い込まれて帰って来なかった長く深い歴史も端的に描写している。この零式艦上戦闘機は、「日本で最も大量に生産された戦闘機で、生産数は10939機に上る。ゼロは当時の艦上戦闘機としては最も優秀で、敏捷性に優れ、航続距離も長かった。1943年まで、連合軍にはこれをしのぐ航空機はなかった」と評価されている（ホワイトマン, 2013, p.110, cf.本書第3章第1節）。

　題名に取り入れられているヴァレリーの言葉、「風立ちぬ、いざ生きめやも」（堀辰雄訳）、「風が立つ。生きようと試みなければならない」という句の前半は、かつて隣の車両に乗っていた菜穂子が、飛ばされて来た二郎の帽子を受け止めた時の咄嗟の引用句であり、二郎はこの句の後半の言葉で返した。これに

対して菜穂子は死後、二郎の夢の中で「生きて！」と返答するが、この言葉も、風の息吹を受けて初めて生きるように飛び立つ飛行機への思いに重ねられているように思える。主題歌である荒井由実作詞・作曲・歌「ひこうき雲」は、大地で別れ別れになった人々を永遠に結び付ける大空の息吹を表している。

第3節　エアラインの接客

日本において接客を意味する劂切な表現の一つである「おもてなし」は、対象を維持して尊重することを意味する「もて」という接頭辞と、「なし」という動詞からなり、「相手の状態をそのまま大切に保ちながら、それに対して意図的に働きかけて処置する意」であり（大野, 1990, p.1316, cf.大野, 1990, pp.978f., 1315）、鎌倉時代以降にこの意味が限定され、御「馳走をする。饗応する」という意味になって現代に及んでいる（金田一, 2000, p.1110, cf.前田, 2005, p.1101）。

「おもてなし」は英語にするなら「ホスピタリティー（hospitality）」が近く、この表現は14世紀以降、巡礼者や旅行者を受け入れる「宿泊所（hospital）」、貧困者を受け入れる「救護院（hospital）」、病人を受け入れる「病院（hospital）」といった用語を背景としており（寺澤, 1997, p.668, cf.竹林, 2002, p.1188）、歴史的には何らかの意味で困窮している人に対する対応であるが、現代的意義は一般に他者に対する親切な行為を示している。

特に日本のおもてなしが「サービス（service）」と異なるのは、サービスが「召使（servus）」という表現に由来し、そのような者として仕えた対価として「チップ（tip）」が発生するという点であり（cf.寺澤, 1997, pp.1254, 1439; 竹林, 2002, pp.2247, 2580）、おもてなしは基本的に対価を要求しない「気くばり」や「心づかい」と言い換えられるものとして（真山, 2014, pp.187ff.; 江上, 2016, pp.1ff.）、相手との対等な関係を尊重する姿勢である。

三枝による『空の上で本当にあった心温まる物語』（2010年）は、その冒頭から機内における接客のおもてなしの舞台を遺憾なく描き出している。

機内は、空の上にある特別な舞台です。

ゆっくりお休みいただくホテルにもなれば、

おいしい食べ物、飲み物を堪能していただくレストランやバー、

免税品などの買い物をするデパート、

最新の映画を楽しむ映画館、

眺めが抜群の観光スポット、

資料を作成する仕事場、

読書や音楽でリラックスする趣味の場、

そして、静かに自分と向き合うことができる空間でもあります（三枝, 2010, pp.3f.）。

　離着陸においてジェットコースターのようなスリルを味到できるとすれば、この多機能な機内は遊園地であり、場合によっては生涯の伴侶との邂逅の場にもなると付言できるだろう（cf.三枝, 2010, p.54）。逆に、機内では泣き叫ぶ赤ん坊の声もあるが、その母親も周囲の乗客も客室乗務員も全員が困り果てていた時に、60代と思われる婦人がやって来て、その子を受け取って子守り歌を歌い始め、何分かで寝かしつけた後に、「こうやって自分の心臓の音を赤ちゃんに聞かせるの。胎児だったときに聞いた音だから赤ちゃんが安心するのよ。抱いている人の心が赤ちゃんに伝わるの」と言って去ったという（三枝, 2010, p.25）。

　豊澤の『"伝説のCA"の「あなたに会えてよかった」といわれる最上級のおもてなし』（2013年）によると、「おもてなし」とは偽りのない「真心のプレゼント」であり（豊澤, 2013, p.7）、1秒であっても身のこなし方によっては相手に真心を示すことが可能である。例えば、挨拶とはもともと「押しのけて進む」という意味であり、禅問答において相手の悟りの深浅を推し測ることに由来するように、相手との挨拶には、相手の心を開いて気持ちを汲み取る絶妙な間こそ重要なのである（豊澤, 2013, pp.185f., cf.中田, 1994, p.2）。苦手な相手との関係については、ある上司の凝りに凝ったアクセサリーを褒めた途端、関係が好循環に転じた実体験から、苦手な相手でも、その人全体の中で1パーセントの「好き」をゲーム感覚で探すことが勧められている（豊澤, 2013,

pp.149ff.）。また、この本でも、飛行機は向かい風で揚力を増して離陸することに基づいて、「試練が大きければ大きいほど、実は自分にとってもプラスの風になっている」ことが、「向かい風を受けて離陸した飛行機が雲を突き抜けたときに、そこに見えるのは光り輝く太陽と真っ青な空」であることにたとえられている（豊澤, 2013, pp.197ff., cf.本書序章第2節）。

真山のまとめた『誰にでも愛される人の「気くばり」ルール』（2014年）は、挨拶、表情、身だしなみ、立ち居振る舞い、言葉づかいという5つの基本マナーに心も添えて、相手をほめる、感謝の言葉を表す、積極的に自己開示する、相手の気持ちに近づくための問いかけが重要であるという（真山, 2014, pp.27ff., 43ff., 46ff., 54ff., 58ff.）。特に、笑顔や良い姿勢が醸し出す第一印象は、その後の展開に大きな役割を果たすことを考慮すると極めて重要であり、たとえ作り笑顔であったとしても、「バイオフィードバック効果」によって表情筋の動きが脳を刺激し、心や体の状態が改善されるため、自分に対しても相手に対しても良い影響を与えることが解明されている（真山, 2014, p.80）。これは三枝の指摘する「そとづら力」の重要性とも通底している（三枝, 2018, pp.2, 210）。

江上の極めた『〝心づかい〟の極意』（2016年）によれば、日本航空の「表情、態度、身だしなみ、言葉づかい、挨拶」という「第一印象を高めるための5原則」に基づいた上で（江上, 2016, pp.64, 74）、おもてなしは、「相手の時間を大切にする」「相手に恥をかかせない」「相手に関心を持って寄り添う」「『観察、状況認識、想像、判断、行動』の流れが基本」「『ほめる風土』の醸成からはじめる」「心づかいの表し方は一律ではない」「誰かの一番が、ほかの誰かの一番とは限らない」という7つのルールに具体化される（江上, 2016, pp.20, 28, 34, 40, 51, 60, 69）。例えば、機内食を楽しむよりは睡眠時間の確保を重視する乗客はそのままにすること、恥ずかしいほどの鼾（いびき）をかく乗客には毛布をかけてそっと体に触れることで騒音は収まること、隣の赤ん坊の泣き声で休めないビジネスパーソンに対しては、母親と赤ん坊をギャレーに遊びに連れて行った後にねぎらいの言葉をかけること、毛布をもう1枚求める乗客には温かい飲み物も添えて相手の状況に対応すること、同僚の客室乗務員の手際

良い仕事ぶりは、具体的に同僚らの前で紹介すること、挨拶の際には挨拶の言葉を述べてからお辞儀をすること、多様な乗客の要望に対して1つの正解がない場合には、ベストな方策をその度に案出すること等が説かれている（江上, 2016, pp.21, 28, 37, 41, 51, 61, 72）。こうした配慮は、顧客に満足だけでなく感動を与えるためのものでもある（江上, 2016, p.252）。

　真山も江上も強調している点に、相手の話を「きく」ことの効果があり、どのような職場環境や人間関係であっても、それらを向上させる3つの「きく」がある（真山, 2014, pp.84ff.; 江上, 2016, pp.94ff., cf.豊澤, 2013, p.15）。

　＊3つの「きく」
　(1)「聞く（hear）」。相手の話を聞く状況を確保する。
　(2)「聴く（listen）」。相手の話の内容に耳を傾ける。
　(3)「訊く（ask）」。相手の話に対して質問をして訊く。

　つまり、まずは手を休めて相手に真向かい、聞く姿勢を見せ、次に相槌を打ちながらその内容を理解し、自分の言葉で言い換えて確認し、最後に残る疑問点を質問することで、相手との意思疎通が進展するのである。「聞く」「聴く」「訊く」ことが、意思疎通には「効く」と言えるだろう。

　客室乗務員を経て心理学や観光学の専門家となった山口は、このような接客のできる客室乗務員の適性として、明るい笑顔と挨拶、人の喜びに対する共感力、周辺状況の感知力、コミュニケーション能力、チームワーク力、健康な心身を挙げている（山口, 2019, pp.218ff.）。これらはすべて自ら育て、鍛えることのできるものであり、日常生活において空港や飛行機会社の工場の見学、飛行機旅行、人前で話す機会、経験領域の拡大に伴って観察したことに対する感性の自己分析、規則正しい生活を勧めている（山口, 2019, pp.231ff.）。

エアライン英語

accident report 事故報告書

acrobatics 曲技飛行

aerobatics 曲技飛行

aerodyne 重航空機

aerostat 軽航空機

aerial アンテナ

aeronautical chart 航空図

aft 後部の、後方の

aileron エルロン、補助翼

aircraft 航空機

aircraft accident 航空機事故

airfoil 翼型

air intake 空気取入口

airplane 飛行機

airport 空港

airport quarantine 空港検疫

air-pressure gauge 気圧計

airship 飛行船

airside 出国ゲートの向こう側

airspeed indicator 対気速度計

air traffic control 航空交通管制

altimeter 高度計

altitude 高度

angle of attack 迎え角

apron （空港の）エプロン、駐機場

armed ある装置が一動作で直ちに作動する
状態であり、例えば、飛行機の扉を開
けた時に脱出用スライドが自動的に膨
らむ状態や、飛行機の接地と共にスポ
イラーが自動的に作動する状態

arrival 到着

artificial horizon 人工水平儀

attacker 攻撃機

autopilot 自動操縦

axle 車軸

ballast バラスト、重り

balloon 気球

banking 横傾斜

bassinet 機内の幼児用ベッド

biplane 複葉機

birdproof 防鳥

bird strike 鳥との衝突

boarding pass 搭乗券

bomb 爆弾

bomber 爆撃機

booking 予約

brake ブレーキ

briefing ブリーフィング、打ち合わせ

bulkhead 隔壁

bulk loading ばら積み方式

cabin attendant 客室乗客係

cabin crew 客室乗務員

camber 翼の反り

captain 機長

cargo 貨物

ceiling 雲低高度

CFRP (Carbon Fiber Reinforced Plastic) 炭
素繊維強化プラスチック

check-in 搭乗手続き

choke 車輪止め

circulation 循環、空気の流れ

civilian aircraft 民間機

clearance （離陸、進入、着陸等の）管制許
可

climb 上昇する

climbing speed 上昇速度

clinometer 傾斜計

cockpit 操縦室

combustion 燃焼

compressor 圧縮機

configuration 機内の座席配置

connection 乗り継ぎ

contact approach 目視進入

container loading コンテナ・ローディング

control area 管制区

control column 操縦桿

control stick 操縦桿

control tower 管制塔

control zone 管制圏

copilot 副操縦士

corporate social responsibility 企業の社会的責任

crosswind 横風

cruising speed 巡航速度

customs 税関

cylinder 気筒

debriefing 任務報告ミーティング、デブリーフィング

deep vein thrombosis 深部静脈血栓症

delay 遅延

density 空気密度

departure 出発

descend 下降する

destination 最終目的地

dihedral angle 上半角

directional gyro 定針儀

dirigible 飛行船

disarmed 飛行機の扉を開けた時に脱出用スライドが自動的には膨らまない状態や、飛行機の接地と共にスポイラーが自動的には作動しない状態

dispatcher ディスパッチャー、運航管理者

ditching 不時着水

diversion 代替飛行場着陸

dogfight 空中戦

domestic 国内線

dorsal fin 背鰭

downburst ダウンバースト、急激な下降気流

downwash 洗流、吹き降ろし

drag 抗力

elevator 昇降舵

emergency 緊急

emergency exit 緊急出口

empennage 尾部

endurance 航続時間

engine エンジン

exhaust 排気

fabric 羽布

fatigue 疲労

fighter 戦闘機

fin 垂直尾翼

first officer 副操縦士

flap フラップ、下げ翼

flight 操縦、飛行、便

flight engineer 航空機関士

flight plan フライト・プラン、飛行計画

fly-by-wire フライ・バイ・ワイヤ、電気信号操縦装置

flying boat 飛行艇

fore 前部の、前方に

forward 前部の、前方に

fuel 燃料

fuel jettison 燃料放出

fuselage 胴体

galley 厨房

gate 搭乗口

go-around 着陸復行

go-show 予約無しの搭乗希望客

gravity 重力

gross weight 総重量

ground power unit 地上電源車

ground speed 対地速度

gunsight 照準器

hangar 格納庫

hatch（飛行機の）出入口

headwind 向かい風、逆風

helicopter ヘリコプター

horizontal stabilizer 水平安定板

horizontal tail 水平尾翼

hypersonic 極超音速

icing 着氷

igniter 点火装置

immigration 出入国審査

inlet 注入口

instrument flight 計器飛行

international 国際線

irregularity イレギュラー運航

jetliner ジェット機

jettison 投げ荷

landing distance 着陸距離

landing gear 着陸装置（車輪）

landing light 着陸灯

landing roll 着陸滑走

landside 出国ゲートのこちら側

latitude 緯度

liaison plane 連絡機

lift 揚力

limiting speed 制限速度

longitude 経度

mach number マッハ数

main landing gear 主輪

main rotor 主回転翼

main wing 主翼

maintenance engineer 整備士

maneuver 運動、動き

Mayday「助けて」という国際救難信号

military aircraft 軍用機

missed approach 進入復行

mock-up モックアップ、原寸大模型

monoplane 単葉機

mush 失速したまま飛ぶ

nacelle エンジン室

narrow body 狭胴型

navigation 航法

navigation light 航空灯

nose 機首

nose landing gear 前輪

no-show 予約済の無連絡未到着客

oil-pressure gauge 油圧計

operation 運航

overall length 全長

overall width 全幅

overrun オーバーラン、過走

oxygen 酸素

oxygen inhalation 酸素吸入

pallet loading パレット・ローディング

passenger 乗客

passenger boarding bridge 旅客搭乗橋

patrol plane 哨戒機

pay load 有償重量

pilot 操縦士

pilot-in-command 機長

pitching 縦揺れ

pressure 圧力

port 左側

propeller プロペラ

proximity 接近

quarantine 検疫

radiator 冷却装置

ramp 駐機場

range 航続（限界）距離

reconnaissance 偵察

reconnaissance plane 偵察機

remark 特記事項

rib 肋材

rolling 横揺れ

rotor 回転翼

rudder 方向舵

runway 滑走路

satellite （空港の）サテライト、別棟

seaplane 水上飛行機

seat mile 座席マイル

sensor 感知器

separation 剥離

serious incident 重大インシデント

shaft 軸

ship 飛行機

shock absorber 緩衝装置

single aisle 単通路

sonic boom 衝撃音

spar 桁

speed indicator 速度計

spoiler スポイラー、阻害板

spot （個別の）駐機場

stall 失速

starboard 右側

statoscope 昇降計

streamline 流線形

strut 支柱

supersonic 超音速機

sweptwing 後退翼

swing-wing 自動可変翼

tachometer エンジン回転形

tail plane 水平尾翼

tail rotor 尾部回転翼

tail wheel 尾輪

tailwind 追い風

take-off distance 離陸距離

take-off roll 離陸滑走

taxiing light 地上走行灯

taxiway 誘導路

temperature 温度

threshold speed 滑走路の末端（threshold）
　　　に進入する時の速度

thrust 推力

tipping 尻もち

touch-down speed 接地速度

trainer 練習機

transponder 応答機

transport plane 輸送機

triplane 三葉機

turbine タービン

turbulence 乱気流

turn 旋回

turning speed 旋転率

twin aisle 双通路

ultralight 超軽量飛行機

ventilation 換気

vertical stabilizer 垂直安定版

vertical tail 垂直尾翼

visual approach 視認進入

visual flight 有視界飛行

voltmeter 電圧計

VTOL（vertical take-off and landing）aircraft
　　　垂直離着陸機

weather minima 最低気象条件

wheelchair 車椅子

wide body 広胴型

wind shear ウィンドシア、晴天乱流

windshield 風防

wind tunnel 風洞

wingtip 翼端

wing walk 翼上歩行

yawing 偏揺れ

＊かつて starboard「右側」と port「左側」が right や left とは別に用いられたのは、機体を上下や前後から見た時の曖昧さを回避するためであり、古代から船では右舷の「舵取り」（steer）用の「側」（board）で櫂を用いていたことと、左舷を「港」（port）に横付けして荷物の出し入れを行っていたことが、航空用語にも反映されたためでもある（寺澤, 1997, pp.137, 1091, 1343, cf.鈴木, 2002, pp.174ff.; 造事務所, 2015, pp.146f.; 古庄, 2019, pp.104f.）。また、近代以降、スクリューの回転方向の関係から、左舷を港に横付けするほうが逆よりも簡単であったとも説明されている（谷川, 2005, p.74）。こうした語法は、特に緊急時の意思疎通の機能不全を防止するために必須であったが、現在では「右側（R, right）」と「左側（L, left）」が使用されている。また、descend「下降する」の対義語は一般には ascend「上昇する」であるが、航空用語で climb とされているのは、descend と ascend の発音が冒頭音の「de」と「a」を除けば同じ「scend」であるため、ascend の使用が回避されている。こうした語法も、特に緊急時の意思疎通における誤解を防止するために必須である。

年　表

c.620B.C. − c.564B.C.	イソップ Aesop
586B.C. − 538B.C.	バビロン捕囚 Babylonian Exile
427B.C. − 347B.C.	プラトン Plato
384B.C. − 322B.C.	アリストテレス Aristotle
100B.C. − 44B.C.	カエサル Gaius Julius Caesar
63B.C. − 14	アウグストゥス Augustus, Gaius Julius Caesar Octavianus （ローマ皇帝在位 , 27B.C. − 14）
43B.C. − 17	オウィディウス Publius Ovidius Naso
42B.C. − 37	ティベリウス Tiberius Julius Caesar Augustus （ローマ皇帝在位 , 14 − 37）
3 （-2) B.C. − 30	イエス Jesus*
5 （-10) − 65 (-68)	パウロ Paul**
c.1220 − c.1292	ベーコン Roger Bacon
1451 − 1506	コロンブス Christopher Columbus
1452 − 1519	レオナルド・ダ・ヴィンチ Leonardo da Vinci （『鳥の飛翔に関する手稿』, 1505）
1471 − 1528	デューラー Albrecht Dürer
1475 − 1564	ミケランジェロ Michelangelo di Lodovico Buonarroti-Simoni
1557 − 1640	ルーベンス Peter Paul Rubens
1606 − 1669	レンブラント Rembrandt Harmenszoon van Rijn
1642 − 1727	ニュートン Isaac Newton
1695 − 1771	ピトー Henri Pitot
1700 − 1782	ベルヌーイ Daniel Bernoulli （ベルヌーイの定理 , 1738）
1731 − 1810	キャヴェンディッシュ Henry Cavendish （水素の発見 , 1766）
1740 − 1810	モンゴルフィエ，ジョゼフ Joseph Michel de Montgolfier （気球の有人飛行 , 1783）
1745 − 1799	モンゴルフィエ，ジャック Jacques Étienne de Montgolfier （気球の有人飛行 , 1783）

1746 - 1823	シャルル Jacques Alexandre César Charles
	（シャルルの法則の発見, 1787）
1754 - 1793	ルイ十六世 Louis XVI
	（フランス王在位, 1774 - 1792）
1758 - 1820	ロベール, アン Anne-Jean Robert
1760 - 1820	ロベール, ニコラ Nicolas-Louis Robert
1773 - 1857	ケイリー Sir George Cayley
	（有人グライダーの飛行, 1853）
1789 - 1799	フランス革命
1802 - 1870	マグヌス Heinrich Gustav Magnus
1808 - 1873	ナポレオン三世 Charles Louis Napoléon Bonaparte
	（フランス第二帝政皇帝在位, 1852 - 1870）
1812 - 1855	キルケゴール Søren Kierkegaard
1815 - 1898	ビスマルク Otto Eduard Leopold von Bismarck
	（ドイツ帝国首相在任, 1871 - 1890）
1825 - 1882	ジファール Henri Jacques Giffard
	（飛行船の飛行, 1852）
1832 - 1910	シャヌート Octave Chanute
1834 - 1906	ラングレー Samuel Pierpont Langley
1838 - 1916	マッハ Ernst Mach
1838 - 1917	ツェッペリン Ferdinand von Zeppelin
1847 - 1921	ジュコーフスキー Nikolai Egorovich Zhukovskii
1848 - 1896	リリエンタール, オットー Otto Lilienthal
	（『鳥の飛翔』, 1889）
1849 - 1933	リリエンタール, グスタフ Gustav Lilienthal
1850 - 1880	ペノー Alphonse Pénaud
1856 - 1939	フロイト Sigmund Freud
1857 - 1930	タフト William Howard Taft
	（アメリカ第 27 代大統領在任, 1909 - 1913）
1861 - 1865	アメリカ南北戦争
1863 - 1937	ドゥメルグ Pierre-Paul-Henri-Gaston Doumergue
	（フランス大統領在任, 1924 - 1934）
1863 - 1947	フォード Henry Ford

1866 － 1936	二宮忠八 Chuuhati Ninomiya
1867 － 1944	クッタ Martin Wilhelm Kutta
1867 － 1912	ライト，ウィルバー Wilbur Wright
	（動力付き有人飛行, 1903）
1868 － 1956	テイラー Charles Edward Taylor
1871 － 1948	ライト，オーヴィル Orville Wright
	（動力付き有人飛行, 1903）
1871 － 1945	ヴァレリー Paul Valéry
1872 － 1933	クーリッジ John Calvin Coolidge
	（アメリカ第 30 代大統領在任, 1923 － 1929）
1872 － 1936	ブレリオ Louis Blériot
1873 － 1932	サントス - デュモン Alberto Santos-Dumont
1873 － 1944	カレル Alexis Carrel
1877 － 1944	奈良原三次 Sanji Narahara
1878 － 1946	日野熊蔵 Kumazou Hino
1879 － 1936	オビントン Earle Ovington
1881 － 1956	ボーイング William Edward Boeing
1882 － 1945	ローズヴェルト Franklin Delano Roosevelt
	（アメリカ第 32 代大統領在任, 1933 － 1945）
1884 － 1963	徳川好敏 Yoshitoshi Tokugawa
1884 － 1972	トルーマン Harry S Truman
	（アメリカ第 33 代大統領在任, 1945 － 1953）
1885 － 1972	コアンダ Henri Coanda
1886 － 1924	マロリー George Herbert Leigh Mallory
1886 － 1957	カプローニ Giovanni Battista Caproni
1886 － 1962	ハインリッヒ Herbert William Heinrich
1887 － 1958	ロッキード，マルコム Malcolm Lockheed
1889 － 1969	ロッキード，アラン Allan Haines Lockheed
1892 － 1981	ダグラス Donald Willis Douglas
1894 － 1971	フルシチョフ Nikita Sergeevich Khrushchyov
	（ソ連首相在任, 1958 － 1964）
1899 － 1986	ボルヘス Jorge Luis Borges
1900 － 1944	サン - テグジュペリ Antoine de Saint-Exupéry

1902 – 1974	リンドバーグ，チャールズ Charles Augustus Lindbergh
	（大西洋横断無着陸単独飛行 , 1927）
1903 – 1982	堀越二郎 Jirou Horikoshi
1904 – 1965	チャーチ Ellen Church
1906 – 2001	リンドバーグ，アン Anne Morrow Lindbergh
1910 – 1991	ガン Earnest K. Gann
1913 – 1994	ニクソン Richard Milhous Nixon
	（アメリカ第 37 代大統領在任 , 1969 – 1974）
1914 – 1918	第一次世界大戦 World War I
1934 – 1968	ガガーリン Yuriy Alekseevich Gagarin
1934 –	入江昭 Akira Iriye
1936 –	バッハ Richard Bach
1938 –	リーズン James T. Reason
1939 – 1945	第二次世界大戦 World War II
1950 – 1953	朝鮮戦争 Korean War
1954 – 1975	ベトナム戦争 Vietnam War
1961 – 1974	米国アポロ計画 Apollo Project
	（アポロ 11 号月面着陸 , 1969）
1997	ペーターゼン監督『エアフォース・ワン』公開
2008	矢口史靖監督／脚本『ハッピーフライト』公開
2009	ライトマン監督／脚本『マイレージ、マイライフ』公開
2013	宮崎駿原作／脚本／監督『風立ちぬ』公開
2016	イーストウッド監督『ハドソン川の奇跡』公開

＊イエスの生没年は Ben Witherington III, *Invitation to the New Testament*, p.26 による。

＊＊パウロの生没年は Ben Witherington III, *Invitation to the New Testament*, pp.153-166 による。

文献表

1. 和書

アイザックソン，ウォルター（土方奈美訳）『レオナルド・ダ・ヴィンチ（上）／（下）』（文藝春秋, 2019）＝ Isaacson, Walter, *Leonardo da Vinci*, (New York, NY: Simon & Schuster, 2017)

青木日出雄『旅客機』[カラーブックス]（保育社, 1981）

青木謙知『ボーイング 787 はいかにつくられたか　初代モデル 1 から最新 787 まで、世界の航空史を彩る歴代名機に迫る!!』[サイエンス・アイ新書]（ソフトバンク クリエイティブ, 2009）

青木謙知（総監修）『航空用語厳選 1000　わかりやすい！面白い！　航空知識を楽しく覚えよう。』（イカロス出版, 2014）

青木謙知『飛行機事故はなぜなくならないのか　55 の事例でわかった本当の原因 [ブルーバックス]（講談社, 2015）

青木謙知『旅客機事故大全　事故調査報告書は語る　わが国初の、民間旅客機（貨物機含む）の事故と重大インシデントの解説・データ集』（イカロス出版, 2017）

青木謙知監修・執筆『旅客機年鑑　2020-2021』[AIRLINE イカロス MOOK]（イカロス出版, 2020）

青山透子『日航 123 便墜落の新事実　目撃証言から真相に迫る』（河出書房新社, 2017）

赤井邦『格安航空会社が日本の空を変える』（日本経済新聞出版社, 2011）

秋本俊二『みんなが知りたい空港の疑問 50　滑走路とふつうの道路の違いは？　大量の荷物はどう運ばれるの？』[サイエンス・アイ新書]（ソフトバンククリエイティブ, 2009）

秋本俊二『空港の大研究　どんな機能や役割があるの？　滑走路のヒミツから遊べる施設まで』（PHP 研究所, 2012）a

秋本俊二『航空大革命―― 10 年後に航空市場が倍増する』[角川 one テーマ 21]（角川書店, 2012）b

秋本俊二『成田空港のひみつ　美味い、便利、快適！徹底活用ガイド』（PHP 研究所, 2019）a

秋本俊二『日本のローカル航空　地方を結ぶエアコミューターの魅力のすべて』（河出書房新社, 2019）b

秋本実『研究機開発物語　高速力、高高度、航続力に賭けた国産機の全貌』[光人社 NF 文庫]（光人社, 2003）

秋本実『日本飛行船物語　航空界の特異な航跡を辿る』[光人社 NF 文庫]（光人社, 2007）

秋山勝「訳者あとがき」(2017)，マカルー，デヴィッド（秋山勝訳）『ライト兄弟　イノベーション・マインドの力』[草思社文庫]（草思社, 2020）

秋吉貴雄『公共政策の変容と政策科学　日米航空輸送産業における 2 つの規制改革』（有斐閣,

2007）

アシュフォード，ノーマン・J.／マーティン・スタントン，H. P.／マーレ，クリフトン・A.／クテユ，ピエール／ビースレイ，ジョン・R.（柴田伊冊訳）『空港オペレーション　空港業務の全分野の概説と将来展望』（成山堂書店, 2017）= Ashford, Norman J.; Martin Stanton, H. P.; Moore, Clifton A.; Coutu, Pierre; Beasley, John R., *Airport Operations*, (New York, NY: McGraw-Hill Education, 2013, 3rd)

阿施光南『パイロットになるには』［なるにはBooks］（ぺりかん社, 2017）

阿施光南『エアラインパイロットになる本　夢を実現させるための進路ガイド　最新版』（イカロス出版, 2019）

安達巧『JALの監査の失敗と裁判　日本の公認会計士監査の水準と現実』（ふくろう出版, 2013）

天沼春樹『飛行船　空飛ぶ夢のカタチ』（KTC中央出版, 2002）

アンダーソンJr., ジョン・D.（織田剛訳）『空気力学の歴史』（京都大学学術出版会, 2009）= Anderson Jr., John D., *A History of Aerodynamics and Its Impact on Flying Machines*, [Cambridge Aerospace Series], (Cambridge: Cambridge University Press, 1997）

アンダーソンJr., ジョン・D.（織田剛訳）『飛行機技術の歴史』（京都大学学術出版会, 2013）= Anderson Jr., John D., *The Airplane A History of Its Technology*, (Reston, VA: American Institute of Aeronautics and Astronautics, 2002）

イーストウッド，クリント（Eastwood, Clint）監督／コマーニキ，トッド（Komarnicki, Todd）脚本『ハドソン川の奇跡（Sully）』（ワーナー・ブラザーズ, 2016）

イーレシュ，アンドレイ／イーレシュ，エレーナ（川谷湊一訳）『大韓航空機撃墜　九年目の真実　ソ連側重大証言！』（文芸春秋, 1991）= Illesch, Andrej and Illesch, Jelena, *Todesflug KAL 007*, (Hamburg: Rowohlt Taschenbuch Verlag GmbH, 1989）

生井英考『空の帝国アメリカの20世紀』［講談社学術文庫］（講談社, 2018）

池内宏／海老池昭夫『航空事故の過失理論 ─ 如何なるヒューマンエラーに刑事不法があるのか ─（改訂版）』（成山堂書店, 2008）

池内宏『航空法　～国際法と航空法令の解説～　改訂版』（成山堂書店, 2018）

池上英洋編『レオナルド・ダ・ヴィンチの世界』（東京堂出版, 2007）

石黒一憲『日米航空摩擦の構造と展望』（木鐸社, 1997）

石原剛編著『空とアメリカ文学　American Literature and the Sky』（彩流社, 2019）

泉田昭他編『新聖書辞典［新装版］』（いのちのことば社, 2014）

イソップ（中務哲郎訳）『イソップ寓話集』［岩波文庫］（岩波書店, 1999）= Perry, Ben Edwin, *Aesopica A Series of Texts Relating to Aesop or Ascribed to Him or Closely Connected with the Literary Tradition that bears His Name Collected and Critically Edited, with a Commentary and Historical Essay*, (Illinois, IL: University of Illinois Press, 2007, originally c.3C.B.C.）

出射忠明『飛行機メカニズム図鑑』（グランプリ出版, 1985）

伊藤元重／下井直毅『日本の空を問う　なぜ世界から取り残されるのか』（日本経済新聞出版社, 2007）

井戸剛『空港の科学　そのシステムと機能』［NHK ブックス］（日本放送出版協会, 1970）

井戸剛『旅客機の科学』［NHK ブックス］（日本放送出版協会, 1977）

稲本恵子編『エアライン・ビジネス入門』（晃洋書房, 2017）

井上雅之『よくわかる航空業界　最新「業界の常識」』（日本実業出版社, 2012, 最新 3 版）

井上泰日子『最新｜航空事業論　エアライン・ビジネスの未来像［第 3 版］』（日本評論社, 2019）

井上六郎／ MOSH books『飛行機撮影ハンドブック』［今すぐ使えるかんたん mini］（技術評論社, 2019）

入江昭『歴史を学ぶということ』［講談社現代新書］（講談社, 2005）

岩見宣治『空港のはなし』［交通ブックス］（成山堂書店, 2008）

引頭麻実編著『JAL 再生　高収益企業への転換』（日本経済新聞出版社, 2013）

ヴァザーリ，ジョルジョ（森田義之他監修）『美術家列伝　第三巻』（中央公論美術出版, 2015）
= Vasari, Giorgio, *Le vite de piu eccellenti pittori, scultori et architettori*, (Firenze: Giunti, 1568, 2nd)

ヴァントック，ヴィクトリア（浜本隆三／藤原崇訳）『ジェット・セックス　スチュワーデスの歴史とアメリカ的「女性らしさ」の形成』（明石書店, 2018）= Vantoch, Victoria, *The Jet Sex Airline Stewardesses and the Making of American Icon*, (Philadelphia, PA: University of Pennsylvania Press, 2013）

上村敏之／平井小百合『空港の大問題がよくわかる［光文社新書］（光文社, 2010）

ウェルズ，H. G.（長谷部文雄／阿部知二訳）『世界史概観　上／下』［岩波新書］（岩波書店, 1966）= Wells, H. G., *A Short History of the World*, (London: Penguin Books Ltd., 1965）

ANA50 年史編集委員会編『大空への挑戦　ANA50 年の航跡』（全日本空輸, 2004）

ANA 総合研究所編『エアラインオペレーション入門　改訂版 ― 航空を支えるプロの仕事 ―』（ぎょうせい, 2015）

ANA 総合研究所『航空産業入門（第二版）』（東洋経済新報社, 2017）

ANA ビジネスソリューション『ANA が大切にしている習慣』［扶桑社新書］（扶桑社, 2015）a

ANA ビジネスソリューション『仕事も人間関係もうまくいく ANA の気づかい』（KADOKAWA, 2015）b

ANA ビジネスソリューション『人もチームもすぐ動く ANA の教え方』（KADOKAWA, 2017）a

ANA ビジネスソリューション『どんな問題も「チーム」で解決する ANA の口ぐせ』［中経の

文庫〕（KADOKAWA, 2017）b

江上いずみ『"心づかい"の極意　JALファーストクラスのチーフCAを務めた「おもてなし達人」が教える』（ディスカヴァー・トゥエンティワン, 2016）

オウィディウス（中村善也訳）『変身物語（上）／（下）』〔岩波文庫〕（岩波書店, 1981／1984）= Ovid, *Metamorphoses Books 1-8 Translated by Frank Justus Miller Revised by G. P. Goold / Metamorphoses Books 9-15 Translated by Frank Justus Miller Revised by G. P. Goold*, [The Loeb Classical Library 42 / 43], (Cambridge, MA: Harvard University Press, 1984, 3rd / 1984, 2nd, originally 1C.)

OECD編（丸茂新／中村徹／吉井秀和訳）『国際航空輸送政策の将来　グローバルな変化に対応して』（日本経済評論社, 2000）= Organization for Economic Co-operation and Development (OECD), *The Future of International Air Transport Policy*, (Paris: OECD, 2000)

大内建二『日本の航空機事故90年』〔交通ブックス〕（成山堂書店, 2003）

大川朗子『全日空で学んだ働くすべての人のための労働法』（カナリア書房, 2010）

大鹿靖明『堕ちた翼　ドキュメントJAL倒産』（朝日新聞出版, 2010）

大島愼子『世界で最も危なくない航空会社の広報戦略の教え』（ごま書房, 2007）

太田弘編著『航空図のはなし（改訂版）』〔交通ブックス〕（成山堂書店, 2009）

大田嘉仁『JALの奇跡　稲盛和夫の善き思いがもたらしたもの』（致知出版社, 2018）

大西康之『稲盛和夫最後の闘い　JAL再生にかけた経営者人生』（日本経済新聞出版社, 2013）

大野晋他編『岩波　古語辞典　補訂版』（岩波書店, 1990）

大橋英五『日本航空・全日空　混迷からの脱出なるか、航空』〔日本のビッグ・ビジネス〕（大月書店, 1996）

大橋洋治『大空に夢を求めて　私の履歴書』（日本経済新聞出版社, 2020）

大宅邦子『選んだ道が一番いい道　いつも小さなすてきは見つかる』（サンマーク出版, 2019）

小川利彦／野沢正／渡辺敏久『航空の事典』（岩崎書店, 1957）

小川利彦『日本の傑作機　図説・飛行機事典』〔光人社NF文庫〕（光人社, 2004, 新装版）

小倉寛太郎／佐高信『組織と人間』〔角川oneテーマ21〕（角川書店, 2009）

尾崎明編『エアライン最新案内。完全保存版』〔Media House Mook　Pen+ with New Attitude〕（CCCメディアハウス, 2020）

お仕事ナビ編集室編『飛行機に関わる仕事　パイロット　航空管制官　航空整備士　客室乗務員』〔キャリア教育支援ガイド　お仕事ナビ〕（理論社, 2016）

小野塚知二「第1章　航空熱と世界記録更新 —— 技術革新の時期・主体・方向性 —— 」（cf. 高田, 2020）

小野展克『巨象の漂流　JALという罠』〔講談社BIZ〕（講談社, 2010）

カールソン，ヤン（堤猶二訳）『真実の瞬間　SAS（スカンジナビア航空）のサービス戦略は

なぜ成功したか』（ダイヤモンド社, 1990）＝ Carlzon, Jan, *Moments of Truth*, (Cambridge, MA: Ballinger Publishing Company, 1987)

ガガーリン，ユーリー（江川卓訳）『地球は青かった』［荒正人解説『翼よ、あれがパリの灯だ』リンドバーグ／『運命とのたたかい』ガン／『夜と嵐をついて』バック／『地球は青かった』ガガーリン（筑摩書房, 1978 ヴェリタ版）］≒ Гагарин, Юрий Алексеевич, ДОРОГА В КОСМОС, (ПРАВДА, 1961)

賀集章『消えたエアライン　陰の航空会社物語 「航空会社はこうして消えてゆく！」』［Air Books］（山海堂, 2003）

加藤寛一郎『航空機事故 次は何が起こる　墜落から爆発まで徹底検証』［講談社＋アルファ文庫］（講談社, 2006）

加藤寛一郎『まさかの墜落』（大和書房, 2007）

加藤寛一郎『飛ぶ力学』（東京大学出版会, 2012）

加藤常夫／上田恒夫『機長席からのメッセージ　人間, 機械そして自然を愛して』［有斐閣ビジネス］（有斐閣, 1986）

加藤常夫／上田恒夫『機長席からのメッセージ PART2　プロの仕事, そしてプロの心』［有斐閣ビジネス］（有斐閣, 1988）

金子寛人『JALの現場力』（日経BP社, 2017）

唐津雅人『羽田 vs. 成田』［マイコミ新書］（毎日コミュニケーションズ, 2011）

カルマン，テオドール・フォン（谷一郎訳）『飛行の理論』（岩波書店, 1956）＝ Karman, Theodore von, *Aerodynamics Selected Topics in the Light of their Historical Development*, (Ithaca, NY: Cornell University Press, 1954)

川口満『現代航空政策論』（成山堂書店, 2000）

河崎俊夫『飛行機雑学事典　最新技術のすべて』［ブルーバックス］（講談社, 1983）

川本多岐子／真鍋早悠里／酒匂はるか編『外資系客室乗務員になる本　最新版』［イカロスMOOK］（イカロス出版, 2016）

川本多岐子編『CAになるための面接入門　JAL&ANA対応』［イカロスMOOK］（イカロス出版, 2017）a

川本多岐子編『CA合格脳のつくり方——CA合格体験記』［イカロスMOOK］（イカロス出版, 2017）b

川本多岐子編『航空業界　就職ガイドブック 2021』（イカロス出版, 2020）

ガン，アーネスト（小野寺健訳）『運命とのたたかい』［荒正人解説『翼よ、あれがパリの灯だ』リンドバーグ／『運命とのたたかい』ガン／『夜と嵐をついて』バック／『地球は青かった』ガガーリン（筑摩書房, 1978 ヴェリタ版）］≒ Gann, Earnest K., *Fate is the Hunter*, (New York, NY: Simon & Schuster, 1961)

関西学院大学産業研究所編『航空競争と空港民営化　アビエーション・ビジネスの最前線』［産

研レクチャー・シリーズ］（関西学院大学出版会, 2014）

閑林亨平『アヴィエーション・インダストリー　航空機産業の経営戦略』（文眞堂, 2020）

喜多尾道冬『気球の夢　空のユートピア』（朝日新聞社, 1996）

機内食ドットコム Rikiya『みんなの機内食　110人の「機上の晩餐」をお見せします！』（翔泳社, 2012）

木下達雄『国際航空貨物運送の理論と実際』（同文舘出版, 1999）

木村秀政（監修）『航空学辞典』（地人書館, 1959）

木村秀政『飛行機革命　ライト兄弟からＳＳＴへ』（実業之日本社, 1970）

木村秀政／佐貫亦男／柴田三雄『世界のクラシック機　1903-1945』［世界の翼・別冊］（朝日新聞社, 1976）

木村秀政／佐貫亦男（監修）『航空用語事典　増補改訂版』（酣燈社, 1981）

旧約新約聖書大事典編集委員会編『旧約新約　聖書大事典』（教文館, 2001, 3版）

京極祥江編『JAL客室乗務員になる本　決定版』［イカロスMOOK］（イカロス出版, 2018）a

京極祥江／川本多岐子編『空港で働く仕事ガイド　最新版』［イカロスMOOK］（イカロス出版, 2018）b

京極祥江『グランドスタッフになるには』［なるにはBooks］（ぺりかん社, 2018）c

京極祥江／川本多岐子／吉村朋子編『ANA客室乗務員になる本　決定版』［イカロスMOOK］（イカロス出版, 2019）a

京極祥江／川本多岐子／吉村朋子／坪井美穂編『ANA&JAL日本のエアラインCAになる本』［イカロスMOOK］（イカロス出版, 2019）b

共同訳聖書実行委員会『聖書　新共同訳』（日本聖書協会, 1987）

キルケゴール，セーレン・オービエ（田淵義三郎／柏原啓一／後藤嘉也訳）『キルケゴールの講話・遺稿集3』（新地書房, 1980）≒ Kierkegaard, Søren, tr. by Steere, Douglas V., *Purity of Heart Is To Will One Thing　Spiritual Preparation for the Office of Confession*, (New York, NY: Harper & Row, Publishers, 1948, originally 1847)

金田一春彦／三省堂編修所編『新明解　古語辞典　第三版』（三省堂, 2000）

久能靖『「よど号」事件122時間の真実』（河出書房出版社, 2002）

久保尋二『レオナルド・ダ・ヴィンチ研究　その美術家像』（美術出版社, 1977, 3版）

久保真人編『The Pilot　2020　コクピットは挑戦者たちを待っている！』［イカロスMOOK］（イカロス出版, 2019）a

久保真人編『航空整備士になる本』［イカロスMOOK］（イカロス出版, 2019）b

久保真人編『航空管制官になる本　2020-2021』［イカロスMOOK］（イカロス出版, 2020）a

久保真人編『旅客機アルバム　日本発着国際線　Airliners Album 2020-2021』［AIRLINEイカロスMOOK］（イカロス出版, 2020）b

グラハム，アン（中条潮／塩谷さやか訳）『空港経営　民営化と国際化』（中央経済社, 2010）

= Graham, Anne, *Managing Airports An International Perspective*,（Amsterdam: Elsevier Limited, 2008, 3rd)

黒木安馬『あなたの「人格」以上は売れない！ 国際線チーフパーサーが教える好かれる人の「心配り」』（プレジデント社, 2006）

黒木安馬『ファーストクラスの心配り フライトタイム2万時間元JAL国際線チーフパーサーが教える』（プレジデント社, 2014）

月刊CARGO編集部編『フレッシュマンのための航空貨物Q&A100問100答 最新版』（海事プレス社, 2004）

ケンプ, マーティン（藤原えりみ訳）『レオナルド・ダ・ヴィンチ 芸術と科学を越境する旅人』（大月書店, 2006） = Kemp, Martin, *Leonardo*,（Oxford: Oxford University Press, 2004）

航空管制五十年史編纂委員会編『航空管制五十年史』（航空交通管制協会, 2003）

航空情報編『現用日本の航空機』［航空情報臨時増刊］（酣燈社, 1967）

航空情報編『航空史をつくった名機100』［航空情報別冊］（酣燈社, 1980, 3版）

航空労働研究会編『航空リストラと労働者の権利』（旬報社, 2009）

航空労働研究会編『空の安全と労働時間』（旬報社, 2011）

郡捷／小森郁雄／内藤一郎編著（徳川好敏／和田秀穂／木村秀政監修）『日本の航空50年 1910年-1960年』（酣燈社, 1960）

小林忍『航空機事故に学ぶ 危険学の視点』（講談社, 2012）

小林宏之『機長の「健康術」』（阪急コミュニケーションズ, 2010）

小林宏之『JALで学んだミスをふせぐ仕事術』（SBクリエイティブ, 2018）

小林宏之（監修）／日本航空（協力）『旅客機・エアライン検定 公式テキスト 航空機の構造や航空管制の知識が身につく』（徳間書店, 2019）

小室博一編『LCCのすべて 魅力と使いこなし方を究める！』［JTBの交通ムック］（JTBパブリッシング, 2014）

近藤晃『"羽田の空"100年物語 秘蔵写真とエピソードで語る』［交通新聞社新書］（交通新聞社, 2017）

斉藤香編『世界の空港 Airports』（ピエ・ブックス, 2009）

斉藤香編『NIGHT FLIGHT 夜の空港』（パイインターナショナル, 2016）

斉藤香編『新・世界の空港 Airports』（パイインターナショナル, 2017）

齋藤公男編（運輸省航空局飛行場部監修）『日本の空港 明日へはばたく航空機と空港』（フクニチ新聞社, 1988）

斎藤寅郎『いまの飛行機』［サンデー新書］（秋田書店, 1965）

齊藤成人『最高の空港の歩き方』［ポプラ新書］（ポプラ社, 2017）

三枝理枝子『空の上で本当にあった心温まる物語』（あさ出版, 2010）

三枝理枝子（ANAラーニング監修）『空の上で本当にあった心温まる物語　2』（あさ出版，2011）

三枝理枝子『リアルな場ですぐに役立つ最上級のマナーBOOK』（メディアファクトリー，2013）

三枝理枝子『人間関係は「そとづら」が9割』（海竜社，2018）

酒井正子『羽田　日本を担う拠点空港　航空交通と都道府県』（成山堂書店，2005）

坂井優基『現役ジャンボ機長が教える英語超音速トレーニングブック　リスニング編』（日本実業出版社，2007）

坂本昭雄『新しい国際航空法』（有信堂高文社，1999）a

坂本昭雄／三好晉『新国際航空法』（有信堂高文社，1999）b

坂本昭雄『甦れ、日本の翼　民間航空の変遷』（有信堂高文社，2003）

迫守治『こちら機長席』［ちくま少年図書館　社会の本］（筑摩書房，1981）

サットン，O. G.（小黒晴夫訳）『航空の科学』［現代科学叢書］（みすず書房，1955）＝ Sutton, O. G., *The Science of Flight*, (Middlesex: Penguin Books, 1955)

佐藤芳彦『空港と鉄道 ― アクセスの向上をめざして ―』［交通ブックス］（成山堂書店，2004）

里岡美津奈『超一流おもてなしの心・技・体　ビジネスで使える』（朝日新聞出版，2014）

佐貫亦男『引力とのたたかい ― とぶ ―』［叢書・現象を見つめる］（法政大学出版局，1969）

佐貫亦男『ヒコーキの心　フライヤー号からエアバスまで』［光人社NF文庫］（光人社，2003，新装版）

サワムラヒサノリ『ANAの本。舞台裏を覗けば、もっと好きになる！』（誠文堂新光社，2016）

サン-テグジュペリ，アントワーヌ・ド（山崎庸一郎訳）『夜間飛行』（みすず書房，2000）＝ Saint-Exupéry, Antoine de, *Vol de nuit*, (Paris: Éditions Gallimard, 1931)

サン-テグジュペリ，アントワーヌ・ド（内藤濯訳）『星の王子さま』（岩波書店，1962）＝ Saint-Exupéry, Antoine de, *Le Petit prince*, (Paris: Librairie Gallimard, 1943)

三遊亭遊雀／柳家三之助『ANAの女性たち　オールフライトニッポン 2』（風涛社，2008）

塩谷さやか『新規航空会社事業成立の研究　日本におけるビジネスモデルと航空政策の革新』（中央経済社，2008）

塩見英治『米国航空政策の研究 ― 規制政策と規制緩和の展開 ―』（文眞堂，2006）

塩見英治『国際航空自由化研究序説　レジームの変容と競争・協調』［中央大学学術図書］（中央大学出版部，2016）a

塩見英治／小熊仁『国際航空自由化の制度的展開』（文眞堂，2016）b

重田みゆき『絶対合格！　キャビンアテンダント　あなたの夢を現実に変える！　面接突破力の高め方・磨き方』（ダイヤモンド社，2009）

信太正道『日本航空・復活を問う　元パイロットの懐疑と証言』（高文研，2012）

七條千恵美『これだけできれば大丈夫！すぐ使える！接客1年生　お客さまに信頼される 50

のコツ』（ダイヤモンド社, 2018）

篠田皎『気球の歴史』［講談社現代新書］（講談社, 1977）

柴田伊冊『オープンスカイ協定と航空自由化』［信山社新書］（信山社, 2017）

清水保俊『機長の決断　日航機墜落の「真実」』［講談社文庫］（講談社, 2017）

下川裕治『僕はLCCでこんなふうに旅をする』［朝日文庫］（朝日新聞出版, 2017）

社会経済生産性本部編『お客様と共に最高の歓びを創る　ANAが目指すCS』（生産性出版, 2008）

シャマユー, グレゴワール（渡名喜庸哲訳）『ドローンの哲学　遠隔テクノロジーと「無人化」する戦争』（明石書店, 2018）＝ Chamayou, Grégoire, *Théorie du drone*, (Paris: la Fabrique éditions, 2013)

JALアカデミー監修『イラスト付　英語で読む日本のマナー』（成美堂出版, 2008）

小学館辞典編集部編『故事俗信　ことわざ大辞典』（小学館, 1982）

小学館大辞泉編集部編／松村明監修『大辞泉　第二版　上巻あ–す／下巻せ–ん』（小学館, 2012）

ショー, スティーヴン（山内弘隆／田村明比古訳）『航空の経営とマーケティング』（成山堂書店, 2009）＝ Shaw, Stephen, *Airline Marketing and Management*, (Farnham, Surrey: Ashgate Publishing Limited, 2007, 6th)

スー, H.アンナ（森田義之監訳／小林もり子訳）『レオナルド・ダ・ヴィンチ　天才の素描と手稿』（西村書店, 2012）＝ Suh, H. Anna (ed.), *Leonardo's Notebooks*, (New York, NY: Black Dog & Leventhal Publishers, 2005)

スエトニウス（国原吉之助訳）『ローマ皇帝伝（上）／（下）』［岩波文庫］（岩波書店, 1986）＝ Gaius Suetonius Tranquillus, *C. Suetoni Tranquilli Opera, vol. I: De Vita Caesarum Libri VIII* ed. *Maximilianus Ihm*, (Leipzig: B. G. Teubner, 1908, originally 2C.)

スキアヴォ, メアリー（杉浦一機翻訳監修／杉谷浩子訳）『危ない飛行機が今日も飛んでいる（上）／（下）』（草思社, 1999）＝ Schiavo, Mary, with Chartrand, Sabra, *Flying Blind, Flying Safe*, (New York, NY: Avon Books, 1997, 1998)

杉浦一機『JAL vs ANA　21世紀に生き残るメガキャリアの条件』（中央書院, 1993）

杉浦一機『航空ビッグバン　2007年までに日本の空はどうなるか』（中央書院, 1997）

杉浦一機『世界のビッグ・エアライン　21世紀に勝ち残るのはどこか』（中央書院, 1999）

杉浦一機『空港大改革　日本の「航空」競争力をどう強化するか』（中央書院, 2002）

杉浦一機『ものがたり　日本の航空技術』［平凡社新書］（平凡社, 2003）

杉浦一機『航空「2強対決」11選　勝つための新ビジネスモデル』（中央書院, 2004）

杉浦一機『激動！ JAL vs ANA』（中央書院, 2005）

杉浦一機『地に墜ちた日本航空　果たして自主再建できるのか』（草思社, 2007）

杉浦一機『生まれ変わる首都圏の空港』（交通新聞社, 2009）

杉浦一機『「100 空港時代」を生き残れ』（中央書院, 2010）

杉浦一機『B787 に懸ける ANA の野望』（中央書院, 2011）

杉浦一機『激安エアラインの時代　なぜ安いのか、本当に安全なのか』［平凡社新書］（平凡社, 2012）

杉浦一機『間違いだらけの格安航空 LCC 選び』（草思社, 2014）

杉浦一機『空の上の格差社会　賢いビジネスクラスの選び方』［平凡社新書］（平凡社, 2015）

杉江弘『機長の告白　生還へのマニュアル』（講談社, 2000）

杉江弘『ジャンボと飛んだ空の半世紀　"世界一"の機長が語るもう一つの航空史』［交通新聞社新書］（交通新聞社, 2012）

杉江弘『空のプロの仕事術　チームで守る航空の安全』［交通新聞社新書］（交通新聞社, 2015）a

杉江弘『機長の絶景空路　羽田＝札幌・大阪』［イカロス MOOK］（イカロス出版, 2015）b

杉江弘『乗ってはいけない航空会社』（双葉社, 2016）

杉江弘／山口宏弥『羽田増便・都心低空飛行が危険なこれだけの理由　パイロットは知っている』［合同ブックレット］（合同出版, 2020）

杉田由紀子『航空と観光 — 観光交通としての航空産業 —』（くんぷる, 2011）

杉山純子（松前真二監修）『LCC が拓く航空市場　格安航空会社の成長戦略』（成山堂書店, 2012）

鈴木淳「第 2 章　大正期の航空熱」（cf.高田, 2020）

鈴木真二『ライト・フライヤー号の謎　飛行機をつくりあげた技と知恵』［はなしシリーズ］（技報堂出版, 2002）

鈴木真二監修（夫馬信一編著）『ヴィンテージ飛行機の世界　飛行機がよくわかる本』（PHP 研究所, 2009）

鈴木真二監修『プロが教える飛行機のメカニズム　構造・しくみから見る飛行機の過去・現在・未来』［史上最強カラー図解］（ナツメ社, 2010）

鈴木真二『飛行機物語　航空技術の歴史』［ちくま学芸文庫］（筑摩書房, 2012）

鈴木真二『落ちない飛行機への挑戦　航空機事故ゼロの未来へ』［DOJIN 選書］（化学同人, 2014）

鈴木真二監修『飛行機のしくみパーフェクト事典　知っておきたい基本構造から最新技術まで』［ダイナミック図解］（ナツメ社, 2015）

鈴木真二『ドローンが拓く未来の空　飛行のしくみを知り安全に利用する』［DOJIN 選書］（化学同人, 2017）

裾分一弘『レオナルド・ダ・ヴィンチ —— 手稿による自伝 ——』（中央公論美術出版, 1983）

スチーバー, H. ガイフォード／ハガチー, ジェームス・J.（木村秀政日本語監修）『Flight　飛行の話』［ライフ・サイエンス・ライブラリー］（タイム・ライフ・インターナショナ

ル , 1966）= Stever, H. Guyford & Haggerty, James J., *Flight*, [Life Science Library], (New York, NY: Time Inc., 1965)

摺本好作『模型飛行機』［カラーブックス］（保育社 , 1978）

スワンストン，アレグザンダー／スワンストン，マルコム（石津朋之／千々和泰明監訳）『ア トラス　世界航空戦史』（原書房 , 2011）= Swanston, Alexander & Swanston, Malcolm, *Atlas of Air Warfare*, (London: Amber Books Ltd., 2009)

関根伸一郎『飛行船の時代　ツェッペリンのドイツ』［丸善ライブラリー］（丸善 , 1993）

瀬谷洋子『自分を生かすコミュニケーション術』（日本図書刊行会 , 1999）

全日空広報室編『エアラインハンドブック Q&A 100 — 航空界の基礎知識 —』（ぎょうせい , 1995）

総合政策研究会（稲葉秀三／増井健一監修）『日本の航空政策』（ダイヤモンド社 , 1964）

造事務所編著（秋本俊二監修）『航空路・空港の不思議と謎　飛行機はどこを飛ぶ？』［じっぴ コンパクト新書］（実業之日本社 , 2015）

添田慎二『空港経営　国際比較と日本の空港経営のあり方』［運政研叢書］（運輸政策研究機構 , 2000）

園山耕司『新しい航空管制の科学　宇宙から見守る「空の交通整理」』［ブルーバックス］（講 談社 , 2015）

醍醐聰『労使交渉と会計情報　日本航空における労働条件の不利益変更をめぐる経営と会計』 （白桃書房 , 2005）

大日本航空社史刊行会『航空輸送の歩み　昭和二十年迄』（日本航空協会 , 1975）

『ダイヤモンド・ビジョナリー』編（岡田晴彦著）『絆の翼　チームだから強い、ANA のスゴさ の秘密』（ダイヤモンド社 , 2007）

ダ・ヴィンチ，レオナルド（谷一郎／小野健一／斎藤泰弘翻訳・解説）『鳥の飛翔に関する手稿 トリノ王立図書館蔵　マリノーニ，アウグスト原典翻刻』（岩波書店 , 1979）= Da Vinci, Leonardo, *Il Codice sul Volo degli Uccelli Nella Biblioteca Reale di Torino Edizione nazionale dei manoscritti e dei disegni di Leonardo da Vinci a cura della Commissione Vinciana nominata dal Presidente della Repubblica: Mario Salmi, Presidente, Augusto Marinoni et al.*, (Firenze: Giunti Barbera, 1976, originally 1505)

高巖／藤原達也／藤野真也／大塚祐一『日本航空の破綻と再生』［稲盛アカデミー叢書］（ミネ ルヴァ書房 , 2019）

高田馨里『オープンスカイ・ディプロマシー　アメリカ軍事民間航空外交 1938 〜 1946 年』（有 志舎 , 2011）

高田馨里編著『航空の二〇世紀　航空熱・世界大戦・冷戦』［明治大学国際武器移転史研究所 研究叢書］（日本経済評論社 , 2020）

高田馨里「序章　航空の二〇世紀 —— 航空熱・世界大戦・冷戦 ——」（cf.高田 , 2020）

高野暲『飛行機の話　その発達と空気力学』［科学選書］（河出書房新社, 1973）

高橋くるみ『CAの私が実践で学んだ気持ちよく働く女性のエッセンス』（大和書房, 2012）

高橋作太郎編集代表『リーダーズ英和辞典　第3版』（研究社, 2012）

高橋望／横見宗樹『エアライン/エアポート・ビジネス入門　観光交流時代のダイナミズムと戦略』（法律文化社, 2011）

高橋泰隆『中島飛行機の研究』（日本経済評論社, 1988）

武田頼政『ブルーインパルス　大空を駆けるサムライたち』（文芸春秋, 2011）

竹林滋編者代表『研究社　新英和大辞典』（研究社, 2002）

竜口英幸『海と空の軍略100年史　ライト兄弟から最新極東情勢まで』（集広舎, 2018）

田中敏之『日本の航空』（朝日新聞社, 1964）

田中豊助『訳者のことば』（2006），リリエンタール，オットー（田中豊助／原田幾馬訳）『鳥の飛翔』（東海大学出版会, 2006）

田中元一『熱血パーサー乗務録　地上1万メートルの危機管理』（西日本新聞社, 2011）

谷一郎『飛行の原理』［岩波新書］（岩波書店, 1965）

谷一郎／小野健一「解説」ダ・ヴィンチ，レオナルド（谷一郎／小野健一／斎藤泰弘翻訳・解説）『鳥の飛翔に関する手稿　トリノ王立図書館蔵　マリノーニ，アウグスト原典翻刻』（岩波書店, 1979）

谷川一巳『旅客機・空港の謎と不思議』（東京堂出版, 2005）

谷川一巳『空港・航空券の謎と不思議』（東京堂出版, 2008）

谷川一巳『空港まで1時間は遠すぎる！？　現代「空港アクセス鉄道」事情』［交通新聞社新書］（交通新聞社, 2013）

谷川一巳『ボーイングVSエアバス　熾烈な開発競争　100年で旅客機はなぜこんなに進化したのか』［交通新聞社新書］（交通新聞社, 2016）

谷川一巳『日本懐かし航空大全』［タツミムック］（辰巳出版, 2019）

田村貞雄『国際線機長の履歴書』（幻冬舎, 2019）

田村浩編『JALデザインコレクション』［エイムック］（枻出版社, 2006）

丹治隆『どこに向かう日本の翼　LCCが救世主となるのか』（晃洋書房, 2019）

筑紫哲也『総理大臣の犯罪　田中角栄とロッキード事件　新版』（サイマル出版会, 1983）

中条潮『航空幻想　日本の空は変わったか　第2版』（中央経済社, 2014）

ツォルナー，フランク『Leonardo da Vinci レオナルド・ダ・ヴィンチ　全絵画作品・素描集』（Köln: Taschen GmbH, 2004）

柘植久慶『ツェッペリン飛行船』［中公文庫］（中央公論新社, 2000）

津崎武司『日本の空港　航空輸送の原点』（りくえつ, 1980）

鶴岡憲一／北村行孝『悲劇の真相　日航ジャンボ機事故調査の677日』（読売新聞社, 1991）

DK&同朋社出版編集部（高橋博雄日本語版監修／中村章一訳）『航空機　Flight』［ビジュアル

ディクショナリー〕（同朋社, 1994）= DK Publishing, *The Visual Dictionary of Flight*, 〔DK Eyewitness Visual Dictionaries〕, (London: Dorling Kindersley Limited, 1992)

テームズ, リチャード（森泉亮子訳）『ライト兄弟　空にあこがれた"永遠の少年"』〔愛と勇気をあたえた人びと〕（国土社, 1999）= Tames, Richard, *The Wright Brothers*, 〔Lifetimes Series〕, (London: The Watts Publishing Group, 1990)

寺澤芳雄編『英語語源辞典』（研究社, 1997）

デンプシー, P. S.／ゲーツ, A. R.（吉田邦郎／福井直祥／井出口哲生訳）『規制緩和の神話　米国航空輸送産業の経験』（日本評論社, 1996）= Dempsy, Paul Stephen & Goetz, Andrew R., *Airline Deregulation and Laissez-Faire Mythology*, (Santa Barbara, CA: Greenwood Publishing Group, 1992)

東京大学航空イノベーション研究会・鈴木真二・岡野まさ子編『現代航空論　技術から産業・政策まで』（東京大学出版会, 2012）

藤堂明保／加納喜光編『学研　新漢和大辞典（普及版）』（学習研究社, 2005）

ドガニス, R.（塩見英治／木谷直俊, ／内田信行／遠藤伸明／戸崎肇訳）『21世紀の航空ビジネス』（中央経済社, 2003）= Doganis, Rigas, *The Airline Business in the 21st Century*, (London: Routledge, 2001)

徳川好敏『日本航空事始』（出版協同社, 1964）

徳光康『エアライン列伝　JAL & ANA 2強時代の到来！〔戦後日本編〕』〔のりもの選書〕（イカロス出版, 2004）

戸崎肇『航空の規制緩和』（勁草書房, 1995）

戸崎肇『情報化時代の航空産業』（学文社, 2000）

戸崎肇『国際交通論の構築に向けて　航空産業分析を通した国際交通論序説』（税務経理協会, 2007）

戸崎肇『航空産業とライフライン』〔規制緩和と交通権〕（学文社, 2011）

土佐幸子『ライト兄弟はなぜ飛べたのか　紙飛行機で知る成功のひみつ』（さ・え・ら書房, 2005）

轟木一博『空港は誰が動かしているのか』〔日経プレミアシリーズ〕（日本経済新聞出版社, 2016）

富塚清（山﨑明夫編）『ライト兄弟　大空への夢を実現した兄弟の物語』（三樹書房, 2003）

豊澤早一妃『"伝説のCA"の「あなたに会えてよかった」といわれる最上級のおもてなし』（大和出版, 2013）

中田祝夫／和田利政／北原保雄『古語大事典　コンパクト版』（小学館, 1994）

中谷秀樹『オープンスカイ時代の航空と情報システム』（同友館, 2013）

中西克吉『航空業界大研究〔改訂版〕』（産学社, 2009）

中西克吉『ANAグランドスタッフ入門』〔イカロスMOOK〕（イカロス出版, 2018）

中野秀夫『航空管制のはなし（7訂版）』［交通ブックス］（成山堂書店, 2014）

中村洋明『航空機産業のすべて』（日本経済新聞出版社, 2012）

中村洋明『航空機産業と日本　再成長の切り札』（中央公論新社, 2017）

中村浩美監修『飛行機　旅客機の作り方、メカニズムから空港のしくみまでわかる飛行機本の
　　決定版！』［イラスト図解　見てわかる読んで納得!!!!］（日東書院, 2010）

中村正人『空港で働く人たち』［しごと場見学！］（ぺりかん社, 2013）

中脇浩編『基礎からわかるエアライン大百科　航空知識入門編』［イカロスMOOK］（イカロス
　　出版, 2015）

中脇浩編『基礎からわかる空港大百科　航空知識入門編』［イカロスMOOK］（イカロス出版,
　　2016）

中脇浩編『LCC旅行　「LCCならではの旅」をさがそう！』［イカロスMOOK　航空旅行特別
　　編集］（イカロス出版, 2018）

中脇浩編『全国空港ウォッチングガイド　全84空港をカラー解説』［AIRLINEイカロス
　　MOOK］（イカロス出版, 2019）a

中脇浩編『エアラインの選び方　シート、サービス、利便性、運賃……どれに乗るか迷ってい
　　ませんか？』［イカロスMOOK］（イカロス出版, 2019）b

中脇浩編『航空知識のABC』［イカロスMOOK］（イカロス出版, 2020）a

中脇浩編『日本の旅客機　2020-2021』［イカロスMOOK］（イカロス出版, 2020）b

中脇浩編『基礎からわかる旅客機大百科　改訂新版』［イカロスMOOK］（イカロス出版,
　　2020）c

中脇浩編『エアラインGUIDE BOOK　改訂新版』［イカロスMOOK］（イカロス出版, 2020）
　　d

謎解きゼミナール編『誰もが気になっていた空港の大疑問』［KAWADE夢文庫］（河出書房新社,
　　2013）

ナハム，アンドリュー（［株］リリーフ・システムズ訳／佐貫亦男監修）『航空機　レオナル
　　ド・ダ・ビンチのはばたき飛行機から ── 超音速ジェット旅客機までの空飛ぶ機械物語』
　　［ビジュアル博物館］（同朋社出版, 1991）＝ Nahum, Andrew, *Flying Machine Discover
　　the fascinating story of flying machines – from the hot air balloon to the supersonic jet*,
　　[Eyewitness Books], (London: Dorling Kindersley Limited, 1990)

楢崎敏男『軍用航空と民間航空』（有斐閣, 1938）

成田知宏編『航空管制官　採用試験問題集　2019-2021年版』（イカロス出版, 2019）

ニコル，チャールズ（越川倫明／松浦弘明／阿部毅／深田麻里亜／巖谷睦月／田代有甚訳）
　　『レオナルド・ダ・ヴィンチの生涯　飛翔する精神の軌跡』（白水社, 2009）＝ Nicholl,
　　Charles, *Leonardo da Vinci The Flight of the Mind*, (London: Allen Lane, 2004)

西川純子『アメリカ航空宇宙産業　歴史と現在』（日本経済評論社, 2008）

ニッコリ，リッカルド（中川泉／石井克弥／梅原宏司訳）『世界の飛行機』[ヴィジュアル歴史図鑑]（河出書房新社, 2015) ＝ Niccoli, Riccardo, *History of Flight From Leonardo's Flying Machine to the Conquest of Space*,(Novara: White Star Publishers, 2013)

二宮康明『日本で生まれ育った高性能紙飛行機　その設計・製作・飛行技術のすべて』（誠文堂新光社, 2013)

日本航空編『JAL機長たちが教えるコックピット雑学　飛行機とパイロットの仕事がよくわかる』[JAL BOOKS]（KADOKAWA, 2020)

日本航空株式会社調査室編『日本航空20年史　1951～1971』（日本航空株式会社, 1974)

日本航空株式会社統計資料部編『日本航空社史　1971～1981』（日本航空株式会社, 1985)

日本航空技術協会編『日本の航空技術史 ― 近代航空機整備の歩み ―』（日本航空技術協会, 1984)

日本航空協会編『日本航空史　明治・大正篇』（日本航空協会, 1958)

日本航空協会編『協会75年の歩み　帝国飛行協会から日本航空協会まで』（日本航空協会, 1988)

日本航空・グループ2010『JAL崩壊　ある客室乗務員の告白』（文藝春秋, 2010)

日本航空広報部編『最新航空実用ハンドブック　航空技術／営業用語辞典兼用』（朝日新聞出版, 2014)

日本図書センター『世界航空史』（日本図書センター, 2012) ＝朝日新聞社編『写真でみる航空史・上／下』[世界の翼・別冊]（朝日新聞社, 1975)

日本図書センター『日本航空史』（日本図書センター, 2012) ＝朝日新聞社編『写真集　日本の航空史（上）／（下）』[世界の翼シリーズ]（朝日新聞社, 1983)

日本UAS産業振興協議会編（鈴木真二監修）『トコトンやさしいドローンの本』[B&Tブックス　今日からモノ知りシリーズ]（日刊工業新聞社, 2016)

日本UAS産業振興協議会編（鈴木真二監修）『きちんと知りたい！ドローンメカニズムの基礎知識』（日刊工業新聞社, 2018)

野地信吉編『パイロットにチャレンジ　2020-2021　ライセンス取得への道は、ここからはじまる』[イカロスMOOK]（イカロス出版, 2020)

野村宗訓／切通堅太郎『航空グローバル化と空港ビジネス　LCC時代の政策と戦略』（同文舘出版, 2010)

野村宗訓編著『新しい空港経営の可能性　LCCの求める空港とは』[産研レクチャー・シリーズ]（関西学院大学出版会, 2012)

バーグ，A. スコット（広瀬順弘訳）『リンドバーグ　空から来た男　上／下』[角川文庫]（角川書店, 2002) ＝ Berg, A. Scott, *Lindbergh*,(New York, NY: G. P. Putnam's Sons, 1998)

ハーシュ，セイモア・M（篠田豊訳）『目標は撃墜された　大韓航空機事件の真実』（文芸春秋, 1986) ＝ Hersh, Seymour M., *The Target is Destroyed What Really Happened to Flight*

007, (New York, NY: Random House, 1986)

パイロット入試問題集編集部編『パイロット入試問題集　2020-2021』（イカロス出版, 2020）

ハインリッヒ, H. W.／ピーターセン, D.／ルース, N.（井上威恭監修／総合安全工学研究所訳）『ハインリッヒ産業災害防止論』（海文堂, 1982）= Heinrich, H. W.; Petersen, Dan; Roos, Nestor, *Industrial Accident Prevention*, (New York, NY: McGraw-Hill, 1980, 5th, originally 1931)

博学こだわり倶楽部編『航空会社驚きのウラ事情』［KAWADE夢文庫］（河出書房新社, 2016）

橋本安男／屋井鉄雄『リージョナル・ジェットが日本の航空を変える』（成山堂書店, 2011）

バック, リチャード（大原寿人訳）『夜と嵐をついて』［荒正人解説『翼よ、あれがパリの灯だ』リンドバーグ／『運命とのたたかい』ガン／『夜と嵐をついて』バック／『地球は青かった』ガガーリン（筑摩書房, 1978 ヴェリタ版）］= Bach, Richard, *Stranger to the Ground*, (New York, NY: Harper & Row, 1963)

バック, リチャード（ラッセル・マンソン写真／五木寛之創訳）『かもめのジョナサン　ラッセル・マンソン写真　完成版』（新潮社, 2014）= Bach, Richard, *Jonathan Livingston Seagull The New Complete Edition Photographs by Russell Munson*, (New York, NY: Scribner, 2014, originally 1970)

ハリオン, リチャード・P.（服部省吾訳）『現代の航空戦湾岸戦争』（東洋書林, 2000）= Hallion, Richard P., *Storm over Iraq Air Power and the Gulf War*, (Washington, D.C.: Smithsonian Institute Press, 1992)

飛行機の百科事典編集委員会編『飛行機の百科事典』（丸善株式会社, 2009）

平木國夫『日本のエアライン事始』［交通ブックス］（成山堂書店, 1997）

比良二郎『飛行の理論』（広川書店, 1971）

比良二郎『高速飛行の理論』（広川書店, 1977）

広岡友紀『JALが危ない』［YELL books］（エール出版社, 2006）

廣松渉他編『岩波　哲学・思想事典』（岩波書店, 1998）

風来堂編『空港＆飛行場の不思議と謎』［じっぴコンパクト新書］（実業之日本社, 2019）

フジ・インターナショナル・コンサルタント出版部編『世界に伸びるみんなの翼　日本航空』［企業の現代史］（フジ・インターナショナル・コンサルタント出版部, 1965）

藤田勝利編『新航空法講義』（信山社出版, 2007）

藤田日出男『あの航空機事故はこうして起きた』［新潮選書］（新潮社, 2005）

夫馬信一『航空から見た戦後昭和史　ビートルズからマッカーサーまで』（原書房, 2017）

夫馬信一『1964 東京五輪聖火空輸作戦』（原書房, 2018）

フライバーグ, ケビン／フライバーグ, ジャッキー（小幡照雄訳）『破天荒！　サウスウエスト航空 ─ 驚愕の経営』（日経BP社, 1997）= Freiberg, Kevin & Freiberg, Jackie, *Nuts! Southwest Airlines' Crazy Recipe for Business and Personal Success*, (Portland, OR: Bard

Books, 1998)

プラトン（水地宗明／田中美知太郎訳）『クラテュロス　テアイテトス』［プラトン全集 2］（岩波書店 , 1974）≒ Platon, *Platonis Opera Tomus I recognovit breviqve adnotatione critica instruxit Ioannes Burnet*, [Scriptorvm Classicorvm Bibliotheca Oxoniensis], (Oxonii: E Typographeo Clarendoniano, 1900, originally c.4C.B.C.)

プラトン（鈴木照雄／藤沢令夫訳）『饗宴　パイドロス』［プラトン全集 5］（岩波書店 , 1974）≒ Platon, *Platonis Opera Tomus II recognovit breviqve adnotatione critica instruxit Ioannes Burnet*, [Scriptorvm Classicorvm Bibliotheca Oxoniensis], (Oxonii: E Typographeo Clarendoniano, 1901, originally c.4C.B.C.)

プラトン（山本光雄／藤沢令夫訳）『エウテュデモス　プロタゴラス』［プラトン全集 8］（岩波書店 , 1975）≒ Platon, *Platonis Opera Tomus III recognovit breviqve adnotatione critica instruxit Ioannes Burnet*, [Scriptorvm Classicorvm Bibliotheca Oxoniensis], (Oxonii: E Typographeo Clarendoniano, 1903, originally c.4C.B.C.)

プラトン（北嶋美雪／戸塚七郎／森進一／津村寛二訳）『ヒッピアス（大）　ヒッピアス（小）　イオン　メネクセス』［プラトン全集 10］（岩波書店 , 1975）≒ Platon, *Platonis Opera Tomus III recognovit breviqve adnotatione critica instruxit Ioannes Burnet*, [Scriptorvm Classicorvm Bibliotheca Oxoniensis], (Oxonii: E Typographeo Clarendoniano, 1903, originally c.4C.B.C.)

プラトン（向坂寛／森進一／池田美恵／加来彰俊訳）『ミノス　国家』［プラトン全集 13］（岩波書店 , 1976）≒ Platon, *Platonis Opera Tomus V recognovit breviqve adnotatione critica instruxit Ioannes Burnet*, [Scriptorvm Classicorvm Bibliotheca Oxoniensis], (Oxonii: E Typographeo Clarendoniano, 1907, originally c.4C.B.C.)

プラトン（向坂寛／副島民雄／尼ヶ崎徳一／西村純一郎訳）『定義集　正しさについて　徳について　デモドコス　シシュポス　エリュクシアス　アクシオコス　付文献案内』［プラトン全集 15］（岩波書店 , 1975）≒ Platon, *Platonis Opera Tomus V recognovit breviqve adnotatione critica instruxit Ioannes Burnet*, [Scriptorvm Classicorvm Bibliotheca Oxoniensis], (Oxonii: E Typographeo Clarendoniano, 1907, originally c.4C.B.C.)

古庄チャーリー『ちょっと自慢できるヒコーキの雑学 100』（インプレス , 2019）

フロイト，ジークムント（甲田純生／高田珠樹訳）「レオナルド・ダ・ヴィンチの幼年期の想い出」（1910），フロイト，ジークムント（高田珠樹／甲田純生／新宮一成／渡辺哲夫訳）『1910-11 年　ダ・ヴィンチの想い出　症例「シュレーバー」』［フロイト全集 11］（岩波書店 , 2009）＝ Freud, Sigmund, *Werke aus den Jahren 1909-1913*, herausgegeben von Anna Freud, E. Bibring, W. Hoffer, E. Kris, O. Isakower, [Gesammelte Werke VIII], (London: Imago Publishing Co., Ltd., 1943, originally 1909-1913)

ペーターゼン，ウォルフガング（Petersen, Wolfgang）監督／マーロウ，アンドリュー・W.

（Marlowe, Andrew W.）脚本『エアフォース・ワン（Air Force One）』（コロンビア・ピクチャーズ・インダストリーズ／ソニー・ピクチャーズ・エンタテインメント・インク，1997）

ベスーン，ゴードン／ヒューラー，スコット（仁平和夫訳）『大逆転！　コンチネンタル航空 ― 奇跡の復活』（日経BP社，1998）＝ Bethune, Gordon and Huler, Scott, *From Worst to First Behind the Scenes of Continental's Remarkable Comeback*, (Hoboken, NJ: John Wiley & Sons, 1998)

堀田力『壁を破って進め　私記ロッキード事件　上／下』（講談社，1999）

ポラック，クリスチャン／鈴木真二編『日仏航空関係史　フォール大佐の航空教育団来日百年　The History of Aviation Relations between Japan and France　100th anniversary of the French Aviation Military Mission led by Colonel Faure』（東京大学出版会，2019）

堀越二郎／奥宮正武『零戦』［PHP文庫］（PHP研究所，2000）

堀越二郎『零戦の遺産　設計主務者が綴る名機の素顔』［光人社NF文庫］（光人社，2003，新装版）

堀越二郎『零戦　その誕生と栄光の記録』［角川文庫］（KADOKAWA，2012）

ホルツェル，トム／サルケルド，オードリー（田中昌太郎訳）『エヴェレスト初登頂の謎　ジョージ・マロリー伝』（中央公論社，1988）＝ Holzel, Tom & Salkeld, Audrey, *The Mystery Of Mallory And Irvine*, (London: Jonathan Cape Ltd, 1986)

ボルヘス，J.L.（鼓直訳）『創造者』［岩波文庫］（岩波書店，2009）＝ Borges, Jorge Luis, *El Hacedor*, (Buenos Aires: Emecé, 1960)

ホワイトマン，フィリップ（中川泉／竹田純子訳）『世界の航空機大図鑑』（河出書房新社，2015）＝ Whiteman, Philip, *The Aircraft Book The Definitive Visual History*, [DK General History], (London: Dorling Kindersley Limited, 2013)

前田富祺監修『日本語源辞典』（小学館，2005）

前間孝則『満州航空の全貌　1932-1945　大陸を翔けた双貌の翼』（草思社，2013）

マカルー，デヴィッド（秋山勝訳）『ライト兄弟　イノベーション・マインドの力』［草思社文庫］（草思社，2020）＝ McCullough, David, *The Wright Brothers*, (New York, NY: Simon & Schuster, Inc., 2015)

牧野光雄『飛行船の歴史と技術』［交通ブックス］（成山堂書店，2010）

町田徹『JAL再建の真実』［講談社現代新書］（講談社，2012）

松崎豊一（鴨下示佳画）『図説　国産航空機の系譜　上／下』（グランプリ出版，2004）

松田徳一郎監修『リーダーズ・プラス』（研究社，1994）

松原國師『西洋古典学事典』（京都大学学術出版会，2010）

松村由利子『お嬢さん、空を飛ぶ　草創期の飛行機を巡る物語』（NTT出版，2013）

真山美雪『誰にでも愛される人の「気くばり」ルール』（宝島社，2014）

三上ナナエ『一生使える「接客サービスの基本」　お客様に選ばれる人がやっている』（大和出版, 2016）

三澤慶洋『図解・旅客機運航のメカニズム　航空機オペレーション入門』［ブルーバックス］（講談社, 2010）

三田譲編著／塩谷さやか／中谷秀樹『現代の航空輸送事業』（同友館, 2007）

三田譲／塩谷さやか／坂巻嘉孝／中谷秀樹『観光立国を支える航空輸送事業』（同友館, 2010）

三井一郎編『ライト兄弟鳥人伝説　はじめて空を飛んだ男たち』［世界の傑作機　別冊］（文林堂, 2004）

美月あきこ『ファーストクラスに乗る人のシンプルな習慣　コミュニケーション編』（祥伝社, 2011）

宮崎駿原作／脚本／監督『風立ちぬ（The Wind Rises）』（スタジオジブリ, 2013）

宮平望『神の和の神学へ向けて　三位一体から三間一和の神論へ』（新教出版社, 2017 再版）

宮平望『ディズニーランド研究　世俗化された天国への巡礼』（新教出版社, 2019）

宮本晃男『飛行機』［カラーブックス］（保育社, 1966）

宮本晃男『飛行機II』［カラーブックス］（保育社, 1978）

村岡正明『航空事始　不忍池滑空記』［光人社NF文庫］（光人社, 2003）

村上英樹／加藤一誠／高橋望／榊原胖夫（編著）『航空の経済学』［Minerva Text Library］（ミネルヴァ書房, 2006）

村山哲也『クローズアップ！　航空管制官　航空安全の守護神、その実像に迫る！』［きらきらキャリアBOOKS］（イカロス出版, 2018）

村山元英『空港文化・新企業戦略　空の民営街道論』（文真堂, 2004）

森功『血税空港　本日も遠く高く不便な空の便』［幻冬舎新書］（幻冬舎, 2009）

森功『腐った翼　JAL消滅への 60 年』（幻冬舎, 2010）

森良子（監修）『人づき合いがうまくいく気くばりのコツ』（ナツメ社, 2019）

森林太郎「小倉日記」（1899-1902），『鴎外全集　第三十五巻』（岩波書店, 1975）

モリス，ロイド／スミス，ケンダル（内藤一郎訳）『より速く、より遠く　キティ・ホークから超音速旅客機まで』［Hayakawa Nonfiction］（早川書房, 1966）＝ Morris, Lloyd and Smith, Kendall, *Ceiling Unlimited The Story of Aviation from Kitty Hawk to Supersonics*, (New York, NY: The Macmillan Company, 1953)

矢口史靖監督／脚本『ハッピーフライト Happy Flight』（東宝株式会社, 2008）

柳田邦男『マッハの恐怖』（フジ出版社, 1971）

柳田邦男『続　マッハの恐怖』（フジ出版社, 1974, 5 版）

柳田邦男『撃墜 大韓航空機事件（上）／（下）』（講談社, 1984）

柳田邦男『死角 巨大事故の現場』（新潮社, 1985）

柳家三太楼／柳家三之助『オールフライトニッポン』（風涛社, 2006）

山岡淳一郎『ものづくり最後の砦　航空機クラスターに賭ける』(日本実業出版社, 2016)

八巻惠子『国際線客室乗務員の仕事　サービスの経営人類学』(東方出版, 2013)

山口一美『エアライン・ビジネスの魅力 ― 夢に向かってキャリア・アップ ―』[創成社新書]（創成社, 2019)

山口誠『客室乗務員の誕生 ――「おもてなし」化する日本社会』[岩波新書]（岩波書店, 2020)

山崎豊子『沈まぬ太陽 (一) アフリカ篇・上／(二) アフリカ篇・下／(三) 御巣鷹山篇／(四) 会長室篇・上／(五) 会長室篇・下』(新潮社, 1999)

山下智之『パイロットが考えた"空の産業革命"　ポスト田中角栄「新日本列島改造論」』(風詠社, 2019)

山本忠敬『飛行機の歴史　History of the Aeroplane』(福音館書店, 1999)

鑓田浩章『客室乗務員になるには』[なるにはBooks]（ぺりかん社, 2014)

横井勝彦編著『航空機産業と航空戦力の世界的転回』[明治大学国際武器移転史研究所研究叢書]（日本経済評論社, 2016)

横田友宏『国際線機長の危機対応力　何が起きても動じない人材の育て方』[PHP新書]（PHP研究所, 2019)

横山研治『航空運送と貿易システム　その構造変化過程』(同文舘出版, 2000)

吉田力『最新　航空業界の動向とカラクリがよ〜くわかる本　業界人、就職、転職に役立つ情報満載　[第 3 版]』[図解入門業界研究]（秀和システム, 2018)

吉原公一郎『日本航空 ―― 迷走から崩壊へ　新装普及版』[人間の科学叢書]（人間の科学新社, 2005)

吉村朋子／京極祥江／川本多岐子編『CA&グランドスタッフ筆記試験問題集　7 日間で完全突破』[イカロスMOOK]（イカロス出版, 2020)

読売新聞社.阪神支局編『裁かれる空港　環境権と公共性』(科学情報社, 1974)

ライトマン，ジェイソン (Reitman, Jason) 監督／脚本『マイレージ、マイライフ (Up in the Air)』(パラマウント・ピクチャーズ・コーポレーション, 2009)

リーズン，ジェームズ (十亀洋訳)『ヒューマンエラー [完訳版]』(海文堂, 2014) = Reason, James, *Human Error*, (Cambridge: Cambridge University Press, 1990)

リーズン，ジェームズ (塩見弘監訳／高野研一／佐相邦英訳)『組織事故　起こるべくして起こる事故からの脱出』(日科技連出版社, 1999) = Reason, James, *Managing the Risks of Organizational Accidents*, (Farnham, Surrey: Ashgate Publishing Limited, 1997)

リーズン，ジェームズ (佐相邦英監訳／[財] 電力中央研究所ヒューマンファクター研究センター訳)『組織事故とレジリエンス　人間は事故を起こすのか、危機を救うのか』(日科技連出版社, 2010) = Reason, James, *The Human Contribution Unsafe Acts, Accidents and Heroic Recoveries,* (Farnham, Surrey: Ashgate Publishing Limited, 2008)

リリエンタール，オットー (田中豊助／原田幾馬訳)『鳥の飛翔』(東海大学出版会, 2006) =

Lilienthal, Otto, *Der Vogelflug als Grundlage der Fliegekunst Ein Beitrag zur Systematik der Flugtechnik. Auf zahlreicher von O. und G. Lilienthal ausgeführter Versuche*, (Berlin: R. Gaertners Verlagsbuchhandlung, 1889 ／ München und Berlin: Druck und Verlag von R. Oldenbourg, 1910, 2nd)

リリエンタール，グスタフ「展開」「補遺」(1910)，リリエンタール，オットー（田中豊助／原田幾馬訳）『鳥の飛翔』（東海大学出版会, 2006）

リンドバーグ，アン・モロウ（吉田健一訳）『海からの贈物［新潮文庫］（新潮社, 1967, 2004, 72 刷改版）＝ Lindbergh, Anne Morrow, *Gift from the Sea*, (New York, NY: Pantheon Books, 1975, originally 1955)

リンドバーグ，チャールズ（佐藤亮一訳）『翼よ、あれがパリの灯だ』［荒正人解説『翼よ、あれがパリの灯だ』リンドバーグ／『運命とのたたかい』ガン／『夜と嵐をついて』バック／『地球は青かった』ガガーリン（筑摩書房, 1978 ヴェリタ版）］≒ Lindbergh, Charles Augustus, *The Spirit of St. Louis*, (New York, NY: Charles Scribner's Sons, 1953)

リンドバーグ，チャールズ・オーガスタス（新庄哲夫訳）『リンドバーグ第二次大戦日記（上）／（下）』（新潮社, 1974）＝ Lindbergh, Charles Augustus, *The Wartime Journals of Charles A. Lindbergh*, (New York, NY: Harcourt Brace Jovanovich, 1970)

若松伸哉編（和田博文監修）『飛行機と航空路』［コレクション・モダン都市文化］（ゆまに書房, 2013）

渡邉敏郎他編『研究社　新和英大辞典』（研究社, 2003, 5 版）

2. 洋書

Bambach, Carmen C., *Leonardo da Vinci Rediscovered Volume One The Making of an Artist 1452-1500 / Volume Two The Maturing of a Genius 1485-1506 / Volume Three The Late Years 1506-1519 / Volume Four Scholarly Apparatus to Volumes One, Two, and Three*, (New Haven, CT: Yale University Press, 2019)

Barnhart, R. Kurt, 'Emergency procedures,' (cf.Irons-Georges) a

Barnhart, R. Kurt, 'Training and education,' (cf.Irons-Georges) b

Beckman, Wendy S., 'Flight schools,' (cf.Irons-Georges)

Benson, Alvin, K., 'Montgolfier brothers,' (cf.Irons-Georges)

Brown, John, *Gustave Whitehead and the Wright Brothers Who flew first?*, (Munich: Fleck Future Concepts GmbH, 2016)

Carlson, Roger V., 'Balloons,' (cf.Irons-Georges) a

Carlson, Roger V., 'Dirigibles,' (cf.Irons-Georges) b

Clark III, Joseph F., 'Accident investigation,' (cf.Irons-Georges) a

Clark III, Joseph F., 'Airplanes,' (cf.Irons-Georges) b

Clark III, Joseph F., 'Pilots and copilots,' (cf.Irons-Georges) c

Clouatre, Douglas, 'DC plane family,' (cf.Irons-Georges) a

Clouatre, Douglas, 'McDonnell Douglas,' (cf.Irons-Georges) b

Clouatre, Douglas, 'MD plane family,' (cf.Irons-Georges) c

Corn, Joseph J., *The Winged Gospel America's Romance with Aviation, 1900-1950*, (New York, NY: Oxford University Press, 1983)

Cote, Veronica T., 'Safety issues,' (cf.Irons-Georges)

Cramer, John A., 'Delta Air Lines,' (cf.Irons-Georges)

Crosby, Francis, *The Complete Visual Encyclopedia of Naval Aircraft of World Wars I and II Features a Directory of over 70 Aircraft with 330 Identification Photographs*, (London: Lorenz Books, 2014)

Crouch, Tom D., *The Bishop's Boys A Life of Wilbur and Orville Wright*, (New York, NY: W. W. Norton and Company, 1989)

Crouch, Tom D., *Lighter than Air An Illustrated History of Balloons and Airships*, (Baltimore, MD: Johns Hopkins University Press in Association with the Smithsonian National Air and Space Museum, 2009)

Currey, Norman, *Airplane Stories and Histories*, (Los Angeles, CA: Westwood Books Publishing, 2018)

Davidson, Ursula Malluvius, 'Flight attendants,' (cf.Irons-Georges)

Davis, Lynn, *The Wright Brothers*, [Amazing Inventors & Innovators], (Minneapolis, MN: Super Sandcastle, an imprint of Abdo Publishing, 2016)

Dee, Richard, *The Man who Discovered Flight George Cayley and the First Airplane*, (Toronto, Ont: McClelland & Stewart, 2007)

Dempsey, Paul Stephen and Jakhu, Ram S. (eds.), *Routledge Handbook of Public Aviation Law*, [Routledge Handbooks], (London: Routledge, 2017)

Dobson, Alan, *A History of International Civil Aviation From its Origins through Transformative Evolution*, (London: Routledge, 2017)

Estival, Dominique; Farris, Candace; Molesworth, Brett, *Aviation English A Lingua Franca for Pilots and Air Traffic Controllers*, [Routledge Research in English for Specific Purposes], (London: Routledge, 2018)

Ferrara, Ronald J., 'Airline industry, U.S.,' (cf.Irons-Georges) a

Ferrara, Ronald J., 'Airmail delivery,' (cf.Irons-Georges) b

Ferrara, Ronald J., 'United Air Lines,' (cf.Irons-Georges) c

Ferry, Alexandra, 'Southwest Airlines,' (cf.Irons-Georges)

Fogleman, David E., 'Maintenance,' (cf.Irons-Georges)

Flouris, Triantafyllos G., 'Airbus,' (cf.Irons-Georges)

Gillispie, Charles Coulston, *The Montgolfier Brothers and the Invention of Aviation 1783-1784 With a word on the Importance of Ballooning for the Science of Heat and the Art of Building Railroads*, (Princeton, NJ: Princeton University Press, 1983)

Givan, Richard E., 'Terrorism,' (cf.Irons-Georges)

Glare, P. G. W. (ed.), *Oxford Latin Dictionary*, (Oxford: The Clarendon Press, 1982)

Griffin, Oliver, 'Commercial flight,' (cf.Irons-Georges) a

Griffin, Oliver, 'Transatlantic flight,' (cf.Irons-Georges) b

Griffin, Oliver, 'Transport aircraft,' (cf.Irons-Georges) c

Hampton, Dan, *The Flight Charles Lindbergh's Daring and Immortal 1927 Transatlantic Crossing*, (New York, NY: William Morrow, 2017)

Harrison, Robert, 'Military flight,' (cf.Irons-Georges)

Hodge, Paul, 'Japan Airlines,' (cf.Irons-Georges) a

Hodge, Paul, '707 plane family,' (cf.Irons-Georges) b

Holt, Niles R., 'Ferdinando von Zeppelin,' (cf.Irons-Georges)

Howell, Cass D., 'Runway collisions,' (cf.Irons-Georges)

Inman, Thomas, 'Autopilot,' (cf.Irons-Georges) a

Inman, Thomas, 'Avionics,' (cf.Irons-Georges) b

Inman, Thomas, 'Instrumentation,' (cf.Irons-Georges) c

Iriye, Akira, *Global and Transnational History The Past, Present, and Future*, (New York, NY: Palgrave Macmillan, 2013)

Irons-Georges, Tracy, 'Air Disasters and Notable Crashes,' (cf.Irons-Georges)

Irons-Georges, Tracy (ed.), *Encyclopedia of Flight Volume 1 / Volume 2 / Volume 3*, (Pasadena, CA: Salem Press, Inc., 2002)

Jakab, Peter L., *Visions of a Flying Machine The Wright Brothers and the Process of Invention*, [Smithsonian History of Aviation Series], (Washington, D.C.: Smithsonian Institution, 1990)

Johansen, Bruce E., 'Boeing,' (cf.Irons-Georges) a

Johansen, Bruce E., 'Food service,' (cf.Irons-Georges) b

Kaye, Lori & Kamph, Maureen, 'Airline Deregulation Act,' (cf.Irons-Georges)

Keisel, Kenneth M., *Images of Aviation Dayton Aviation The Wright Brothers to McCook Field*, (Charleston, SC: Arcadia Publishing, 2012)

Kelly, Fred C., *The Wright Brothers A Biography with 18 Illustrations*, (New York, NY: Dover Publications, 1989, originally 1943)

Kelly, Fred C.(ed.), *Miracle at Kitty Hawk The Letters of Wilbur and Orville Wright*, (New

York, NY: Da Capo Press, 2002, originally 1951)

Kelly, Fred C., 'After Kitty Hawk: A Brief Résumé,' (cf.Wright)

Kemp, Martin, *Leonardo da Vinci The Marvellous Works of Nature and Man*, (Oxford: Oxford University Press, 2006)

Kessner, Thomas, *The Flight of the Century Charles Lindbergh and the Rise of American Aviation*, [Pivotal Moments in American History], (Oxford: Oxford University Press, 2010)

Knaack, Marcelle Size, *Encyclopedia of US Air Force Aircraft and Missile Systems Volume I Post-World War II Fighters 1945-1973*, (Washington D.C.: Office of Air Force History, 1978)

Knaack, Marcelle Size, *Encyclopedia of US Air Force Aircraft and Missile Systems Volume II Post-World War II Bombers 1945-1973*, (Washington D.C.: Office of Air Force History, 1988)

Langewiesche, Wolfgang, *Stick and Rudder An Explanation of the Art of Flying Special Appendix on the Dangers of the Air by Leighton Collins Illustrated by Jo Kotula*, (New York, NY: McGraw-Hill, 1972)

Liddell, Henry George & Scott, Robert (comp.), *A Greek-English Lexicon with a Revised Supplement*, (Oxford: The Clarendon Press, 1996)

Lindbergh, Charles A., *"WE" with a Foreword by Myron T. Herrick*, (New York, NY: G. P. Putnam's Sons, 1927)

Lodhi, M. A. K., 'Forces of flight,' (cf.Irons-Georges)

McCoy, Matthew G., 'Lockheed Martin,' (cf.Irons-Georges) a

McCoy, Matthew G., 'Manufacturers,' (cf.Irons-Georges) b

Mannikko, Nancy Farm, 'Cargo aircraft,' (cf.Irons-Georges)

Melzer, Jügen P., *Wings for the Rising Sun A Transnational History of Japanese Aviation*, [Harvard East Asian Monographs], (Cambridge, MA: Harvard University Asia Center, 2020)

Northrup, Cynthia Clark, 'National Transportation Safety Board,' (cf.Irons-Georges)

Oppermann, Jim, 'Baggage handling and regulations,' (cf.Irons-Georges) a

Oppermann, Jim, 'Boarding procedures,' (cf.Irons-Georges) b

Oppermann, Jim, 'Overbooking,' (cf.Irons-Georges) c

Quilty, Stephen M., 'Airports,' (cf.Irons-Georges)

Regan, Frank J., 'Flight control systems,' (cf.Irons-Georges)

Rhoades, Dawna L., 'Air carriers,' (cf.Irons-Georges) a

Rhoades, Dawna L., 'American Airlines,' (cf.Irons-Georges) b

Rohacs, Jozsef, 'Subjective Factors in Flight Safety,' (cf.Spagner)

Rooney, David M., 'Sir George Cayley,' (cf.Irons-Georges) a

Rooney, David M., 'Alberto Santos-Dumont,' (cf.Irons-Georges) b

Rourke, William B., 'Hijacking,' (cf.Irons-Georges)

Salamone, Frank A., 'Guidance systems,' (cf.Irons-Georges) a

Salamone, Frank A., 'Jumbojets,' (cf.Irons-Georges) b

Schiavo, Mary Fackler, 'Air Force One,' (cf.Irons-Georges) a

Schiavo, Mary Fackler, 'Federal Aviation Administration,' (cf.Irons-Georges) b

Schiavo, Mary Fackler, 'History of human flight,' (cf.Irons-Georges) c

Schiavo, Mary Fackler, 'Passenger regulations,' (cf.Irons-Georges) d

Shuman, R. Baird, 'Air rage,' (cf.Irons-Georges) a

Shuman, R. Baird, 'Concorde,' (cf.Irons-Georges) b

Singer, Sanford S., 'Air traffic control,' (cf.Irons-Georges) a

Singer, Sanford S., 'Airport security,' (cf.Irons-Georges) b

Spagner, Natalie (ed.), *Encyclopedia of Aircraft Technology*, (New Jersey: Clanrye International, 2015)

Tobin, James, *To Conquer the Air The Wright Brothers and the Great Race for Flight*, (New York, NY: Free Press, 2003)

Tushnet, Mark, 'Civil Rights,' Boyer, Paul S.(ed.), *The Oxford Companion to United States History*, (New York, NY: Oxford University Press, 2001)

Van Every, Dale and Tracy, Morris DeHaven, *Charles Lindbergh His Life Introduction by Karl A. Bickel*, (New York, NY: D. Appleton and Company, 1927)

Weber, Ludwig, '2 The Chicago Convention,' (cf.Dempsey)

Wilkerson, David R., 'Cockpit,' (cf.Irons-Georges) a

Wilkerson, David R., 'Communication,' (cf.Irons-Georges) b

Wilkerson, David R., 'Landing procedures,' (cf.Irons-Georges) c

Wilkerson, David R., 'Takeoff procedures,' (cf.Irons-Georges) d

Wilkerson, David R., 'Taxiing procedures,' (cf.Irons-Georges) e

Winchester, Jim; Jackson, Robert & Ross, David, *Military Aircraft, Tanks & Warships' Visual Encyclopedia More than 850 Illustrations*, (London: Amber Books Ltd., 2018)

Witherington III, Ben, *Invitation to the New Testament First Things*, (Oxford: Oxford University Press, 2013)

Wohl, Robert, *A Passion for Wings Aviation and the Western Imagination 1908-1918*, (New Haven, CT: Yale University Press, 1994)

Wohl, Robert, *The Spectacle of Flight Aviation and the Western Imagination 1920-1950*, (New Haven, CT: Yale University Press, 2005)

Wright, Orville, *How We Invented the Airplane An Illustrated History Edited with an Introduction and Commentary by Fred C. Kelly Additional Text by Alan Weissman With 76 Photographs*, (New York, NY: Dover Publications, 1988, originally 1953)

Young, Seth B., 'Runways,' (cf.Irons-Georges) a

Young, Seth B., 'Ticketing,' (cf.Irons-Georges) b

あとがき

本書を冒頭から鳥瞰すると、1927 年にリンドバーグが大西洋横断無着陸単独飛行を完遂する前に、米国西海岸の店で大西洋の地図を探していた時の言葉が頭をよぎる。

> 地球の表面をはぎ取って、それを平らに伸ばせない……。あらゆる地図は何らかの方法でゆがめられた『投影図』なのだ（リンドバーグ, 1953, p.47）。

地球の表面は陸であれ海であれ、凹凸のある曲面をなしているため、それを平面に図示すること自体に無理があるというのである。本書も膨大で複雑なエアラインの世界を文字の羅列に集積した点で、ある種の「ゆがめられた『投影図』」なのかもしれない。しかし、投影図が一定の目的のためには簡便で役立つように、本書も読者の何らかの目的に資することを期待したいと思う。

20 世紀アルゼンチンの作家ボルヘスは「学問の厳密さについて」と題して、スペインのカタルーニャ自治州の都市レイダ（＝リェイダ）で 1658 年に出版されたスアレス・ミランダ『賢人の旅』第 4 部 45 章から引用し、ある王国では完璧な地図学の学識を有する地理学者たちが集まって、「王国に等しい広さを持ち、寸分違わぬ一枚の王国図を作成した」が、後代に砂漠と化したこの国に残されたのは「地図の残骸」や「地図学の遺物」であったという皮肉物語を紹介している（ボルヘス, 1960, pp.180f.）。実物大の精緻な地図は、仮に存在したとしても無用の長物であり、その国の人々を覆い尽くして窒息させることを考慮すると、簡便な投影図こそ、新鮮で刺激的な旅を実現してくれるだろう。

筆者自身の 50 代前半を回顧すれば、大部分がディズニー研究とエアライン研究の旅に費やされたが、いずれもその端緒は基本的に大学のゼミで学生が発表するレポートに遡及されるため、比較的短期間で幾許かの文献を活用してこのように入門書を上梓しても、実際には長期間学生のレポートから学び続けて

きたことの総括書という性質を色濃く揺曳している。ある意味で、筆者のこうした研究も宮平ゼミの「投影図」である。ゼミ生がこれらの魅力的なテーマを紹介してくれなかったら、ディズニー研究もエアライン研究も決して本として日の目を見ることはなかっただろう。毎回ゼミで新しい世界へと誘ってくれるゼミ生に心から感謝申し上げたい。

　新しい世界では新しい言葉と邂逅するが、今回のエアライン研究中に脳裏にたゆたい続けたレオナルド・ダ・ヴィンチの言葉を、特にエアラインの世界に羽ばたいて行った卒業生たちに、そしてこれからエアラインの世界を目指す一人ひとりにも贈りたい。

　　　空中に風がない時には、鳶は飛ぶ際に何度も羽ばたきをする。このようにして高
　　　く昇って勢いを得、次いでこの勢いとともにいくらか傾斜しながら、羽ばたきを
　　　せずに長い距離を進む。そして下降し終ると、再び羽ばたきをする、というよう
　　　に次々と続けて行く。この羽ばたきを伴わぬ下降は、上述の羽ばたきの労苦の後
　　　に恵まれる空中での一種の休息である（ダ・ヴィンチ, 1505, p.39）。

　卒業生たちは業務を遂行する中で、在学生や在校生たちは学業を励行する中で、「労苦」を経験することもあるだろう。それはダ・ヴィンチによれば高く昇るための「羽ばたき」に伴うものである。しかし、その「羽ばたきの労苦の後に恵まれる空中での一種の休息」があることは、一般に自己を向上させる日々の「労苦」の後には何らかの「休息」が待ち構えていることを約束している。500年以上も前の天才が鳥を観察して会得したこのような真理は、時として暗欝な現代においても依然として一条の光明を啓示してくれるだろう。

　人類初の宇宙飛行を実現したソ連の空軍飛行士ガガーリンは、実際に発射されたロケットの中で加速度が上がるにつれて体に強烈な加重を受けたが、「遠心力装置にかけられたときの方が、もっとつらかった……。震動にしても、訓練のときの方がよほど苦しかった」という（ガガーリン, 1961, p.490）。このような訓練を経て彼は、青い地球の美しさを真に堪能できたのである（cf.本書結章第1節）。現在という時は、このような訓練、試練の時なのかもしれない。特に、回避されるべき密閉、密集、密接という「三つの密」が「三つの罪」

にも聞こえるほど日夜連呼され、歴史を振り返っても「密」で始まる熟語は密約、密談、密告等、否定的な現実と密接に結び付いている。

　2021 年、新型コロナウィルスが世界各地で猖獗を極める中、文献収集や研究環境で逆風逆境を経た本書が、読者へのささやかな贈り物となることを願って擱筆したい。特にゼミ生や受講生と羽を休めて「青い」空の下、「一種の休息」の時を過ごせる日が来ることを祈りつつ。

2021 年 7 月 20 日

宮平　望

■著者紹介

宮平　望（みやひら・のぞむ）

1966年生まれ、同志社大学、ハーバード大学、オックスフォード大学、ケンブリッジ大学などで学ぶ。現在、西南学院大学国際文化学部教授。
主要著書：一麦出版社から「21世紀日本のキリスト教」シリーズ全三巻、新教出版社から新約聖書「私訳と解説」シリーズ全十二巻、「ゴスペル」シリーズ全五巻、「ディズニー研究」シリーズ全二巻など。
ホームページ：宮平望のホームルーム
　　　　　　　https://miyahiranozomuhome.wixsite.com/mysite

エアライン入門
― 逆風で飛翔する両翼 ―

2021年9月20日　初版第1刷発行

■著　　者──宮平　望
■発 行 者──佐藤　守
■発 行 所──株式会社 大学教育出版
　　　　　　　〒700-0953　岡山市南区西市855-4
　　　　　　　電話(086)244-1268代　FAX(086)246-0294
■印刷製本──モリモト印刷㈱
■Ｄ Ｔ Ｐ──林　雅子

ISBN978-4-86692-146-4